JN302927

政治を問い直す❷

差異のデモクラシー

加藤哲郎・今井晋哉・神山伸弘
［編］

日本経済評論社

政治を問い直す　第2巻
差異のデモクラシー／目次

序　章　政治の境界と亡命の政治　　　　　　　　　　加藤哲郎　　1

第Ⅰ部　メディアと市民を問い直す

　第1章　恐怖の政治と治安社会化　　　　　　　　　斉藤吉広　　25
　第2章　NIMBY問題の構造とデモクラシー　　　　　中澤高師　　47
　第3章　ポピュリズムと熟議・討議デモクラシー
　　　　　──現代日本における政治過程と世論過程の交錯　飯島伸彦　　63

第Ⅱ部　デモクラシーを問い直す

　第4章　自由による差異の承認
　　　　　──ヘーゲルの政治論理と民主主義の具体化　　神山伸弘　　83
　第5章　政治における普遍主義の限界と再生　　　　鵜飼健史　　107
　第6章　現代デモクラシーの起源　　　　　　　　　白井　聡　　127

第Ⅲ部　社会運動を問い直す

第7章　労働者教育，社会的自助，公共圏への参加
——ハンブルクの初期労働者運動の経験から　　今井晋哉　151

第8章　ルディー・ベイカーの秘密の活動
——ユーゴスラヴィア出身のアメリカ共産党員を追って　岡本和彦　179

第9章　60年安保闘争と「沖縄問題」
——「沖縄問題」の不在を再考する　　小野百合子　203

第10章　「1968」をグローバルに語るということ
中川　圭　225

あとがき　247

編者・執筆者紹介　261

序章

政治の境界と亡命の政治

加藤　哲郎

1　「差異の政治」とデモクラシー

　本書は，第1巻『国民国家の境界』に続く，「政治を問い直す」シリーズの第2巻である。『差異のデモクラシー』というタイトルは，本書の「問い直し」の基調を示すものである。

　それは，国民国家の内部では，マイケル・ウォルツァーやチャールズ・テイラーらが問題にしたマイノリティへの「差異への承認」が緊急の課題となり，グローバルには，マイノリティへの処遇が「国際人権レジーム」（サスキア・サッセン）として形成され，国際機関で議論可能な新しい問題領域を形成している事態を念頭においている。

　本シリーズ第1巻は，歴史的に現れた「移動と情報ネットワーク」に関わる新しい政治が，従来の定住市民を前提とした政治から逸脱・乖離しはじめ，いまや「市民社会」内部に内在化し摩擦・紛争が潜在していることに着目した。同時に，その政策的管理・解決形態が多様で，国籍・市民権と経済格差・ジェンダー・文化摩擦が絡み合い，従来の一元的枠組・視角ではとらえきれないハイブリッドな性格を帯びている様相を描いてきた。

　従来の民族自決・内政不干渉を前提とした国民国家，国籍取得と長期定住市民を前提にした「同等性の政治」「一次元・二次元政治」は，構成員の異種混交性・差異性を前提にした「差異・差存の政治」「多次元政治」に変容せざるをえない。それに対するバックラッシュとして，ファンダメンタリズム，ナショナリズム，ノスタルジアなどの問題も生まれてくる。この意味で

は，本シリーズの主張は，ミシェール・フーコーが切り開いたミクロ権力・ネットワーク権力論の流れに与し，ジャック・デリダやドゥルーズ=ガダリの主張する「差異の政治」の一環となる。「政治」の概念は，その担い手の移動と越境をくぐることによって，国民国家との関係，社会・経済・文化との垣根の再規定を受け，その境界線が曖昧になり，あらゆる関係性に付着してくる。

ほぼ30年前に，筆者は政治学の学問世界に入るにあたって，「政治イメージの政治学」という覚書を作って，その後の思考の出発点とした。それは，今日ではネオ・マルクス主義とくくられるニコス・プーランザスやボブ・ジェソップらの問題提起を受容しながら，当時の日本のマルクス主義世界で支配的だった「政治=国家権力をめぐる階級闘争」という観念を脱構築する試みだった。そこでは当時の「国家論ルネサンス」の理論動向をトレースしながら，国家概念が国家の機構・構造を示す「狭義の国家」から，国家の機能・作動領域を示す「広義の国家」へと拡張されることによって，国家概念を中核とする「政治」のイメージもまた変容しつつあることを主張した（加藤 1986）。

より具体的には，イタリアのマルクス主義思想家アントニオ・グラムシの「国家=政治社会プラス市民社会，強制の鎧をつけたヘゲモニー」という観点から，政党，組合，教会，学校などを「広義の国家」とし，プーランザスやルイ・アルチュセールが「国家抑圧装置」（政府，軍隊，警察，裁判所，行政）とは異なる「国家イデオロギー装置」（教会，政党，組合，学校，マス・メディア，家族，企業など）を見出したことによって，「市民社会」の領域に属する諸装置の政治的機能と政治的交換が独自の意味を獲得し，具体的な分析対象とされた。典型的には「市民社会」への応答的介入であるとともに「国家の正統性」の強力な担保となる福祉国家研究の隆盛，労使関係を政府が調停する所得政策や政労使コーポラティズム，メディア・広告や教会・学校を通じて展開される言説政治への着目，などである。

「政治イメージの政治学」では，それをマルクス主義理論の系譜に限定して，「国家と階級闘争の政治」にオーバーラップし拡張する「階層と人民闘

争の政治」「参加と自己実現の政治」の流れを析出した。ところが, いったん国家の呪縛から離れた「政治」のイメージは, 無限に広がりはじめた。国家内の社会階層や人種・民族のあいだばかりでなく, 男と女, 親と子の問題に, 健常者と障害者の関係に, 正規労働者と非正規雇用労働者の間に, 医者と患者, 教師と生徒, 迷惑施設をめぐる地域と地域の住民同士の紛争にも, 目を向けなければならなくなった。実はそれは, 国家論における国家道具説から国家関係説への流れが, 権力論における権力実体説から関係説へ, 一次元権力から二次元・三次元権力へ, マクロ権力からミシェール・フーコー風のミクロ権力・ネットワーク権力へという広がりを基底にし, 取り込んだ結果であった（杉田 2000 ; 盛山 2000 ; 星野 2000）。

その結果, 国家論プロパーの世界では, ボブ・ジェソップらの社会中心主義に反発する, スィーダ・スコチポルらの国家中心主義から新制度論への流れもよびおこしたが, ラディカルな政治のイメージは領域性を希釈し, かつて丸山眞男が『自己内対話』で述べたような, 広がりと深さをもつにいたった。

「政治は経済, 学問, 芸術のような固有の『事柄』をもたない。その意味で政治に固有な領土はなく, むしろ, 人間営為のあらゆる領域を横断している。その横断面と接触する限り, 経済も学問も芸術も政治的性格を帯びる。政治的なるものの位置づけには二つの危険がともなっている。一つは, 政治が特殊の領土に閉じこもることである。そのとき政治は『政界』における権力の遊戯と化する。もう一つの危険は, 政治があらゆる人間営為を横断する面にとどまらずに, 上下に厚みをもって膨張することである。そのとき, まさに政治があらゆる領域に関係するがゆえに, 経済も文化も政治に蚕食され, これに呑みこまれる。いわゆる全体主義化である」（丸山 1998：73）。

これはちょうど, 権力を媒介にした参加と動員が同一平面にあって互換性があり（ポピュリズム, 劇場政治), 公的領域と私的領域の区分も歴史的であ

り，政治の延長上に外交的平和も軍事的戦争もありうる事態に照応する。かつて丸山眞男は『政治の世界』(1952) で，おそらくマルクスの価値形態論をヒントに，制度化と状況化のあいだを往復し，権力関係を再生産し自己増殖する権力の循環を描いたが (丸山 1995)，政治のイメージは，その定義次第で，軍事・警察権力に凝集する場合もあれば，男女間・友人間・家族間の親密圏にも浸透する。

政治の領域性を「公共圏」と規定すると，「個人的なものは政治的である」と唱えられる時代には，政治が自己の「領土」に閉じこもり，市場や職場や家庭生活に介入しないこと自体が，政治的になる。決定と同じように非決定も政治であるように，紛争のない平和状態も潜在的には戦争状態となる。丸山眞男が危惧する「上下に厚みをもって膨張する」政治，管理社会・全体主義に限りなく近づく。

実は，そのような政治は，20世紀に幾度か経験された。ナチス期ドイツのヒトラー独裁のみならず，20年前まで存在していた旧ソ連や東ドイツにおいても，多くの人々によって実際に体験された。とくに，東ドイツの秘密警察シュタージに包囲され監視された社会は，かつてジョージ・オーウェル『1984年』に描かれたディストピアに近似した歴史的現実だった。だから，そこでのラディカルな政治とは，市民の間のコミュニケーションや教会の祈り，家族のあいだの関係に権力を介入させないことだった。

政治に境界を設けること，権力の介入しえない公共的であるが親密なコミュニケーション空間を確保することが，そうした国・地域では，切実な課題となる。

ただし，政治の境界とは，固定的なものではない。あらゆる領域，あらゆる問題に国家権力が入り込む傾向に対して，社会内における参加と自己管理の原理で抵抗する勢力がいることによって，暫定的・歴史的に決定される。

権力に対抗する民衆の論理も，政治の境界の広がりと深まりに応じて，20世紀の後半から変容してきた。従来の社会主義・共産主義政党の制度化・官僚化と労働運動の「統一と団結」型組織化に対して，さまざまな新しい社会運動，女性運動，少数者運動が新たな対抗原理と運動形態をもつにいたった。

それは，別書で述べたように，「差異の解放と対等の連鎖」「多様な運動体によるひとつの運動」「多様なネットワークによるひとつのネットワーク」というフォーラム・ネットワーク型の運動，水平的・分権的でリゾーム状の組織を産み出すにいたった（加藤 2008 a）。それは，19 世紀型の機動戦・街頭戦，20 世紀の陣地戦・組織戦に対して，21 世紀型情報戦・言説戦を重視する（加藤 2001；2007 a；2007 b）。これも，政治の境界内での権力概念の変容に対応する，越境を見据えた対抗権力，差異のデモクラシーの創造である。

2　境界を越える市民と越えがたい国境

しかし，政治の境界には，もう一つの側面がある。政治の境界を規定するさまざまな権力のなかで，国家権力は，身体・生命をも拘束する正統な強制力をもつことによって，決定的な意味をもつ。国家権力の領域性の境界である国境においてこそ，政治は緊張を極大化する。20 年前に崩壊した「ベルリンの壁」は，越境を許さないための究極の国境だった。

国境という境界は，山や河川・海などの自然で区切られる場合もあれば，条約・緯度経度などで人為的に線引きされる場合もある。国境は，さまざまな高さと深みをもつが，その固定性と安定性において際立っている。国境は，しばしば隣国との紛争のもとになり，時には戦争をも引き起こす。パスポートやヴィザで出入国が管理され，非国籍国での就労には多くの制限を課される。国家論においても，国家は他の国家との関係で主権国家になり，国際社会においては他国家の認知・承認が国家たる要件となる。

もっとも 20 世紀は，モノやカネの流れに続いて，国境を越えるヒトの移動をも，飛躍的に増大させた。電信・電話からラジオ・テレビ・インターネットにいたるコミュニケーション技術とメディアの発達で，情報というかたちではボーダーレスになったかに見える。しかしそこにも，検閲・盗聴・妨害電波など国家による規制と制御の国境が存在しうる。

戦争は，歴史的に国境を越える異文化接触の機会だった。もっとも兵士は，国家権力の末端として他国民に敵として接する限り，殺人機械になることは

あっても，コミュニケーションやコミュニティ作りの担い手になることは希である。戦争が産み出す越境は，むしろ故郷・居住地を破壊され，戦禍を逃れて国境を越える非戦闘員・無垢の住民の群れであり，難民と呼ばれる。難民には祖国を棄てて他国に生活と安住の地を求める人々も含まれるが，多くは，平穏な定住生活を奪われたゆえのやむをえない越境であり，平和状態になればまた祖国・故郷へ戻りたいという願望を引きずった，非主体的越境である。

　生活のために国境を越えるかたちは，近代国民国家の確立以前は，商人・芸人や漁民・船員にとって，日常的なものだった。シルクロードのように，陸路を用いての移動もあった。資本主義世界市場の発達は，商品交換・貿易のネットワークを通じて，経済の世界をボーダーレスにしていく。戦争捕虜の生産活動への動員や奴隷売買は，近代以前からの労働力移動であったが，それは抑留者の強制労働や児童・女性売買のブラックマーケットとして20世紀まで痕跡を残した。

　だが，近代における「万物の商品化」（イマニュエル・ウォーラーステイン）は，出稼ぎ労働からはじまって，移民労働者・外国人労働者の大量移動と定住をもたらした。貿易・金融からはじまった国際化は，19世紀から20世紀に，アメリカ大陸や大洋州に巨大な越境者の集積地，移民国家をつくり出した。20世紀の2度の世界戦争と地域紛争はそれを加速し，はじめは経済難民として国境を越えた人々を，さまざまな国々に定着させた。さらに資本主義企業が巨大化し，低賃金労働や輸送コスト・税負担軽減，市場拡大を求めて産業立地を多国籍化・世界企業化することによって，国民国家を越えた工業地域・都市の再編が進み，国民経済に外国資本のみならず外国人労働者をも含み込んだ経済発展が，当たり前のものとなった。いわゆるグローバリゼーションは，この流れを地球大での労働力再配置にまで押し進め，そのまま定住した人々や2世・3世世代を抱え込むことにより，「国民」の概念，国籍や市民権，さらには市民社会や公共性など民主主義の存在根拠をもグローバルに再考せざるをえない問題圏をつくりだした。

　とはいえ，20世紀までの越境は，一つの国境を越えても，もう一つの国

境に囲い込まれるかたちが通例であり，もともと宮廷外交に発した一握りの政治・経済・文化エリートたちのコスモポリタンな貴族的ネットワークを除けば，一つの政治から脱したところで新たな政治に巻き込まれ困難を強いられる場合が圧倒的であった。

　ウォーラーステインが論理的に想定した〈近代世界システム〉，アントニオ・ネグリのいう〈帝国対マルチチュード〉の構図は，現実世界においてはなお，移動や越境そのものの不自由と困難，国民国家に仕切られた政治の境界と，言語や宗教が重要な役割を果たす異文化コミュニケーションの壁に阻まれている。航空機など交通手段の発達，郵便からインターネット・携帯電話へと広がった情報交信手段の発達も，国家と国境という枠組みを解消させることはなかった。

3　亡命の政治性——野坂参三，国崎定洞らの場合

　移動と越境をめぐるこうした流れを再考するには，移民国家や欧州連合の歴史的形成や各国民国家の国籍付与・市民権拡大の実証的分析が必要になるが，それは，本シリーズのいくつかの章で試みられている。ここでは，やや異なる視角から，「差異のデモクラシー」に関わる越境を考えてみよう。

　戦争でも，市場経済でもなく，政治そのものが産み出す越境がある。それが，亡命である。亡命は通常，ある国での弾圧・抑圧によって他国に逃れる越境について語られる。岩波書店『広辞苑』第6版には，「亡命」とは「(1)戸籍を脱して逃げうせること，(2)政治上の原因で本国を脱出して他国に身を寄せること」とある。三省堂『大辞林』には，「(1)民族・宗教・思想・政治的意見の相違などから自国において迫害を受け，または迫害を受ける危険があるために，外国に逃れること。(2)戸籍を抜けて逃亡すること」とあり，こちらのほうが「民族・宗教・思想・政治的意見の相違」を事由に挙げ，「迫害」を要件にしていてわかりやすい。

　もっとも戦争の一種である内乱は政治の継続であり，戦争による亡命や戦時「亡命政権」もある。また「難民」も『広辞苑』に「戦争・天災などのた

め困難に陥った人民。とくに，戦禍，政治的混乱や迫害を避けて故国や居住地外に出た人。亡命者と同義にも用いるが，比較的まとまった集団をいうことが多い」とあるように，亡命と重なり合う。

インターネット上には数々の「亡命」の定義，事例があるが，現代日本での一般的感覚は，以下のようなものであろう。

「キューバからアメリカに亡命した。北朝鮮から韓国に亡命した。古くは東ドイツから西ドイツへ，あるいはソ連からミグに乗って日本に亡命してきた，など，亡命という言葉はよく使われます。ところで，亡命ってなんでしょう？ 字義からすると命が亡くなるという意味にとられがちですが，そういう意味ではありません。亡命の『命』というのは戸籍のことです。亡命とは，戸籍を失う＝自分の国を逃げ出して別の国に住むということなのです。

亡命するということはよほどのことには違いないのですが，外国に自由に旅行に行ける国の人は亡命するということはありません。例えば日本人はアメリカでもフランスでもイギリスでも勝手に行けばいい。住むのも自由です。亡命するというのは自由に外国に出ることができない国の人の話なのです。今で言えば北朝鮮から韓国に亡命する，というような例です。共産圏の国に多いです」[1]。

ここでイメージされる「亡命」は，キューバ，北朝鮮，東ドイツ，ソ連という「共産主義」国家から，アメリカ，韓国，西ドイツ，日本という「自由主義」国家への亡命である。前者には政治的・思想的・宗教的不自由と弾圧があり，後者には言論・思想・移動・出入国の自由があると前提されている。亡命の背景には，自由，平等，正義などの普遍的価値規範を想定する。このように，社会主義・共産主義と資本主義・自由主義という体制選択・イデオロギーに即して「亡命」を理解するのが，20世紀日本の一般的パターンであった。

歴史的に見ると，日本語の「亡命」は，先に見た『広辞苑』の定義が第一

に「戸籍を脱して逃げうせること」を挙げ，その用例として『万葉集』巻5から「蓋しこれ山沢に亡命する民ならむ」を拾っているように，古くから見られる。フランス語の辞書の émigré や英語の exile には，1789年のフランス革命や1917年のロシア革命から逃れた移住者・亡命者・流浪者といった説明も見られる。イギリスから新大陸アメリカに渡った清教徒たちは，もともと宗教的亡命者であった。ただし植民地への移動であるから，今日的意味での越境ではない。1776年の独立戦争を経て亡命者の合衆国は移民受入国になり，その後も移民ばかりでなく多くの政治的亡命者が新大陸に渡った。

　社会主義革命や共産主義国家からの脱出だけが亡命ではない。後述するように，旧ソ連等共産主義国家は，20世紀の半ばまでは，むしろ亡命者の受け入れ国でもあった。

　強いて亡命者に，移民や難民との差異と独自性を求めれば，越境を自己の政治的信念・目標達成の手段とみなすこと，国家を超える大義によって越境することを挙げうるだろう。受け入れ国がそれを政治的・思想的「亡命」と認定するか否かはともあれ，亡命者の側には，積極的であれ消極的であれ，ある国家を棄てること，ある別の国家を自分の居場所として見出す決断がある。

　今日の日本は，出入国管理の厳しさや言語・文化の壁から，亡命が難しい国とされる。しかし戦前日本への亡命者には，朝鮮の金玉均，中国の孫文やインドのラース・ビハーリー・ボースのように，アジアの植民地解放・独立運動の活動家たちがいた。第一次世界大戦とロシア革命期に日本に逃れたロシア人もいた。第二次世界大戦期には，同盟国ドイツのナチス党支配から逃れたユダヤ人たち，哲学者のカール・レーヴィットや音楽家ヨーゼフ・ローデンシュトックが日本に滞在した。ユダヤ人でなくても，建築家ブルーノ・タウトや音楽家クラウス・プリングスハイムらが，自由を求めてドイツ本国から亡命した。かのドイツ大使館に出入りするソ連の諜報員リヒアルト・ゾルゲの越境も，ある種の亡命と言っていいだろう。ただしそれは，あらゆる国家からの亡命という，ある種のアナーキーな心情を孕んでいた。

　日本人が海外に亡命するケースは，それほど多くはない。19-20世紀にハ

ワイや南米に多くの移民を送り出したが，政治的・宗教的理由での越境はほとんどなく，経済的困難を新天地で切り開こうとした事例が大部分である。侵略戦争に便乗した満州国への移住も，国策に沿った植民であった。ノモンハン事件（ハルハ河戦争）のさいに，「生きて虜囚の辱めを受けず」の処罰を恐れ，そのままモンゴルやソ連に留まった日本人が約500人いるとされる（白井 2010：163）。第二次世界大戦敗戦時にも，タイ，インドネシアやベトナム，ミャンマーに残った日本兵がいた。理由は故郷の貧しさ，脱走，現地女性との出会い，家族・戦友との人間関係や生計手段などさまざまだが，政治的亡命とはいいがたい（青沼 2006）。

　そんななかで，みずから亡命者を名乗って，はなばなしく戦後に帰還した日本人がいた。1946年のベストセラー『亡命十六年』（時事通信社）の著者，日本共産党で長く議長・国会議員を務めた野坂参三である。ただし本文には，「昭和6年（1931年）3月のある日，神戸を出発，十六年間の亡命の第一歩を踏み出した」と一ヶ所だけ出てくるが，亡命の理由は党の決定であり，日本を見捨てたのではなく，海外から戦争に反対し日本革命の活動をするため，と割り切っている。治安維持法事件で入獄・保釈中の亡命とはいえ，祖国を棄てるといった悲壮感はない。同じコミュニズムの系譜でも，「亡命者」トロツキーのようにソ連から追われ暗殺者につきまとわれての亡命もあるし，晩年の片山潜のように帰りたくても帰れない亡命もあるのだが，野坂は「党の任務」と割り切っている（野坂 1946）。

　おまけに後の自伝『風雪のあゆみ』もそうであるが，野坂の保釈・出獄の経緯，ソ連・中国での活動内容には，書かれていない事実やフィクションが多く，後に「刎頸の友」山本懸蔵をスターリン粛清期に見殺しにし日本共産党から除名されることになる経緯など，書いてあっても自己宣伝，自己保身の弁明が多い。1934-38年にアメリカ西海岸で『国際通信』発行などに携わるが，その亡命先（2度の米国密入国・滞在の事実）が米国政府に見破られていなかったことで占領軍とも関係を保てた幸運が，「亡命」を売り物にする希有な日本人を可能にした。

　実際には，野坂の海外での活動は，国際共産主義運動とその「母国」ソ連

に帰依した，コミンテルン国際連絡部（OMS）に関連した仕事だった。しかし野坂は，「亡命」から生還することにより，戦時中も国家権力に屈せず反戦活動を続けた「反戦平和の党」「愛される共産党」を演出できた。

野坂『亡命十六年』が戦後すぐの時期にベストセラーになるにあたっては，丸山眞男が「悔恨共同体」と呼んだ日本知識人の心情的受容と支持があった。悔恨の裏返しの，ある種の羨望があった（丸山 1982）。

だから鶴見俊輔は，「亡命について」という小文のなかで，「明治，大正から昭和はじめまで，日本の知識人には，何かの形での，日本文化へのはじらいがあり，そのはじらいの中には，日本文化からの小さな亡命者としてのみずからの半身がかくされていた」と語り，そこに潜む亡命への「いくらかのあこがれ」を抽出した（鶴見 1989：67）。

鶴見が言うように「日本史上に亡命者が少なかった」のは事実としても，「国際主義」にあこがれ，亡命を夢見る伝統は，細々と続いた。コミンテルン（共産主義インターナショナル，第3インターナショナル，1919-1943）は，「世界社会主義ソヴェト共和国連邦」という，一つのグローバルな共産主義社会と国家死滅をめざす政治運動であった。治安警察法・治安維持法で「主義者」を厳しく弾圧した戦前日本の亡命者は，この流れに集中する。

それらのなかで，筆者が長く探求してきた国崎定洞の場合は，野坂の場合とはやや異なる。もともと東大医学部助教授で，1926-28年のドイツ留学から帰国すれば初代社会衛生学講座教授の椅子を約束されていた国崎は，留学中にマルクス主義を学び，日本に帰国せずにドイツ共産党に入党し，ベルリンに留まった。しかしそれは，日本政府の弾圧をおそれての亡命ではない。社会衛生学の学問研究に限界を感じ社会問題解決の実践に踏み出したこと，日本に残してきた妻が病死しドイツでドイツ共産党員の女性と新しい家庭をもったことが，大きな理由であった。実際当時の東大学長や医学部長が帰国を説得するためドイツに赴いたが，国崎は無視してドイツ共産党日本人部を結成し，在独アジア人を革命的アジア人協会に組織して，ナチスと戦争に反対する国際反帝ネットワークの組織化に没頭した（加藤 1994；川上・加藤 1995；加藤 2008 b）。

国崎定洞の亡命は，1932年にプロイセン州政府に検挙され国外追放になったさいに，すでに共産党弾圧がピークに達した日本への帰国は考えず，片山潜の誘いもあって，家族とともにソ連に移住することを決断した時である。それが，満州事変以後の日ソ関係の緊張と，ナチス政権掌握後の日独防共同盟の強化のなかで，スターリン粛清下のモスクワの雑誌が「外国に居住する日本人はみなスパイであり，また外国に居住するドイツ人はみなゲシュタポの手先である」とする雰囲気のもとで，ソ連秘密警察に「日本帝国主義のスパイ」として検挙され，1937年末に銃殺された。

　当時モスクワに多数在住したドイツ共産党やポーランド共産党の亡命者たちの多くが，国崎定洞と似た運命をたどった。日本人では，アメリカに仕事を求めて入国し，西海岸の労働運動を指導して国外追放になり，日本帰国よりも「労働者の祖国」ソ連亡命を求めたアメリカ共産党日本人部指導者健持貞一ら数十人もスターリン粛清の犠牲者となった。彼らは，いったん留学や移民のかたちで日本からドイツやアメリカに越境し，そこで異国に存在する自由と民主主義をいったん体験したが現地の警察権力と衝突し，より自由な生き方を求めて「労働者の祖国」ソ連に亡命して，その現実に裏切られた（加藤 2002）。

4　亡命者の国家観——ジョー小出＝鵜飼宣道の場合

　同じ共産主義者でも，野坂参三の1934-38年滞米潜行時の助手であったジョー小出（本名鵜飼宣道）の亡命は，やや性格が異なる。

　自由民権運動でも活躍した東京銀座教会の牧師鵜飼猛の長男として生まれ，1925年にアメリカに留学したジョー小出＝鵜飼宣道は，後にゾルゲ事件のキーパースンの一人となる鬼頭銀一と同時期にデンバー大学に学び，社会学のベン・チャーリントン教授の影響を受けて社会問題に目覚めた。ニューヨークに出て労働学校に通い，アメリカ共産党に入党，アメリカ共産党日本人部の若きリーダーに抜擢され，モスクワのレーニン大学に派遣される。モスクワでもその語学力・理論的能力は高く評価されるが，ソ連共産党の路線に

は必ずしも同調しない自立したコミュニストで，アメリカに帰国し，サンフランシスコの汎太平洋労働組合で働きはじめる。

そこに，コミンテルンから派遣された野坂参三が潜行してきて，鵜飼宣道は『国際通信』刊行など野坂のアメリカでの地下活動の手足になる。国家制度としての天皇制と，民衆の天皇崇拝の半宗教的性格の区別など，戦後の野坂の有名な天皇制論は，野坂のオリジナルというよりも，鵜飼宣道のアイディアであった可能性が高い。

野坂がモスクワに戻り中国延安に向かう日米戦争勃発時，鵜飼はカリフォルニアの日系新聞『同胞』で，編集長藤井周而とともに，日本軍国主義打倒，反ファシズム連合国支持の立場を明確にする。この時点で鵜飼宣道は，デンバー大学時代の友人で亡くなった2世小出貞（禎）治の名を借り，ジョー小出と名乗り，軍国日本からの決別・亡命を鮮明にした。

ただし鵜飼宣道は，アメリカ政府の西海岸在住日本人を強制移住し収容所に隔離する政策には反対し，ルーズベルトを積極的に支持して対日戦争に従軍しアメリカ市民であることを証明しようとしたカール米田らアメリカ共産党日本人部の主流とは対立，共産党を離れる。自身も強制収容されたが，そのキャンプ内で民主主義学校を開くなど，日本人収容者の待遇改善につとめ，戦争直前に設けられた米国情報機関戦略情報局（OSS，戦後CIAの前身）では対日宣伝工作（コリングウッド作戦）の日本人リーダーに抜擢される（春名2000）。

1945年2月，アメリカ国務省日本課のジョン・エマーソンは，前年米国ディキシー・ミッションの一員として中国延安に入り野坂参三にインタビューした経験にもとづいて，日本人亡命者の国際的組織による亡命政府の樹立，その政府の帰還による日本の民主化を企図した。中国延安の共産主義者野坂参三，重慶で国民党の抗日戦争に協力する鹿地亘を，アメリカに亡命中の非共産党社会主義者大山郁夫，ジャーナリスト河上清らと結びつけ，フランスのドゴール将軍らの亡命政府にならって，大山郁夫を首班とする日本人民政府を構想したものだった（山極2005；山本2006）。しかしこの亡命政府は，野坂・鹿地・河上は積極的だったが，肝心の大山郁夫が反対して，実現でき

なかった。大山の反対理由は、「敗戦の日本に、勝ち誇る占領軍とともに乗り込むことは、きっぱりお断りする。勝利者の権威をカサにして、どうして民主革命を日本にもたらすことができるか。[……] 日本の民主革命は、あくまで、日本人の手で進められなければならない」（石垣綾子宛書簡）というものであった。その陰には、大山に事前に会ったジョー小出＝鵜飼の助言があったと思われる（コイデ 1970 下：205）。

　ちなみに、ジョー小出＝鵜飼宣道の実弟は京城帝国大学教授鵜飼信成（戦後は東大教授、国際基督教大学学長をつとめた憲法学者）で、日米開戦時はハーバード大学ロースクールに留学し、ホームズ判事らのリベラルな憲法学を学んでいた。また義兄（実姉の夫）の生物学者湯浅八郎は、1935年に神棚事件・勅語誤読事件で同志社総長を追われ、38年インドを経てアメリカに入り、プロテスタントの宣教師として布教活動に専念していた。3人は、日米開戦時にアメリカ滞在中で、それぞれに戦争に反対していたが、たがいに連絡しあうことはなかったという。米国戦略爆撃調査団の一員として来日したジョー小出＝鵜飼宣道と、朝鮮から引き上げ米軍通訳から日本国憲法制定にもある役割を果たす鵜飼信成が20年ぶりで再会したのは、1945年のクリスマスであった。46年10月に帰国し、再び同志社総長に迎えられた湯浅八郎は、米国キリスト教会連合の肝いりで作られた国際基督教大学の49年創設にあたって、初代学長となる。

　ジョー小出＝鵜飼宣道は、GHQによる日本の民主化には協力したが、戦争や強制収容所を産み出す政治には疑問をもち、共産党ばかりでなく政治活動一般から離れ実業家となる。しかし、50年代になるとその前歴がマッカーシズムによって問題にされ、53年に米国下院非米活動委員会、58年に移民局に召還され証言する。彼はそこで、自分の活動歴とアメリカ共産党指導者であるハリソン・ジョージとのつながりなどは認めたが、野坂参三ほか日本人共産主義者の名前を出すことはなかった。以後も、アメリカ人女性と結婚し亡命したまま、沈黙を守る。ただしアメリカという国家にも、かつて体験したソ連へと同様に、距離をおき続けた。自伝にも、政治活動の詳細は残さなかった。

亡命者ジョー小出＝鵜飼宣道の戦後の政治的立場を示すエピソードがある。C. ライト・ミルズ『パワー・エリート』（原書 1956）の日本への紹介である。社会学・政治学のエリート論の古典であるミルズのロングセラーの日本語訳（東京大学出版会，1958）は，鵜飼信成・綿貫譲治訳となっている。しかしその翻訳を企画し，下訳まで作ったのは，鵜飼信成の実兄ジョー小出＝鵜飼宣道であった。訳文そのものは，共訳者綿貫譲治が原書から全面的に訳し直し信成が手を加えて仕上げられたが，非米活動を疑われる無名の兄の名では出版社に持ち込めなかったから，鵜飼信成訳の名で流布することになった。わずかに同書「訳者はしがき」に，「翻訳については，ロスアンジェルスの小出貞治氏の協力を得た」と書き込むことで，鵜飼信成は，実兄の関わりを日本語に残した（ミルズ 1958）[2]。

ライト・ミルズ『パワー・エリート』の理論的特徴は，マルクス主義者と同様にアメリカ合衆国政府の産官軍学共同体の少数者支配と核兵器をもつ帝国主義を告発しながら，その同じ批判の矛先を，冷戦の他方の当事者であるソビエト国家にも及ぼしていることであった。ジョー小出＝鵜飼宣道にとって，あらゆる国家は，思想の自由に深く介入する傾向をもつイデオロギー装置であった。

5 亡命者にとっての日本——佐野碩，崎村茂樹の場合

ジョー小出の場合と似て，越境を重ねながら，あらゆる国家に裏切られ，最終的に相対的に寛容な国家メキシコを終の棲家にした亡命者に，演出家佐野碩がいる。佐野碩の父佐野彪太は医師であった。彪太の弟で日本共産党指導者となった佐野学は叔父，同じく共産党指導者であった佐野博は従兄弟。母方の祖父は後藤新平で，鶴見和子・鶴見俊輔姉弟とは従兄弟（母の姉の子）となる名家の出身だった。

佐野碩の越境は，芸術文化の普遍性という認識にもとづいていた。革命歌「インターナショナル」の日本語訳者としても知られているが，早くからプロレタリア演劇運動に飛び込み，治安維持法で検挙された。偽装転向で出獄

し，1931年にドイツから帰国する千田是也と交代する国際労働者演劇同盟（IATB）日本代表として渡独，33年ソ連に渡り，前衛演出家メイエルホリドに師事した。ところが37年夏に突如国外追放となり，後にメイエルホリドとその仲間たちは，佐野碩や杉本良吉・岡田嘉子ら「日本のスパイ」とつながっていたという理由で粛清される。

ソ連を追放された佐野碩は，ソ連政府の日本送還命令をなんとかパリ行きへと変更させ，パリ，プラハとヨーロッパを彷徨して38年ニューヨークに着く。しかし日本政府はアメリカにも手をのばして佐野の定住を妨害，滞在6ヶ月の期限付きだったため，39年4月メキシコに入り，以後この国で亡命者として66年の死まで演劇活動を行う。「メキシコ演劇の父」と呼ばれ，今日でも名を残す。

佐野碩が亡命したメキシコは，当時，世界中から亡命者の集まる地であった。1936-39年のスペイン内戦を共和派でたたかった人々が，フランコ政権に追われて大量にメキシコに逃れた。スターリンに追放されて漂着したソ連の政敵トロツキーは，40年にスターリンの刺客により暗殺される。佐野の入国後で，画家ディエゴ・リベラ，フリーダ・カーロ，シケイロスなど交友関係も重なることから，佐野のメキシコ行きは「偽装亡命」で，メキシコ共産党員シケイロスとともにトロツキー暗殺に関与したのではないかという説があるが，37年8月のソ連からの佐野碩追放が国崎定洞逮捕の直後であったこと，佐野の師メイエルホリドら演劇上の師や仲間がその後全面的に粛清されること，日本の外事警察・在墨日本大使館の厳しい監視，ようやくメキシコに落ち着いた佐野が芸術劇場公演・演劇学校開校に没頭していた時期であったことからも，佐野は「スターリンの秘密の刺客」にはなりえない。佐野のメキシコでの演劇活動も，ソ連公認のスタニスラフスキー・システムに，粛清された師メイエルホリドの前衛的手法を統合した，オリジナルなものであった。

佐野碩は，注意深く政治への発言を控え，メキシコ政府からの文化援助は積極的に受容した。在墨日本人社会とは接触を避け，日本の親族と連絡がついたのは1949年だった。モスクワ時代の妻ガリーナと連絡できたのは，ソ

連でのスターリン批判の後，1957 年のことだった。もっともその頃にはメキシコの舞台女優ウォルディーンとの結婚・離婚をはじめ，家族という絆とも無縁な，演劇一本の生活に入っていた。

　その後も日本へは帰国せず，俳優育成，農村演劇運動，コヨアカン劇場開設に力を尽くした。メキシコ社会のなかに溶け込み，日本語も忘れていった。ただし，望郷の念がなかったわけではない。連絡の回復した旧友石垣綾子，千田是也，林房雄らとは，戦後の政治的立場には関わりなく文通を再開し，日本の新聞のインタビューに「サクラがみたい」と答えることもあった。かつて左翼仲間だったが戦後は『大東亜戦争肯定論』で名を馳せる日本浪漫派作家林房雄が，1958 年メキシコを訪問し再会した時，佐野は「日本にかえりたい気持ちは，つい最近までおこらなかった。自由のないところには，芸術がないからね」と述べたという。

　佐野碩にとって，亡命とは，故国のあらゆるしがらみから逃れ，亡命先の国家と政治も信頼せず，ひたすら国家を超える普遍的文化とそれを理解し受容してくれる社会の一部の人々と，国籍も民族も言語の壁も超えてネットワークを築くことだった。それはいわば，現実にある国境を無視し無関与であることで，内面的に越境する試みだった（岡村 2009）。

　もっとも，第二次世界大戦期に軍国主義・国家主義に反発して亡命を果たした日本人は，野坂，鵜飼，佐野ら共産主義をくぐった知識人ばかりではなかった。筆者が現在探求中の戦時亡命者に，崎村茂樹というユニークな日本人がいる。

　戦時在独日本大使館嘱託で，1943 年にスウェーデンに亡命し連合国側とコンタクトした崎村茂樹については，筆者がインターネット上に公開し情報提供を呼び掛けている中間報告以上には資料がない。1909 年に生まれ，東京帝国大学農学部農業経済学科 1932 年卒，東大経済学部荒木光太郎教授の助手，上智大学講師，中国農村調査から，41 年 2 月に東大休職・外務省嘱託のかたちでドイツに渡るまでの経歴は，ほぼ明らかになった。しかし 43 年 9 月から 44 年 5 月まで在独日本大使館から逃亡・職務放棄し，中立国スウェーデンに滞在したことは，『ニューヨーク・タイムズ』1944 年 5 月 1 日

付「日本人が大使館から脱走」という記事，英語版『タイム』誌1944年6月5日号の「抵抗の方法」という無署名記事で確実である。『ニューヨーク・タイムズ』では「初めて連合軍に加わろうとした日本人」「枢軸国の敗北を初めて公言した日本人」と報道された。米国戦略情報局（OSS）の1944年6月1日，6月3日，9月の欧州在住日本人監視報告資料も，それを裏づけている。

崎村茂樹のスウェーデン入国は1943年9月7日で，ストックホルム入りは，計画的な亡命ではなく，当初はベルリン鉄鋼統制会の公務出張で入ったらしい。偶発的な怪我で入院した病院で当時ストックホルム大学講師，スウェーデン社会民主党思想誌『Tiden』編集長だったトルステン・ゴルトルンドと知り合い，ゴルトルンドが当時率いていた反ナチ知識人亡命者支援組織に組み込まれ，43年12月からスウェーデン日本公使館にパスポートを取り上げられた状態のまま，亡命生活に入った。44年1月には日本外務省嘱託を解任された。

戦火を離れ，森と湖に囲まれたストックホルムで，崎村茂樹は同年輩の経済学者ゴルトルンドや，先にドイツから亡命していたSPD（ドイツ社会民主党）在外ネットワーク組織者であるユダヤ系教育学者フランツ・モクラウアーらの庇護のもと，ドイツ語で1942年に刊行した『日本経済の新編成』に続く2冊の本『日本の農業経済』『日本経済史』を準備した。

戦後西ドイツの首相ウィリー・ブラントの回想から，スウェーデン社会民主党の経済学者ミュルダール夫妻，戦後オーストリア首相クライスキーらとともに，日本人崎村茂樹が，社会民主主義者の亡命者国際組織「リトル・インターナショナル」に加わっていたことが確認できる（ブラント，ミュルダール夫妻は，それぞれ戦後にノーベル賞を授与された）。

ただし崎村は，44年5月には在独日本大使館がストックホルムに派遣した内務省官吏佐藤彰三らによって，ベルリンに連れ戻される。英語・スウェーデン語資料では，崎村は家族・友人を殺すと脅され強制送還されたとある。ドイツ語・日本語資料（戦時在独日本大使館記録，米国国立公文書館所蔵）には，崎村は連合国メディアに騙され利用されたと公式報告されている。崎村

のスウェーデン亡命の真意は，なお謎につつまれている。

　ドイツ側外務省・秘密警察（ゲシュタポ）は，当時ゾルゲ事件で日本政府がドイツ人ゾルゲを処刑しようとしていた時期でもあり（1944年11月7日死刑執行），崎村の身柄引き渡しを求めたが，大島浩大使ら在独日本大使館は大使館員の亡命という不祥事のスキャンダル発覚をおそれ，日本側で軟禁・監視することを条件に崎村を確保する。崎村はベルリン郊外の農家に軟禁されたが，その家のドイツ人とは親しく交流し，また当時ベルリン在住の音楽家近衛秀麿ら日独の敗戦を見通し諦観した日本人とも会っていた。日本に帰れば大逆罪だと脅されていたが，ドイツと日本の交通ルートはすでに遮断されていた。

　1945年5月のドイツ敗戦にあたって，在欧日本人数百人はシベリア鉄道でモスクワ経由満州国に送還され，日本への帰国が認められた。しかし焦土と化した日本本土の戦禍を知って，多くの日本人は満州国に留まり，8月敗戦を迎える。

　崎村茂樹の場合は，家族は日本に残していたが，ベルリンでのスウェーデン亡命事件がどのように扱われるかもわからず，そのまま中国大陸に留まる。2度目の亡命である。新京（長春）の赤十字やアメリカ領事館で通訳の仕事を得，48年には北京のアメリカ領事館の勤務員として中国内戦の農村分析や経済分析に従事した。しかし国民党政権崩壊にともない米国外交官は台湾に逃れたが，崎村はなぜかそのまま北京に留まり，毛沢東の新中国建国を目撃する。そして50年8月，突如「アメリカの経済間諜」として逮捕され，そのまま5年間の禁固刑に服す。

　日本の新聞では51年8月に，米国CIAの企んだ「毛沢東暗殺未遂事件」被告として一度だけ報道され，日本の家族は10年ぶりで崎村茂樹の所在を知ることになるが，確かに毛沢東暗殺未遂で死刑とされた日本人山口隆一の周辺に崎村がいたとはいえ，新聞報道は誤報であった。また崎村茂樹経済間諜事件，毛沢東暗殺未遂事件そのものが，新中国に残った外国人に対する見せしめの警告，フレームアップであった可能性が強い。

　ともあれ崎村が日本に帰国したのは，二つの亡命を経て1955年になって

からだった。15 年ぶりの帰還を家族は暖かく迎えたが，崎村は亡命の事実自体を語ることも書き残すこともなかった。拓殖大学教授，東京理科大学教授として 1982 年に没するまで学研生活に戻るが，その数奇な亡命について世に出たのは，筆者らが 2006 年にドイツの映画研究者からの問い合わせを受けて共同研究をはじめてからであった。

したがって，崎村茂樹のスウェーデン・中国亡命については，なお未解決の問題，資料的制約による謎が多いが，語学の天才で非政治的な理論経済学者であった崎村が，国籍や国境にこだわらないコスモポリタンな日本人であったことだけは確かである（加藤 2007 c）。

近代国民国家は，グローバリズムのなかで揺らいではいるが，たそがれてはいない。ましてや「国家の死滅」への道は遠く，政治の境界の変更は，新たな政治を作り出す。政治的越境や亡命は，既存の国家をまずは内面的に超えて，民族や言語の壁を超克する強い意志をもった人々にのみ安隠な生活をもたらしうる，ある種の特権に留まるであろう。このような意味で，政治の世界は永続し，人類の不断の営為による民主化を求めている。

■注
1) 常識ぽてち（http://www.tamagoya.ne.jp/potechi/2001/20010813.htm），2010 年 3 月 1 日確認。
2) この点について，渡部富哉，故・鵜飼勇，綿貫譲治氏のご協力を得た。

■参考文献
青沼陽一郎（2006）『帰還せず――残留日本兵　60 年目の証言』新潮社。
岡村春彦（2009）『自由人佐野碩の生涯』岩波書店。
加藤哲郎（1986）「政治イメージの政治学」『国家論のルネサンス』青木書店。
加藤哲郎（1994）『モスクワで粛清された日本人』青木書店。
加藤哲郎（2001）『20 世紀を超えて――再審される社会主義』花伝社。
加藤哲郎（2002）『国境を越えるユートピア』平凡社。
加藤哲郎（2007 a）『情報戦の時代――インターネットと劇場政治』花伝社。
加藤哲郎（2007 b）『情報戦と現代史――日本国憲法へのもうひとつの道』花伝社。
加藤哲郎（2007 c）「情報戦のなかの『亡命』知識人――国崎定洞から崎村茂樹まで」

『インテリジェンス』9号。
加藤哲郎（2008 a）「グローバル・デモクラシーの可能性――世界社会フォーラムと『差異の解放』『対等の連鎖』」加藤哲郎・國廣敏文編『グルーバル化時代の政治学』法律文化社。
加藤哲郎（2008 b）『ワイマール期ベルリンの日本人――洋行知識人の反帝ネットワーク』岩波書店。
川上武・加藤哲郎（1995）『人間　国崎定洞』勁草書房。
コイデ，ジョー（1967, 1970）『ある在米日本人の記録』上・下，有信堂。
白井久也（2010）『検証　シベリア抑留』平凡社。
杉田敦（2000）『権力』岩波書店。
鶴見俊輔（1976）『グアダルーペの聖母』筑摩書房。
鶴見俊輔（1989）「亡命について」『思想の落し穴』岩波書店。
野坂参三（1946）『亡命十六年』時事通信社。
野坂参三（1971-89）『風雪のあゆみ』全7巻，新日本出版社。
春名幹男（2000）『秘密のファイル――CIAの対日工作』上・下，共同通信社（後に新潮文庫）。
星野智（2000）『現代権力論の構図』情況出版。
丸山眞男（1982）「近代日本の知識人」『後衛の位置から』未来社。
丸山眞男（1995）「政治の世界」『丸山眞男集』第5巻，岩波書店。
丸山眞男（1998）『自己内対話』みすず書房。
ミルズ，C. ライト（1958）『パワー・エリート』上・下（鵜飼信成・綿貫譲治訳）東京大学出版会。
盛山和夫（2000）『権力』東京大学出版会。
山極潔（2005）『米戦時情報局の「延安報告」と日本人民解放同盟』大月書店。
山本武利（2006）『延安レポート』岩波書店。

第Ⅰ部

メディアと市民を問い直す

第1章

恐怖の政治と治安社会化

斉藤　吉広

はじめに

　マイケル・ムーアは『華氏911』において，ブッシュ大統領とその背後にある軍産複合体への疑惑を暴こうとしただけでなく，米国内で「テロへの恐怖」が煽り立てられ市民生活の自由が奪われていく事態をも告発した。一方に戦争を利権とする勢力があり，他方に彼らにコントロールされ収奪される一般国民があるというそうした構造を支えているのは，「恐怖の政治」である。恐怖を煽ることで軍産複合体はいっそう利益を獲得し，恐怖を煽られることで市民は混乱と相互不信に陥って強いリーダーシップを期待する。テロはいつどこでも起こりうるし，誰がテロリストなのかもわからないのだから，国家はあらゆる市民の個人情報や行動を監視する正当性を得る。上からの監視が徹底されるにとどまらず市民相互の監視と密告が奨励され，結果的に政府批判も圧殺されていくことになる。

　テロを犯罪に，軍産複合体を警察権力やセキュリティ企業に置き換えれば，これはただアメリカに限った構造ではないということに思い至るだろう。1990年代を通じてアメリカ国内の犯罪発生率は急落したにもかかわらず国民の3分の2が「犯罪は増える一方だ」と思い込んでおり，政策的にも警察力と刑務所の増強が進んだ（グラスナー 2004：12）のだが，日本の状況も大同小異なのである。

　またムーアの『ボウリング・フォー・コロンバイン』は，コロンバイン高校で起きた銃乱射事件で犯人達が犯行直前にボウリングに興じていた事実を

揶揄してこの題名とされた。人々は忌まわしい犯罪の"犯人捜し"に躍起になり，たとえば彼らが好んで聴いた「恐怖のシンボル」マリリン・マンソンの歌が指弾されたりするが，なぜ直前のボウリングは攻撃されないのだ，というわけである。真の問題は就業や教育や医療など生活上の困難および地域経済の荒廃がかつてなく深刻化していることにあるはずなのだが，他の対象への「恐怖」が煽られて問題がすりかえられる。米国人は日常，口臭やニキビがいかに恐ろしいものであるかなどと刷り込まれて消費に駆り立てられる一方で，Ｙ２Ｋ（2000年問題）や殺人蜂やハロウィーンのカミソリ入り菓子の問題では一種「恐怖を消費」することに慣らされている。「恐怖の政治」は，ここでは政府の無策や大企業の不祥事を隠蔽する機能を果たすのである。しかしこうした政治的構図もまた，アメリカ特有のものではない。

　本章では，日本における恐怖の政治の実態を俯瞰するとともに，私たちがそこから脱却するための方途を考察したい。

1　不安と恐怖の日常

(1)　テロが危ない

「テロ対策特別警戒中」の看板は街の，あるいは郊外のいたるところに設置されている。当初は見る者に一種の緊張を強いる効果があったのかもしれないが，現在は日常の情景のなかに溶け込んでいて，その本来のメッセージとは逆に「何も起こりませんでした」「心配はいりません」と語っているかのようでもある。だがそうした一種の「慣れ」は，たんに看板のモノとしての陳腐化によるのではなく，見る側である我々の感覚のほうがある方向にズラされた結果であるのかもしれない。つまり，「テロの可能性」はいくら実感できなくとも存在するのであり，それ自体を疑うことはもはやできない，と。

　空港ではライターの持ち込みが１個と制限されているが，「２個がだめで１個ならいい」という根拠は何なのか問うことはしないし，「過激派（テロ・ゲリラ）はあなたの近くに潜んでいる／少しでも『変だな』と感じたら110

番」というポスターを見かけて「過激派が最近どんな事件を起こしたか」を思い起こすこともない。洞爺湖サミット開催を理由にして東京のゴミ箱が使用できなくなってもさほど気にかけないし，それどころか，北九州市ではやはり洞爺湖サミットを機に不審な外国人を見たら通報する「釣り人ネットワーク・システム」に市民がこぞって参加する。サミット会場周辺に全国からパトカーが応援に来るという過剰な警備も，「全都道府県のパトカーの写真を撮りたい」というお年寄りと孫のほほえましいエピソードとして消化されてしまう。

　市民の側が「仕方ない」と割り切ったり「自分もお役に立てれば」という感覚を日常化させる一方で，権力は，一定の思想・信条を基準にして外国市民記者を国外退去させたり，デモを襲って参加者を逮捕したり，ビラ配布を弾圧するなどの強権をふるう。さらに街頭カメラやNシステムの拡大，Suica（スイカ）やtaspo（タスポ）の利用履歴を使った捜査など監視システムの整備が進み，「起こることもありえないわけではないテロ」への不安と「やましいことがないならば抵抗するな」という無言の圧力が社会を覆う。「危険」の具体的中身は不明なまま，自由を制約する措置や対応だけが一人歩きしている。

(2) 子どもが危ない

　「テロ」が現実的な恐怖の対象であるよりも社会を覆う空気のようなものだとすると，「治安悪化」はより現実的で身近な問題であり，とくに子どもを犯罪から守ることは大人に課せられた重大な課題ではあろう。しかし，殺人や性犯罪の被害となる幼児の数は減少傾向にある[1]。そもそも，子どもに手をかけるのは約半数が両親をはじめとした親族であり，残りのほとんども知人であって，見ず知らずの人間によって殺害されるといった事態は年に数件程度しか起きない。

　そうしたなか，「治安悪化」のイメージが形成されるに当たってまずモンスター扱いされたのは，皮肉なことに「少年」であった。1997年の神戸連続児童殺傷事件をきっかけに「少年犯罪の低年齢化・凶悪化」が謳われるようになり，「理解不能な凶暴な存在」として少年がクローズアップされ，「14

歳」「17歳」が何か特別な年代であるかのように取り扱われることにもなった。

しかし戦後の少年による凶悪犯罪数の推移を見れば，映画『三丁目の夕日』で描かれた1960年前後と比較すればむしろ"激減"している。人口比で推移を見てもほとんど同じことである。1990年代後半に強盗が倍加しているのは事実だが，かつてなら「窃盗＋傷害」あるいは「恐喝」として取り扱われていたものが「強盗」に分類されることになったがゆえの増加である（河合 2004：64）。暗数がもっとも少ない殺人に注目すれば，1980年代まで一貫して減少しており，その後大きな変化は見られない。「最近の子どもの犯罪は質が変化している」とか「動機が理解できないものになってきている」というイメージについても，メディアがそのように伝えているという以上の根拠はない[2]。

それにもかかわらず，一方では少年犯罪に対する厳罰化が実行され，2000年には刑事罰に問う年齢が16歳から14歳に引き下げられ，2007年には14歳以下への強制捜査および12歳以上の少年院送致が可能となった。他方では「モンスター」を作り上げたものは何かという犯人探しによって，メディア規制や道徳心の称揚，「心のノート」の配布や教育基本法改定，そして日の丸・君が代の強制が進められてきている。

子どもの犯罪に焦点が当てられて以降は，2001年の大阪教育大学附属池田小学校での無差別大量殺人事件を機に「被害者としての子ども」という認知が広まり，学校警備の強化が進んだ。さらに2004年の奈良での帰宅途中の女子児童の誘拐・殺人事件によって「学校を守るだけではだめだ」ということで地域ぐるみでの防犯対策が広まる。そして2003年の衆議院議員選挙に臨んだ自民党・公明党・保守党そして民主党が，マニフェストに「犯罪・治安対策」を掲げるにおよんで「治安悪化」は人々のイメージに定着するに至った。

(3) 地球が危ない

「地球温暖化」は事実であってその原因はCO_2である，だからCO_2を減らすことは善である——かつて「エコ・ファシズム」として危惧されていた

事態は，すでに「エコ・エリート主義」を脱して大衆化したかのように見える。〈CO_2→温室効果→地球温暖化〉という論理そのものについてここで論じることはしないが，CO_2悪玉論のもとで実際何が行われているかは確認しておくべきであろう。

　一つは「環境市場」の成立である。京都メカニズムと呼ばれる枠組みによって排出権取引やCDM（クリーン開発メカニズム）が制度化され，かつては何の価値もなかった物質が莫大な価格で取引される仕組みが生まれた。「環境」が投機の対象として利得をもたらすこととなり，CO_2の削減義務を負わない途上国もこの枠組みに加わることによってCO_2削減よりもむしろエネルギー消費の増大や大国による独占的使用に結果しかねない。また「CO_2を出さない」という根拠から原子力発電所を新たに導入しようとする国が43ヶ国に達するなど「原発ルネッサンス」と呼ばれる状況さえ生じつつある。

　もう一つは，エコカー減税，エコポイントなど「エコ消費」と呼べるもので，客観的には廃棄と消費を促進しようとする動きである。「エコ商品」の購入は，全体としての環境負荷軽減の面では必ずしも有効とはいえず，むしろ特定業種の企業を支援する結果にしかならないであろう。本来的には，たとえば個々のクルマの環境対策ではなく「クルマがなくても不便ではない社会」の構築に向けて進んでいくべきであるはずだ。また，同じ「エコ」の名のもとでレジ袋が悪者にされ，消費者の行動を事実上規制する事態が進行している。経済的余裕のある市民には消費を煽りつつ，他方で質素な生活スタイルを強要するのであるが，個々人の「消費の仕方」で社会構造が変動することはない。現在はむしろ大量生産・大量消費・大量廃棄の構造を強化する方策が「エコ」の名で推進されているのである。

　総じて，「小さなことでもやれることをやるべき」というロジックによって「地球環境問題対策」が日常生活のなかに浸透しつつある一方で，世界経済レベルでは新しい市場として「環境」が金融システムに呑み込まれている。危機としての「地球温暖化」という錦の御旗によって煽られた不安とそして正義感が，アンバランスな全体構造を見えなくさせてしまっているのである。

(4) 健康が危ない

　健康不安を煽るのは薬品業界や健康器具メーカーだけではない。2003年施行の健康増進法，2005年施行の食育基本法などが後押ししてタバコは危険，メタボは危険という風潮が強化されて，余計な医療費のかからない健全な身体が国家によって望ましいとされている。改善に取り組まない者は自己責任において解決せよという方向がつくられつつあるとともに，そのような責任を果たさない者は全体の利益に反するとして白眼視されるような状況が生まれる懸念もある。

　そこに，疑似パンデミックが起きた。田中宇によれば，2009年の豚インフルエンザへのアメリカの対応は事前の宣伝，担当部署，大企業の利権などの点でテロ戦争と同種の有事体制づくりとして行われたという[3]。また日本における過剰反応については，タミフルの在庫一掃やＰ４施設稼働に向けたデモンストレーションだったという指摘がある[4]が，渦中の一般市民にとっては，マスクをするかしないか，という選択が迫られることとなった。「気やすめ」「ないよりはまし」という自己防衛としてはじまったふるまいが，「私は危険ではありません」「ちゃんとインフル対策をしています」という周囲へのメッセージへと転換し，ひいては「マスクをしていないと非難されるのではないか」という強迫となった[5]。そして実際，感染者および感染の疑いのある者へのバッシングが巻き起こる。"震源地"メキシコから緊急帰国した加藤哲郎が困惑したように，被害者が日本ではあたかも犯罪者であるがごとく報じられ，行動一つひとつが全国に公表され，隔離から日常生活に戻るのが妨害され，模擬国連に生徒を派遣した学校の教員が「地域に迷惑をかけた」と謝罪しなければならないという恐ろしい情景[6]に結果することになったのである。

　最終的にはワクチンやタミフルが大量に余るという結果となり，熱病のようなインフルエンザ騒動はすでに忘れ去られてしまっている感がある。しかし，また新しい危機が煽られれば人々はまた同様の反応を示し，同調的にふるまうことを相互に強いることになろう。

　以上４つの例を見たが，いずれの場合でも，危機が煽られつつ非本来的な

「対策」がとられ，全体としてはいびつな構造が生み出されるとともに，同調的な行動をとらない者への不寛容が社会を覆うという結果をもたらしている。第2節では「治安」に焦点を当てて「恐怖の政治」のメカニズムとそれが機能する背景を検証する。

2 コミュニティの崩壊と治安社会化

(1) コミュニティとしての会社，地域，家族の解体

そもそも近代資本主義社会の成立のためには，コミュニティ的な紐帯のネットワークから人々を切り離す必要があった。そのことで，かれらをのちに労働者の一団として工場に再配置することができたのである（バウマン2008：45）。都市の核家族が典型的な形態となり，とくに郊外では均質的な家族が集いつつも「つながり」の根拠を見いだせないままそれぞれに閉じこもった。

そうしたなか，親戚，隣近所，職場，いずれの場面でも，何かにつけ相談したり，助け合ったりするような全面的な関係を望ましいと考える傾向は減少を続け，形式的・部分的なつきあいを望む人々が増加して多数派を占めるにいたっている[7]。全面的な相互依存と相互信頼と持続性はすでに生存のために必須のものではなく，今や生存に必要なモノやサービスは商品として提供されているのであって，依存と信頼の対象は「市場」である。

しかもさらに家族がそのコミュニティとしての性格を失っていく。農業を中心とした社会では，家族は生産共同体であって夫婦がともに労働に従事することが生存の必要条件であった。都市化によって「家の外の夫と，家で支える妻」という近代家父長制家族が標準となり，家族は消費共同体として生活することになる。テレビを前に家族が団らんし，食事をともにし，一緒に旅行するなど家族単位で消費することがそこにおける絆を基礎づけた。しかしさらに「家の外で別々に働く夫婦」が標準化し，労働や生活行動のパターンが一致しなくなり，それを個電や携帯電話や一人用食品などの商品が支えることによって，夫婦と家族の個人化が進行する。子どもの個食や孤食が問

題化されはじめたのは1980年代になってからだが，それが表現しているのはただ子どもの生活が家族のなかで孤立させられているということではなく，家族全体が個人化し，それぞれに孤立しているという事態なのであった。

そのように一人ひとりが地域や家族とのつながりを失った状態が一般化するもとでの「安全が脅かされている」という喧伝は，恐怖をあおるテーマとして高い効果をもつものであった。

(2) 体感治安の悪化

「検挙率の低下」が取りざたされることがある。実際，2000年を境にして検挙率は急落した。1999年の「桶川ストーカー事件」を機に警察が市民の相談や通報に積極的に対応するようになったため「犯罪」として数え上げられるものが急増したからである。また，自転車の防犯登録制度ができたことによって自転車盗の認知件数が大幅に増え，駅に痴漢相談窓口が設置されて強制わいせつ被害の届け出が急増するなどの事情もあった。分母が大きくなった分，率は下がる。しかしそれでも2009年末までの集計で刑法犯は7年連続減少し，殺人事件は戦後最少を記録した。凶悪犯罪数の推移は先に少年犯罪について見たのと同様の傾向であって，1960年前後と比較すればやはり"激減"していると見ていい。実質的な犯罪の増加，治安の悪化はやはり認められないのである。

それにもかかわらず，この間の調査では国民の「体感」治安は悪化している。そしてそこには，「身近なところは平穏だが世の中全体は物騒だ」と感じている者が非常に多いという特徴がある。社会安全研究財団が2002年に行った調査では，居住地域での治安の悪化を感じている割合は11％であるのに比して，日本全体での治安の悪化を感じている割合は61％であった（「生活安全条例」研究会 2005：18）。また2006年の調査では，日本全体について「2年前と比較して犯罪が増えたと思いますか？」と問うと「とても増えた」と答えた人が5割，「やや増えた」まで含めると9割の人が治安悪化の印象をもっている。ところが同じ人に「居住地域ではどうか」と同じ質問をすると，「とても増えた」は4％弱，「やや増えた」を含めても3割弱でし

かない (浜井・芹沢 2006：52)。

　実態に反する治安悪化を感じるのは，事件報道の数量や情報を受け取る回路が増大したことが一つの原因である。新聞やテレビニュースだけでなく，インターネットや携帯のメール配信による情報アクセスも少なくない。遠く滋賀県で起きた，しかもすでに犯人が逮捕された事件が，東京都内の親たちに下校警戒強化の告知とともにメール配信されるということさえも行われている（芹沢・安原 2006）。またとくに殺人事件に関しては，以前に比べて高頻度で長時間でよりセンセーショナルな報道がされるようになった（浜井・芹沢 2006：54）。「物騒だ，物騒だ」というメッセージを近年とくに大量に浴びていることになる。

　しかしそれだけではない。しばしば犠牲者を出すような問題は既知であるからニュースバリューは低い。ふだん起こらないことをクローズアップしてこそニュースバリューは高まるのだから，「小さなリスクを単独でクローズアップする」というのがメディアの基本的報道スタイルということになる。そして，このスタイルは，人々がリスクを過大に認知しやすい条件にぴたりと当てはまる（中谷内 2006：92）。

　結果として，「現実の犯罪発生に関係なく，特異な事件をきっかけに」して「犯罪が増加し，治安が悪化しているという印象が広まり，犯罪不安が急速に高まっていく現象」（浜井・芹沢 2006：60）である「モラル・パニック」が引き起こされる。特定の事件が特異な事例としてではなく，社会全体の歪みの象徴として取り上げられることにより，「誰が犠牲になるかわからない」という不安・恐怖が蔓延していくのである。

(3)　「治安共同体化」する地域

　「治安悪化」の原因として半ば常識のように認識されているのが地域コミュニティの空洞化という事態であり，それが原因であるからには治安再生のためには地域コミュニティの再生がめざされなければならないということになる。現実の治安が悪化していない以上，コミュニティの空洞化がもたらしたのは治安の悪化ではなくてせいぜい「体感」治安の悪化であるはずなのだ

が，とりわけ「子どもの安全」という課題をめぐって人々は「地域安全活動」に駆り立てられている。

2006年に朝日新聞社が行った全国世論調査よると，「子どもが犯罪に巻き込まれる危険が増していると思う人」が93％に上った。また，「集団登下校に保護者や教諭が付き添ったり，通学路で近所の人が見守りに立ったりする対策が各地で取られている。こうした対策が子どもの安全に『必要だ』と思う人」は87％，小学生以下の子どもがいる人では93％にもなった（浜井・芹沢 2006：155）。そうした意識を背景に，防犯ボランティア団体・人員は増え続け，2003年から2008年にかけて全国で3000団体18万人から4万団体250万人へと5年間で13-14倍となっている[8]。

ある意味，せいぜい防犯活動にしか地域の結びつきを確認できる日常生活上の基盤がないということでもあり，コミュニティの不在を疑似的なコミュニティによって塗糊しようとするものである。結果としてそこでは犯罪不安は鎮められるどころかますます肥大化し，芹沢が言うところの「相互不信社会」が育っていく。たとえば，転倒しかけた小学生を心配して声をかけた住民が不審者として取り調べを受けたり，不審者が出没したとされる場所でサングラス姿の人を見た中学生が怯えて走り去り，そのさいに脱げた靴を届けた当の男性がそのことで取り押さえられたりするなど，過剰な防犯意識が落ち度のない大人を追い詰める。

他方で，子どもの身に付けたICタグを感知した学校の玄関カメラが画像を家庭にメール送信する，PASMO（パスモ）で改札機を通ると連絡が送られる，携帯電話のGPS機能で子どもの現在位置を常時知らせるなどといったシステムも導入されつつある。現実にはほとんど起こらない「他人による子どもの殺害」を防ぐために，セキュリティが社会のすみずみにまで浸透しようとしている。その結果，「地域コミュニティが崩壊しているのが問題だとされながら，日常的なコミュニケーションの分断はますます深まっていく」（芹沢・安原 2006）という逆説的な事態を生むことになっているのである。

ここまで見てきたような治安活動が，地域における異質者の発見と監視を目的とするのだとすれば，そもそも異質者を地域に立ち入らせまいとするの

がゲーテッド・コミュニティあるいは要塞都市と呼ばれるものである。日本でも，高い塀をめぐらせて開閉式ゲートを備えた防犯強化マンションが増え，カメラが常時映像を記録し警備員が毎日巡回する防犯団地もつくられているが，アメリカでは町全体の規模で囲い込む。渡辺靖によれば，全米で最大規模のゲーテッド・コミュニティは東京ドームの400倍，東京都の港区にほぼ匹敵するという。この高級住宅地の周りは高いフェンスで囲い込まれ，守衛が常駐する検問ゲートは住民と訪問者以外を通すことはなく，ゲートの内側では警備員が24時間巡回している。こうした町が全米で5万を超え，1995年には400万人だった居住人口は2000万人以上に達した（渡辺 2006）。

バウマンが「自発的ゲットー」と表現するように，ゲーテッド・コミュニティはみずから「閉じこもる」のであって，個人用の核シェルターに相当するものだ（バウマン 2008：159）。それには「コミュニティ」という名前が付けられているが，地域的凝集性以外の内容をもってはいない。注意すべきなのは，こうして閉じこもれるのは社会的に一定の経済的・社会的地位にある者に限定されるということである。ゲートの内側に入れない者，あるいは地域社会のなかで異端視され「不審者」扱いされるのは具体的に誰のことであるかに注意が払われなければならない。

(4) 厳罰化

厳罰化（ペナル・ポピュリズム）が世界的な傾向になりつつあるという。「アメリカではこの40年間で，刑務所に収容される囚人の数が6倍に増大した。9・11後は，その傾向がとくに強い。日本の場合はこの15年間で（つまりオウム以降），囚人の数は約2倍になった」。そして「ペナル・ポピュリズムとの言葉が示すように，厳罰化は大衆の欲求でもある。メディアなどによって不安や恐怖を煽られた人々は，犯罪者に対してより厳しい罰を求め始めるようになる」（森 2009）。死刑や無期懲役判決は年々増え，無期懲役者の仮釈放は減って事実上の終身刑となりつつある。芹沢は，二大政党制を志向するポピュリズム的傾向によってペナル・ポピュリズムを根拠づけ，次のように説明する。

「ものごとを善と悪とにはっきりと分断したうえで，悪なる敵を排除するというこのモードの広がりこそが，00年代を特徴づけるトレンドにほかならない。そして少年法改正を実現させたのも，まさにこのトレンドであった。［……］

　少年犯罪にかぎらず，00年代ほど厳罰感情が高まった時代はかつてない。ここで興味深いのは，英米のような二大政党制をもつ国では，刑事政策が厳格になる傾向があるという事実である。選挙で負けると政権を失う二大政党制では，世論の過半数が支持する政策しか提言できない。そのため，ポピュリズム政治に陥りやすく，刑事政策も世論に受ける厳罰化が進みがちなのだ。

　そもそも，コンフリクト（論争）型の二大政党制にあっては，コンセンサス（合意）型の多党制と異なって，政治的な敵対性が先鋭化する。小泉構造改革から政権交代にいたる00年代に目指されたのは，英米型の二大政党制の実現だったのだから，敵対的なモードが社会に広がったのも必然的なことだったのだ」[9]。

　他方で，微罪逮捕も目立つようになっている。その根拠となっているのが「割れ窓理論」であり「ゼロ・トレランス」政策である。軽犯罪法や条例違反に相当するような迷惑犯罪を，重大犯罪と同様に厳しく取り締まるというものだ。2007年にはコンビニのコンセントから電気1円分を盗んだと中学生が逮捕され，その翌年にはやはり駅のコンセントで3銭分の電気を盗んだとして女子大生が摘発された。2009年にはスマップのメンバーが酔って脱いだだけで家宅捜索され，ヌード写真をとったことが「わいせつ」行為とされて篠山紀信が逮捕された。

　立ち直りの機会を狭める厳罰化の進行は結果として社会全体の復元力を衰退させるであろうし，わずかなことでも警察権力に頼るという態度は社会の問題解決能力を徐々に奪っていくだろう。では，このような方向に日本社会が舵をとることになった原動力は何であったのだろうか。

3　恐怖の政治を支えるもの

(1)　国家による排除

　治安共同体としての地域は，住民のセキュリティへの欲求が高まって自然発生的に形成されてきたものではなく，国家の意志がそこに働いているのだとして芹沢一也はおよそ次のように整理している（浜井・芹沢 2006：134-136）。1994年に警察庁は生活安全局を設置して「地域安全活動」を推進しはじめたが，これが現在の「安全・安心の街づくり」プロジェクトの源流となっている。地域住民やボランティア団体，自治体などと協力しながら，地域に密着したかたちで警察活動を行おうとするものだった。さらにこの時期，警察は軸足を「司法警察」から「行政警察」へと移動させている。すなわち，事件が起こった後で犯罪捜査をして被疑者を逮捕するという「事後的」な活動である司法警察から，公共の安全と秩序の維持のための「予防」活動としての行政警察への移行である。戦後の日本警察は，国民生活をすみずみまで監視・監督した戦前の行政警察への反省から，基本的人権の尊重と国民主権の原理にもとづいた司法警察にみずからを限定したのだが，それが90年代半ばにふたたび逆転した。

　こうした「地域密着」と「予防」への転換の背景には，治安法・警察法としての有事法制＝国民保護法を基礎とする「戦争する国」への移行があると田中隆は指摘する（「生活安全条例」研究会 2005：77-78）。「ボーダーレス時代における犯罪の変容」をテーマに掲げた『警察白書［平成四年版］』（1992年）には次のようにある。「現代は，『ボーダーレス』の時代である。最近における国際化の進展，交通手段の変化，女性の社会進出等をはじめとした社会経済情勢の変化は，従来当然のものと考えられていたさまざまな境界を消滅させつつあるが，これは，社会の病理を写す鏡である犯罪の分野においても例外ではない」。これらを論拠に，田中は「生活安全条例」と生活安全警察が，急速な多国籍企業化・国際化のもとで変容する地域社会や犯罪動向に対応するための警察戦略の一環であり，「グローバル化のもとでの治安戦略」

だったとするのである。

　この1990年代後半というのは、プラザ合意以降の円高・ドル安誘導政策と経済のグローバリゼーションによって経済の空洞化が進み、さらに規制緩和による大規模店舗の進出などによって地方が衰退をはじめた時期であった。労働者派遣法が1999年に対象業種を拡大し、2004年には製造業にも解禁するなど相次いで改訂され、結果として非正規雇用は3割に達することとなった。また1998年以降は現在まで自殺者が毎年3万人を超え、自殺率世界6位という希望を失った社会に突入している。「グローバル化のもとでの治安戦略」とはしたがって、格差と貧困が広がるなかでの生活不安の蔓延に対する治安戦略のことでもあった。「いつ誰が解雇、リストラされ、いつ誰が事件を起こすか分からなくなってしまった……。そんな理由で、各地に監視カメラが設置され、相互に市民監視をさせて警察に協力させようとしているのが、現在の治安政策」[10]なのである。

　そうした治安対策の対象として監視され、排除される者とはたとえば、「生活時間帯が多くの人と異なる職種の人間、失業者やホームレス、精神障害者や知的障害者、在日外国人など、『普通の人』とは異なる生活リズムやスタイルを持つ人びと」(浜井・芹沢 2006：184)であって「犯罪者」ではない。また監視カメラが主な対象とする街頭犯罪には、低所得層による場合が多いという階級的な偏りがある。「こうした犯罪類型を犯罪の典型的なものとみなして、それ以上に社会的に大きな損失をもたらしているいわゆるホワイトカラーの犯罪や社会的に地位の高いものがなしうる犯罪を軽視する傾向」(小倉 2003：19-20)によって、「なにが重大犯罪か」「なにを取り締まるべきか」という認知そのものの均衡を私たちは失いがちである。

　雇用・教育・福祉などの面で財政措置と機会を切り詰められて社会的に排除された人々が、そのことによってさらに街頭から排除されるという構図が生まれているということである。そして排除されるまでには至らなかった人々にとっても、目前の不安と恐怖に対処するために、狭い意味での安全すなわち治安にしがみつかざるをえない状況が生まれているのだと言える。

(2) 「セキュリティ」概念の変容

萱野稔人によれば，セキュリティ（security）というのは，語源的には，配慮をあらわすラテン語の「cura」に，欠如をあらわす接頭語「se」がつけられた語であり，「いろんなことに気をかけなくてもいい状態」を意味する。したがって，セキュリティというのは治安だけを意味するのではなく，たとえば仕事がちゃんとあって収入が安定しているとか，病気になってもまともな医療を安価で受けることができるとか，老後になっても生活が保障されるとかそういった生活全般における「心配のなさ」をも意味している。しかし現在，広い意味でのセキュリティが揺らぐとともに，セキュリティの意味が治安へと特化されてしまっている（芹沢 2009：181-182）。

森千香子は「社会的セキュリティ（生活の物質的な保障）」と「身体的セキュリティ（身体の安全）」に弁別し，「労働や生存条件は不安定化し，今まで築き上げられてきた社会的セキュリティは足元から崩壊し，人々の社会に対する信頼は低下して，危機感が上昇した。『物騒になった』という明白な根拠のない感情が強まる現象には，この社会的セキュリティの崩壊も大きく影響している」と主張する。したがって「セキュリティ概念を『治安』だけに限定するのではなく，『社会的安全』を含めて広く捉えなおし，包括的なアプローチによって『不安』に対処することが必要だ」とする[11]。

「身体の安全」という意味でのセキュリティへの欲求が不安・不審者情報の流布を促し，そうした情報がまたセキュリティへの欲求を亢進させるというマッチポンプ的な悪循環をもたらすのだが，萱野や森が指摘するのは，そうした循環の基盤にあるのが「安心して日々の生活を送れる」という意味での社会的セキュリティの崩壊だというのだ。人々が社会への信頼を失っている本来的な原因は，テロの可能性や犯罪の増加や新型ウィルスの登場や地球の危機などではなく，経済的な苦境や将来への不安感をもたらしている政治なのだが，それは別の要求に「転移」させられている。

マイケル・ムーアが描き，またチョムスキーが述べるように，エンロンなど大企業の横暴や社会保障費の削減などの問題から人々の目をそらさせ，政府への抵抗を抑えるために「人々をコントロールする最良の方法は恐怖を利

用すること」[12]なのである。そこではすでに,「セキュリティの堅固さを讃える前に,犯罪やテロを恐れる必要の少ない,差別や貧困や侵略を否定する社会を築こうとは誰も考えない」[13]。

　見方を変えると,「コントロール不可能なことについては目をつぶる一方で,コントロールできそうなことについては,無闇に安全性が強調され,セキュリティーチェックばかりがきつくなる」[14]という傾向でもあり,社会問題を技術的に解決しようとする方法に陥ってしまうことになる。この「コントロール可能なものへの集中」という事態は「嗜癖」に似ており,根底に横たわる問題を隠蔽する。地球環境問題におけるエコバッグ,インフルエンザ騒動におけるマスクとならんで,治安においては不審者探しが解決策とされて,かつそこで満足するように仕向けられるのである。

(3) 自己監視への強迫

　排除は国家が警察権力をふるって行われるものばかりではない。恐怖と不安のもとでは,権力は自動的に服従を調達できる。「恒常的な・不・安・定・性 précarité——社会的地位の不安定性,生活の将来に関する不確実性,『目下の現実を統御できない』という圧倒的な感覚——のために,人々はプランを立てたりプランにもとづいて行動したりすることができなくなる［……］不確実性と不安定性のなかでは,規律(というよりも,むしろ「他の選択肢がない」状況に甘んじること)は自動推進式,自己再生式」(バウマン 2008：60-61)(圏点原文のまま)となる。

　かくして人々はみずから進んで監視を受け入れ,自己規制を強めていくことになるだろう。「犯罪対策」や「テロ対策」の名のもとに不自由を強いられる場面がだんだん増えていくことになり,そしてそのうち,"安全のための不自由"あるいは"マクロな自由のためのミクロな不自由"といった状況を「仕方がない」と受け入れて慣れていってしまう。その結果,抵抗したり異議申し立てしたりする者を異端視するようになっていく。「こんな不自由はおかしい」「私のプライバシーを侵すな」といった行動や感覚が抑圧されていくということである。

かつて空港でボディーチェックをかたくなに拒む男性を見たことがある。触れようとする係員の手を必死に振り払っていた。そのときの「おとなしくチェック受ければいいのに」という自分自身の視線を思い起こす。「抵抗しなければコトを荒立てないで済むのに」「悪いことをしていないなら構わないだろ」という理屈でみずからの行動や身体や思想信条への介入を認める感覚はだから，私にもすでに存在している。「それ以上の介入は許さない」という一線はおそらく誰にでもあるのだろうが，ミクロな不自由の経験の積み重ねによってその一線がだんだんと曖昧になり，徐々に後退していく。「何かやましいことでもあるんですか」という監視者の視線を自己のものとし，自己監視を強めていく。それは他者に向けられる視線をも規定して不寛容な関係を広げ，恐怖は憎悪に転換されて弱者同士のいがみ合いにも帰結する。それがまたペナル・ポピュリズムの心理的基礎でもあって，「自分もぎりぎりで耐えているのに，勝手なことしやがって，というようなルサンチマンで犯罪者を見る」[15] 傾向が強まることになる。

　日常的には，「人々は相互に『共同意識』からの微妙なズレも見逃さず，これを非難する。そして，『共同意識』からズレて非難されないように，自分の感情や振る舞いを常時監視(モニター)し，高度にコントロールしようとしている」（森 2000：63）。ここでの「共同意識」とはすなわち「相互監視のまなざし」のことであって，治安共同体を支える心性のことだ。しかし誰かが常時監視されているということは，自分も常時監視されているということであり，また他者に不寛容な社会は自分にとっても不寛容な社会なのであって，みずからが排除の対象になる可能性がつねに存在するということでもある。ムラ社会的な関係をひきずった日本社会は，とりわけこうした性格を強くもちがちであろう。

(4)　治安共同体からの脱却のために

　犯罪への恐怖感にもとづいたセキュリティの強化はせいぜい，ネオリベラリズムの生み出した結果に対する対症療法にすぎず，不安の原因である雇用や教育，福祉などの抱える問題をむしろ隠蔽するものである。治安社会化の

深化は，安心して暮らせる居心地のいいコミュニティをもたらすものでは決してなく，相互監視と自己監視に満ちた相互不信社会を生み出す。「恐怖の政治」のメカニズムを暴き，ネオリベラリズムによる生活条件の悪化こそが指弾されなければならないのだが，他方で，コミュニティないし日常の人間関係そのものの内から信頼し合える社会を構築する道筋はどのように見通すことができるであろうか。

広井良典が主張するところでは，戦後の日本社会はカイシャと核家族という「都市の中の農村（ムラ社会）」をつくり，それぞれがそこに閉じこもってソトとの豊かな関係を築くことに成功していない。したがって，「日本社会における最大の課題は，『個人と個人がつながる』ような，『都市型コミュニティ』ないし関係性というものをいかに作っていけるか，という点に集約される」（広井 2008）。

また「信頼」の研究において山岸俊男は，「信頼を，集団主義の温もりのなかから飛び出した『個人』にとっての問題であると考えており，したがって集団主義社会の終焉が生み出す問題は安心の崩壊の問題であると同時に，集団の絆から飛び出した『個人』の間でいかにして信頼を生産するかという問題だ」（山岸 1999：8-9）ととらえたうえで，これまでの日本社会がいかに他者に対する一般的信頼を損なってきたかを強調する。「集団主義社会は安心を生み出すが信頼を破壊する」（山岸 1998：1）というのである。

しかし今日，人々が孤立する状況が広がっているからこそ，既存の共同体に依存しない新しい"つながり方"が求められ，情報技術もそれを支援している。広井も山岸も集団に依存しない「個人と個人」がいかなる関係を取り結べるのかを問題にしているのであるが，テーマに応じて人々がフラットに関わり合うネットワークはすでに幾重にもできつつある。閉じこもってもっぱら「ウチ」の安全や利益を追求するのではない，都市的な関係のなかで一般的信頼を培っていく動きは存在するということであり，そこに一つの可能性を見出すことはできるであろう。

おわりに

犯罪への恐怖が煽られるなかでしばしば"犯人"視されるのは「メディア」であった。メディアの効果研究そのものについて詳述することはしないが、グラスナーが「意地悪な世界シンドローム」と呼んで紹介する次の指摘は本章の議論にとって示唆的である。

「人間は、テレビを通して残虐行為ばかり見ていると、自分もいつ傷つけられるかもしれないと感じ、自分の住む世界は冷酷で残忍なのだと思うようになる。30年にもわたる研究を通してガーブナーが得た結論は、テレビをよく見る人ほど隣人が危険人物だと思いこみやすいこと。テレビをよく見る人ほど犯罪発生率が上昇していると信じていること。テレビをよく見る人ほど、自分自身が犯罪被害者となる可能性を大きく見積もっていること……。そして彼らは、さまざまな危険から身を守るため、いくつものカギを購入し、アラーム装置を取り付け、最後はご想像のとおり——銃を買い込む。
［……］テレビで見た殺人や暴力行為を恐れるあまり、自分の家から一歩も出られない老人がたくさんいるのだ。［……］実際には65歳以上の人々は、他のどんな年齢層の人々と比べても、暴力的な犯罪の被害者になる危険性が低い。司法省の統計によれば、25歳以下の若者と比べて16分の1の確率でしかない」（グラスナー 2004：93-94）。

この限りでは、メディアは犯罪を生むのではなくて「犯罪への恐怖」を生むということだ。メディアのおよぼす影響についてメディアがふりまくイメージにまどわされることなく、そこに隠された権力作用を見出す必要があるだろう。

『ボウリング・フォー・コロンバイン』に印象的な場面がある。カナダは、メディアの暴力表現も人種構成も失業率も銃の所持率もアメリカと大差ない

にもかかわらず，犯罪発生率が極端に少ない。そして，人々は家にカギをかけない。そこで，カナダ人女性のことばが「アメリカ人はカギをかけることで"他人を閉め出す"と考えるのでしょうけど，カナダでは"自分を閉じ込める"と考えるのよ」というものだった。このことばは，いつの間にか私たちに身についてしまっている「異質排除」「相互不信」の心性を暴くとともに，人々が孤立から脱して個と個がつながるための「信頼」の原則を指し示してくれているように思う。

■注
1) 管賀江留郎「子どもの犯罪被害データベース」http://kodomo.s 58.xrea.com/
2) 現在起こればやはり「理解できない」とされるであろう少年犯罪は，戦前にも高度成長期にも起きている。実例は，戦前については管賀（2007），戦後については芹沢（2006：63-65）を参照。
3) 田中宇「豚インフルエンザの戦時体制」『田中宇の国際ニュース解説』2009年4月30日 http://tanakanews.com/090430 swineflu.php
4) 古川琢也「『パンデミック』危機が煽られた真相」『週刊金曜日』2009年5月15日。
5) 斎藤美奈子「新型インフル騒動／危機あおる社会の危うさ」『北海道新聞』2009年6月1日。
6) 加藤哲郎『加藤哲郎のネチズンカレッジ』2009年5月22日 http://www.ff.iij 4 u.or.jp/~katote/Home.shtml より。
7) 内閣府「平成19年版　国民生活白書」。http://www 5.cao.go.jp/seikatsu/white-paper/h 19/01_honpen/index.html より。
8) 警察庁生活安全局生活安全企画課「防犯ボランティアフォーラム2009開催記録」。http://www.npa.go.jp/safetylife/seianki 55/news/doc/foramu 2009.pdf より。
9) 芹沢一也「論考 2010／政治と犯罪に見る 00年代／広がる〈敵〉排除の論理」『北海道新聞』2010年1月13日夕刊。
10) 清水雅彦「相互監視進める警察　治安政策は別の道で」『北海道新聞』2008年7月10日夕刊。
11) 森千香子「時代相 2008『物騒になった』という感覚の社会的源泉／生活不安が招く相互不信」『北海道新聞』2008年1月11日夕刊。
12) 『日本版PLAYBOY』2002年6月号における辺見庸との対談より。
13) 斎藤貴男「現実化する国民総背番号制／管理社会"歓迎"する人々」『北海道新聞』2006年9月6日夕刊。
14) 池田清彦「過度の安全追求　寛容さ失いゆく社会／『安心』との違い認識を」『北

海道新聞』2006 年 2 月 16 日夕刊。
15) 「現代の罪と罰　平野啓一郎さんに聞く　(上)　無差別殺人は一種のテロ」『北海道新聞』2008 年 7 月 8 日夕刊。

■参考文献
小倉利丸 (2003)『路上に自由を』インパクト出版会。
管賀江留郎 (2007)『戦前の少年犯罪』築地書館。
河合幹雄 (2004)『安全神話崩壊のパラドックス』岩波書店。
グラスナー，バリー (2004)『アメリカは恐怖に踊る』(松本薫訳) 草思社。
「生活安全条例」研究会編 (2005)『生活安全条例とは何か』現代人文社。
芹沢一也 (2006)『ホラーハウス社会』講談社。
芹沢一也・安原宏美 (2006)「増殖する『不審者情報』」『論座』2006 年 6 月号。
芹沢一也 (2009)『暴走するセキュリティ』洋泉社。
中谷内一也 (2006)『リスクのモノサシ』日本放送出版協会。
バウマン，ジグムント (2008)『コミュニティ』(奥井智之訳) 筑摩書房。
浜井浩一・芹沢一也 (2006)『犯罪不安社会』光文社。
広井良典 (2008)「日本社会とコミュニティ」『書斎の窓』2008 年 7・8 月号。
森真一 (2000)『自己コントロールの檻』講談社。
森達也 (2009)「誰が誰に何を言ってんの？」『自然と人間』2009 年 11 月号。
山岸俊男 (1998)『信頼の構造』東京大学出版会。
山岸俊男 (1999)『安心社会から信頼社会へ』中央公論新社。
渡辺靖 (2006)「『恐怖の文化』と対峙するアメリカ」『中央公論』2006 年 11 月号。

第 2 章
NIMBY 問題の構造とデモクラシー

中澤　高師

はじめに

　NIMBY とは，"Not-In-My-Back-Yard" の頭文字をとったもので，社会的に必要とされている施設に対して，「その必要性は認めるが，自分の近所（裏庭）に建てられることには反対する」という態度のことを指す。NIMBY を引き起こすような施設は，ときに迷惑施設といわれる。典型的な迷惑施設とされるのは，廃棄物処理施設やし尿処理施設，刑務所，墓地，軍事基地，原子力発電所などである。

　こうした施設は，社会的に必要とされる一方で，環境リスクや地域のイメージダウン，地価の下落など，施設が周辺にもたらすと考えられるさまざまな受苦のために，地域住民から忌避されることになる。施設を建設するという総論には賛成だが，自分の近所に建設されるという各論には反対であるという総論賛成・各論反対の問題であるともいえる。

　NIMBY は，「NIMBY シンドローム」といわれるように，一種の社会的な病理であると考えられ，社会全体の利益を損なう地域エゴの噴出であるとして否定的な意味を賦与されてきた。しかし一方で，住民の反対は，住民自治やデモクラシー，あるいは環境的正義の観点から肯定的に評価されることもある。NIMBY のとらえ方は多様であり，その評価はときに対立する。

　本章の目的は，NIMBY 問題のとらえ方に新たな視角を提示することである。まず，既存の NIMBY のとらえ方を整理し，NIMBY 問題の諸相について論じる。そして，次に問題を見る視角を空間的・時間的に広げ，

NIMBYをマクロな問題構造との関係からとらえ直す。

なお，この目的のために，本章では「NIMBY」を従来の否定的な意味を前提とする言葉ではなく，「迷惑施設に対する住民の反対」という中立的な意味で用いることを断わっておく。

1 NIMBYとデモクラシー

NIMBYは，しばしば「地域エゴ」として揶揄されてきた。この背景には，「個別利益─全体利益」という問題認識が存在する。すなわち，NIMBYによって社会的に必要とされる施設の建設が阻止され，社会全体の利益が達成されないことが問題とされるのである。この観点からは，NIMBYは狭い個人的な利害関心にもとづいたものであって，社会全体の利益と対立する利己的な態度としてとらえられることになる。ときには，補償金を吊り上げるための戦略的な行動として見なされることすらある。また，NIMBYには，しばしば「感情的」あるいは「無知」というレッテルが貼られてきた。その場合には，住民による施設の忌避は合理的な判断によるものではなく，科学技術やそのリスクに対する「無知」によるものであるととらえられるのである。

NIMBYへの「利己的」，「感情的」，「無知」という評価は，現在でもしばしば耳にする。この観点からは，迷惑施設の立地に対する住民の反対は，デモクラシーの機能不全と見なされる。住民自治や個人の権利への意識が強まり，それを実現するための意思決定回路が発達するにつれて，社会的に必要とされる施設への反対も容易になる。そのため，デモクラシーが「利己的」な反対を過剰に表出してしまうことへの懸念が表明されてきた。迷惑施設の立地段階における住民参加や市民参加は，施設の建設阻止という住民がみずからに望ましい結果を得るための手段としてのデモクラシーとなっているためNIMBY問題の解決としては機能しないともいわれる（Portney 1991）。すなわち，迷惑施設立地問題への市民・住民参加はNIMBY的傾向を助長するものとして不適当であるとされる。この観点からは，NIMBY

はデモクラシーの過剰,あるいは誤作動と見なされることになる。

しかし一方で,住民の反対は「利己的」,「感情的」,「無知」といった要因によるものではないことが,研究によって明らかにされてきた (Kraft, Clary 1991; Hunter, Leyden 1995)。また,住民は必ずしも施設が地域に有害であるから反対するのではなく,地元住民の反対は,複数立候補地の有無や立地過程の透明性,決定過程への参加可能性など,手続き的な原理に関係していると考えられてきた。この観点からは,NIMBYを引き起こすのは,デモクラシーの過剰ではなく,むしろデモクラシーの不足であるととらえられることになる。

迷惑施設の立地をめぐる紛争現場でよく耳にするのは,「施設の建設そのものに反対なのではなく,住民に秘密にして手続きを進めるような,行政の住民無視の姿勢を問題にしているのだ」といった主張である。すなわち,施設の必要性や公共性については認めるが,計画から立地選定にいたる過程において,もっとも大きな利害関係をもつと考えられる施設周辺住民の意思が無視され,排除されていることが問題とされる。ここでは,住民が施設に反対する理由は手続きの公正さに関わると考えられている。NIMBYを手続き的公正の問題として見る立場からは,情報の公開性や当事者の平等な影響力の保証,合理的な討議によって意思決定をすることが重要視される。とくに,近年ではNIMBY問題の解決策として立地決定過程への市民・住民参加が多くの論者によって提唱されている[1]。

近年では,日本でも産業廃棄物処理施設や原子力発電所,あるいは米軍基地をめぐって住民投票が行われてきた。NIMBYをデモクラシーの機能不全とみなす立場からすると,地元住民に拒否権を与える住民投票は,社会全体の問題を一地域の利害判断に委ねるという意味で不適当であると考えられる。また,迷惑施設に反対する人々は政治的に活発な層と一致しており,逆に施設へ賛意をもつ人々は政治的に受動的で非活動的であるため,住民投票では施設への反対意思が過剰に表出しコミュニティ全体の選好が反映されないことを指摘する声もある (Mansfield, Houtven, Joel 2001)。

しかし一方で,住民投票は地域の自治や個人の自律という観点から積極的

に評価されてきた。原子力発電所や産業廃棄物処分場などの迷惑施設は、地方の農村や漁村に立地する傾向がある。住民投票は、伝統的な権力構造や人間関係のしがらみ、あるいは経済的見返りを利用した不透明な合意形成が支配的な地域において、個人の意思を表明できなかった地域住民が自治や自律を獲得する過程としてとらえられることになる。

また、住民と行政（あるいは事業者）との間にリスク認知や問題認識の相違を見出し、住民の反対を積極的に評価する立場もある。この立場は、NIMBYを「感情的」、「無知」であるとして切り捨てるのではなく、行政や事業者との対抗的関係のなかで政策判断を改善するものとしてとらえる（McAvoy 1999；Fischer 1993）。両者は異なる合理性にもとづいているのであり、迷惑施設問題は技術的判断や事実判断だけではなく価値判断を含むため、テクノクラートの判断が市民や住民のそれより優れているということはできない。むしろ、NIMBYを通じて市民や住民の視点が政策判断に反映され、行政官や専門家の見過ごしている点に目が向けられることが重視される。両者の問題認識の相違は一方で合意形成を困難にしているが、同時に両者の対抗的関係のなかで政策判断が改善されるような「対抗的相補性」が想定されている（梶田 1988）。この観点からは、NIMBYは全体利益の阻害要因であるとは見なされない。むしろ、NIMBYは、問題認識の枠組みに変更を迫るとともに、デモクラシーの立場から社会的意思決定を改善するものとして積極的な評価を与えられることになる。

2　NIMBYと配分的公正

以上のように、NIMBYは意思決定にいたる手続きとの関係から議論されうる。これがNIMBY問題において住民や市民の意思決定過程への参加をどう評価するかという手続き的公正に関わる問題であるとすれば、もう一方で配分的公正の問題が存在する。

迷惑施設は「拡散便益―集中コスト」という非対称な利害構造をもつ。一般的に、公共政策においては、コストは広く多くの人が負担し、受益も同じ

ように多くの人々に行き渡ることが想定されている。しかし、実際には受益と負担の関係は非対称である場合が多い。とくに代表的なケースとして、受益は社会の特定のグループに集中して発生するが、負担は多数の人々に拡散される「集中便益─拡散コスト」の場合と、逆に受益は社会に広く分散されているが、負担が一部の人々に集中する「拡散便益─集中コスト」の場合が考えられる。一般財源からの支出で特定の利益集団のための政策が行われるような場合は前者のケースであり、迷惑施設の立地問題は後者の典型的なケースであるといえる。すなわち、NIMBYは「なぜ我々だけが過大な負担を強いられるのか」という配分的不公正の問題としてとらえることができる。

先に述べたように、NIMBYを「地域エゴ」として非難するさいには、しばしば「個別利益─全体利益」あるいは「私的利益─公共的利益」という対立が前提とされている。NIMBYは、個別利益や私的利益の過剰表出によって、社会的に必要とされる施設の立地を妨げ、全体利益や公共利益を損なうものとして考えられているのである。しかし、配分的公正の観点からは、NIMBYは全体利益や公共的利益の名のもとに覆い隠されている不公正を告発し、社会的公正を実現するための正義の運動としてもとらえられる。

環境社会学における受益圏・受苦圏論[2]が主張するように、受益と受苦は空間的な圏域の偏りをもって存在している。すなわち、施設のもたらす受益(たとえば、原子力発電所であれば「大量の電力消費」)は広い地域に希薄化されて拡散しているのに対して、施設のもたらす環境リスクの増大や資産価値の下落といった受苦は施設周辺の狭い地域に集中することになる。また、受益と受苦は空間的に全く偶然的な形で配置されているのではなく、迷惑施設の立地には社会的格差が関係していることが指摘されている(梶田 1988)。とくに、大規模施設はより抵抗の弱い地域や経済的に貧しい地域に立地する傾向がある。

さらに、こうしたケースにおいては、リスクと便益の空間的乖離が問題視される。原子力発電所を例にとってみると、電力を大量に消費し多くの便益を得ているのは東京をはじめとした大都市であるのに対して、こうした電力の需要を満たすための原子力発電所は、電力の消費が少なく都市から離れた

農漁村部に設置される傾向にある。こうした電力の消費地と生産地あるいは需要と供給の空間的乖離は，原発に関するリスクと便益の不公平な分布を生じさせるとともに，電力を消費する側の原子力発電所に対するリアリティの欠如を生み出す。

また，こうした社会的格差にはマイノリティ問題や差別問題も介在している。たとえばアメリカにおいては，有害廃棄物の埋立地，焼却場，その他の公害産業が，都市のゲットーや農村のアフリカ系アメリカ人の地域に集中することが指摘されている。アメリカにおいて，人種的なマイノリティのコミュニティに環境リスクをともなう施設の立地が集中することは，環境的正義の問題として議論されてきた[3]。日本においても，被差別部落への迷惑施設や忌避産業の集中が指摘されている[4]。

こうした問題状況が存在するなかでは，「少数者に過大な受苦を押し付けることで受益を享受している多数者のほうがエゴである」と主張されうる。迷惑施設の立地紛争においては，建設の推進者はしばしば共通の利害圏や共通の社会を想定したうえで，施設の公共性を強調し反対者を非難する。これに対して，NIMBYは施設立地における社会的不公正や環境的不正義を訴えることで，公共性や共通の利害圏といった枠組みを相対化していくといえる（梶田 1988；舩橋 1985）。この観点からは，迷惑施設に対する地域住民の反対は「地域エゴ」ではなく，むしろ対抗的な正義の運動としてとらえられることになる。

3 迷惑施設の必要性とNIMBY

以上，NIMBYのとらえ方を，手続き的公正の観点と配分的公正の観点からまとめてきた。こうした対立するNIMBY観を，NIMBYを克服すべき対象としてとらえるか，それともそれ自体に意義を見出すのかという視点によって整理することもできるだろう。NIMBYを「地域エゴ」とみなし，全体利益の達成を阻害する要因とする見方からは，NIMBYは克服すべき対象であり，いかに住民の反対を引き起こさずに社会的に必要な施設を建設

するかが問題となる。しかし，問題認識枠組みの変更や社会的不公正の告発といったNIMBYの役割を肯定的に評価する立場からは，NIMBYそれ自体に意義が認められることになる。

　この相違には，施設の必要性をどうとらえるかが大きく関係している。迷惑施設はその定義上，必要性や公共性を前提としている。NIMBYも同様であり，迷惑施設への反対が地域エゴと見なされる背景には，当該施設が社会的に必要であるという想定が存在している。

　しかし，迷惑施設の社会的必要性は自明のものではない。紛争過程においては必ずといっていいほど施設の必要性自体が重大な争点となる。一般的に迷惑施設の必要性は曖昧なものであり，明確な形では社会的合意が存在しないことが多い。そのため，施設建設の推進者がその必要性や公共性を主張する一方で，候補地周辺住民などの反対者からはしばしばそれを疑問視する声が上げられる。迷惑施設の社会的必要性は，必ずしも客観的事実として存在するわけではないのである。

　現在では，従来のように行政や事業者が一方的に立地を決め，建設を強行するようなD-A-D（Decide-Announce-Defense）アプローチや不透明な合意形成に対する反省から，立地過程への住民・市民参加を含む合理的で透明な手続きを求める声が大きくなっている。しかし，参加を規範化する点では同じであっても，施設の必要性を前提とするかどうかでNIMBYのとらえ方は大きく異なる。すなわち，立地過程への参加や関係者間での討議を目指す立場であっても，NINBYを抑え込むための手段として参加を目指す立場と，NIMBY自体の意義を認める立場とでは，根本的にスタンスが異なるのである。

　施設の必要性を前提とする立場からは，NIMBYは全体利益達成の阻害要因であり，克服する対象としてとらえられる。したがって，問題は社会的に必要な施設を建設するために住民の合意をいかに形成するかにあることになる。立地過程への市民や住民の参加もこの目的のための手段として考えられているのであり，住民の反対を未然に防ぎ，抑え込むためにこそ必要とされている。

一方で，NIMBYを正義の社会運動ととらえその意義を認める立場においては，施設の必要性自体が無条件に前提とされているわけではない。むしろ，必要性を構築している社会的要因を明らかにし，その自明性を掘り崩すような方向をはらんだ運動としてNIMBYは評価されることになる[5]。住民投票を含めた立地過程への参加は，社会的格差を被る人々に意思表出の場と力を与え，不平等な関係を是正していくためにこそ重視されるのである。

4　受苦の分担と重複

以上，さまざまなNIMBYのとらえ方について概観してきた。では，なぜこのように多様なNIMBY観が生じるのだろうか。ここでは，問題の枠組みを広げることで，同じNIMBYであってもその問題構造には相違があり，NIMBYの意味や評価はこの相違のなかでとらえられるべきであることを示す。すなわち，空間的・時間的枠組みを広げることで，NIMBYを複数の迷惑施設問題の関係性のなかでとらえる。これまでNIMBY問題はある一つの立地ケースの範囲内でしかとらえられてこなかった。しかし，一つの施設の立地問題は，他の迷惑施設問題と密接に絡み合っているのであり，NIMBY問題をこうした構造のなかで把握すれば，また違った様相が見えてくる。個々の合意形成問題やNIMBYもこうしたマクロな問題状況のなかで評価し，意味づけていく必要がある。

たとえば，受苦の分担と重複という問題を考えてみよう。これまで受苦を集中して引き受けてきた場所にさらに受苦を押し付けるような立地に対する住民の反対と，これまで別の場所に集中してきた迷惑を他の場所に分担させるような立地への反対とでは，同じNIMBYといわれる現象であってもその意味するところは異なる。

次のようなケースを考えてみよう。A市では，これまで市の東部にある第一清掃工場で一般廃棄物を処理してきた。また，最終処分場やし尿処理施設も東部地域に集中してきた歴史がある。あるとき，A市は市内の一般廃棄物量の増加に対応するために，西部地域に第二清掃工場の建設を計画した。

しかし，第二清掃工場の建設は周辺住民の反対を招き，建設計画は進行しない。

このとき，西部地域での清掃工場建設反対をどのように評価すればいいだろうか。注目すべきは，これまで市の東部地域がＡ市の廃棄物処理における負担を集中して被ってきたという経緯である。東部地域の住民からすれば，この状況は負担の配分的公正にもとると考えられる。彼らにとっては，西部地域への第二清掃工場の建設は，これまで東部に集中してきた清掃事業における受苦を西部地域が分担することを意味する。とすれば，西武地域住民による第二清掃工場建設への反対は，東部住民から見てみれば「地域エゴ」と映るだろう。「これまで西部地域の廃棄物も東部で処理・最終処分がされてきたのに，いざ自分たちの近所に清掃工場が作られようとしたとたんに反対するとはなにごとか」というわけである。東西の対立がエスカレートすれば，東部地域の住民は第二清掃工場が建設されるまで西部地域からの廃棄物の搬入を拒否する事態に至るかもしれない。

別のケースを考えてみよう。Ｂ市では，市の北部地域が廃棄物処理を一手に担ってきた。今，市内の廃棄物処理量の増加に対応するために，第二処分場の建設が計画された。立地選定が行われた結果，第二処分場はこれまで埋立てが行われてきた北部の第一処分場のすぐ隣に建設されることになった。これに対し，建設予定地の周辺住民は反対運動を展開した。「今まで市の廃棄物処理を一手に引き受けてきたのに，なぜまた新しい処分場を受け入れなければならないのか。北部地域だけに負担が一極集中するのはおかしい」というのがその理由である。

このＡ市西部地域における反対と，Ｂ市の北部地域における反対とでは，同じNIMBYといわれうる現象であっても，問題構造が異なることは明らかであろう。Ａ市のケースにおける第二清掃工場の建設は，東部地域住民への清掃事業における受苦の集中という状況下において，市の東部に集中した既存の受苦を西部地域が分担するという目的をともなっていた。これに対し，Ｂ市の最終処分場問題は，そもそも市の北部に集中していた清掃事業における受苦の上に，さらに受苦を重複させるという形で生起した紛争である。

ここで，A市のように，これまで受苦を引き受けてこなかった主体・圏域が受苦を分担する形で引き起こされる紛争を「受苦分担型」，B市のようにこれまで受苦を被ってきた主体・圏域がさらに受苦を重複して被る形で引き起こされる紛争を「受苦重複型」と呼ぶことにする。たとえば，「東京ゴミ戦争」[6]においては，23区の廃棄物処理をほぼ一手に引き受けていた江東区と新たな清掃工場の立地を拒否した高井戸住民および杉並区との間に対立が起こったが，江東区との関係では杉並区高井戸の清掃工場建設問題は「受苦分担型」であったといえる。「受苦重複型」の紛争としては，たとえば東京都日の出町の第二処分場紛争が挙げられる[7]。第二処分場の建設をめぐる紛争は，これまで三多摩地域の一般廃棄物最終処分を一手に引き受けてきた日の出町に，さらに第二処分場という受苦を負わせる形で引き起こされた。

　「受苦分担型」であるA市のケースにおいては，西部地域の反対運動はどのようにみずからを正当化するのだろうか。建設の理由が，東部地域に集中していた廃棄物処理における受苦の分担にあるため，配分的公正は東部住民の論理であり，西部の反対運動がこれをみずからの正当化の論理とすることは難しい。しかし，西部地域住民の反対を単純に「地域エゴ」として切り捨ててしまうことはできない。反対の理由は，施設の立地における手続き的公正の問題にあるかもしれないからである。たとえ，施設自体の必要性や負担分担の重要性を認めたとしても，「行政の住民無視の態度」や「立地選定過程の不透明性」といった，手続き的問題が反対の理由になる可能性がある。

　これに対して，「受苦重複型」であるB市の第二処分場をめぐる反対運動においては，配分的公正や環境的正義を求める論理が正当性をもちうる。B市における紛争は，北部地域に清掃事業における受苦が一極集中するという状況下で，さらに北部が受苦を重複して被る形で引き起こされた紛争であるため，配分的公正の観点から受苦の分散を求める声が正当性をもつのである。他の地域は廃棄物を排出するだけで，その処理を北部地域に押し付けている。北部地域住民からすれば，それこそが「地域エゴ」であると主張しうる。

5　環境リスクのトレード・オフ

　このように，同じ NIMBY であっても，問題構造の相違によってその意味するところは異なるのであり，複数の迷惑施設問題の関係性をとらえていくことが重要になる。迷惑施設の立地は真空の上に行われるのではなく，受苦・受益の偏在をともなった歴史的状況の上に発生する。そのため，迷惑施設紛争の多くは，時間的に先行，あるいは並行する立地問題と絡み合っているのである。それは，受益圏・受苦圏論が元来想定しているような「受益圏対受苦圏」という対立だけではなく，「受苦圏対受苦圏」という対立に目を向けることを意味する。もし，B 市における北部地域の反対運動を受けて，負担の分散のために他の地域での処分場建設が計画され，そこでも反対運動が起こったとすれば（そしてこれは「受苦分担型」の紛争である），NIMBY 対 NIMBY という対立が生じることになる。

　もう一つ別のケースを考えてみよう。C 市では，老朽化した廃棄物処理施設を建て替えるために，新たな施設の建設を計画した。しかし，新たな建設予定地で住民の反対が起こった。この場合，新たな建設予定地での NIMBY をどう評価したらいいだろうか。新たな工場建設の目的は，老朽化した安全性の低い施設をより環境対策設備の整った新しい施設に建て替えることである。この文脈では，NIMBY によって新たな建て替え地での建設が阻止されることは，より安全性に問題のある現状の施設の稼働が継続されることを意味する。廃棄物施設の立地紛争においては，「廃棄物の減量に取り組めば新たな施設は必要ない」という声がしばしば聞かれるが，新たな施設による環境リスクなどの受苦の問題は，旧来の施設における環境リスクとの関係で考える必要がある。新たな施設の建設が NIMBY によって阻止されれば，古い施設の周辺住民はより高い環境リスクを被り続けなければならない。このような状況下では，現施設の周辺住民からすれば新たな建て替え地での反対は容認されるものではないだろう。

　アメリカでの NIMBY 問題は，ラブ・カナル事件に代表される各地の汚

染された土壌の浄化のために，多くの有害廃棄物処理施設が必要とされたことに端を発している[8]。この場合でも，有害廃棄物処理施設が建設されなければ，多くの汚染現場はそのままで放置されることになる。この問題構造は，高レベル放射能性廃棄物でも同様である。原子力発電所の是非は別にして，もし処分場が決まらなければ，別の場所で放射能性廃棄物が保管され続けることになる。

また，ある地域での反対が，より社会的・経済的に弱い地域への迷惑の移転へとつながるのであれば，その反対がたとえ人々の自己決定や住民自治という理念に適うものであったとしても正当化することは難しい。先に述べたように，周辺化された地域での反対は，環境的不正義を告発し，不公正を是正するものとして評価されうる。迷惑施設の立地に社会的・経済的な格差が介在するのは，地域によって住民自治や環境運動の影響力に差があるからであるともいえる。迷惑施設への反対は権利意識や自治意識の進んだ地域で起こりやすいため，より反対が少なく建設コストの低い地域へと迷惑が移転していく傾向が指摘される。迷惑はより抵抗力の弱い地域に流れていくのである。ナショナルなレベルにおける原子力発電所や産業廃棄物処理場といった迷惑施設の地域的偏在のみならず，有害廃棄物などによる環境負荷のグローバルな移転も問題となる。たとえば，廃棄物は現在ではグローバルな規模で移動している。権利や自治への意識が高い国や地域において，廃棄物処理施設へのNIMBYが強まり，それが処理コストを高騰させる結果，より経済的に貧しく環境意識の低い地域に環境負荷が流れていく。そして流れ着いた地域では，より低技術で危険性の高い処理がなされ，環境や周辺住民に大きな負荷を与えるかもしれない（Puckett, Smith 2002）。

もちろん，このことをもってNIMBYをデモクラシーの誤作動であると一方的に断罪することはできないが，迷惑が住民の権利意識や自治意識が強い地域から弱い地域へと移転する構造が存在するとすれば，その評価は個々のケースの社会的・経済的文脈に即して慎重になされる必要があるだろう。

このように，迷惑施設の立地における環境負荷の問題は，当該地域だけでなく他の地域の環境リスクと，ときにトレード・オフですらある関係をはら

んでいるのであり，NIMBY の意味や評価もこの関係性のなかでとらえられるべきだろう。

おわりに

本章では，NIMBY をいかにとらえるのか，どのように評価するのかという観点から論を進めてきた。そして，ある一つの立地ケースのみを分析の対象とするのではなく，他の複数の立地ケースや他地域との関係を視野に入れることで，NIMBY 問題をとらえ直すことを試みた。NIMBY がデモクラシーの問題と密接に関わっていることは，本章で論じてきたとおりである。従来，NIMBY とデモクラシーの関係は単一立地の範囲内でしか論じられてこなかった。現在，NIMBY 問題の解決方法としては，熟議デモクラシーを一つのモデルとして，市民・住民参加が規範的な位置を占めている。しかし，NIMBY 問題を空間的・時間的に問い直すとき，参加や熟議のあり方，あるいは自治や自律，自己決定といった原則との関係も，また問い直されなければならないだろう。

■注
1) その手法は多様であり，迷惑施設問題のどの段階においての参加を強調するかによって議論は異なってくる。たとえば，K. ポートニーは，立地段階における参加は問題の解決として機能しないとして，施設稼動の監視といった"second-stage"における参加を提唱している（Portney 1991）。一方で，立地場所を決めた後の住民参加では，地域住民の合意を形成することは困難であることが認識されてきた。そのため，立地場所を選定した後の地元合意の段階ではなく，より広範なアジェンダを扱うことができ複数の代替案が選択可能な段階において，市民や住民が参加した合意形成が必要であると考えられている。

たとえば，B. レイブは住民の自主的立候補によって用地を決定する"voluntary approach"という方法を提唱している（Rabe 1994）。従来的な立地手法では，予定地の自治体や住民が立地決定後の段階にしか関与できないため，候補地住民による激しい反対運動を引き起こしてきた。それに対して，"voluntary approach"は住民参加のもと，情報共有・学習と補償や施設の建設・運転の安全性，住民による監視といった案件に対する熟議にもとづいた，自主的な立候補による立地決定であるとされる。

また，無作為抽出された市民が代替案の評価を行う「市民パネル」のような手法も提唱されている。O. レンは利害関係者が有する社会的利害と知識，専門家の技術的な知識，市民が有する常識的・個人的経験にもとづいた知識を統合するモデルを提唱している（Renn, et al. 1993）。
　さらに，用地選定の問題にとどまらず，施設の必要性それ自体に対して社会的合意があるかどうかも注目されている。リスクの認知と必要性の認知は密接に関係しており，施設の必要性への認識が強いほど，リスクの認知は低くなる傾向にあることが指摘されている（McAvoy 1999）。施設の必要性への社会的合意の有無は地域における施設の受容に大きな影響を与えるため，どこに立地するかという各論段階だけではなく，施設の必要性という総論段階における合意形成が重要視されている。

2) 梶田は，受益圏を「加害者ないしは受益者の集合体」，受苦圏を「被害者ないしは受苦者の集合体」として概念設定している。そのうえで，「『地域的拡がり』と密接な関連をもった開発問題を分析対象とする」（梶田 1988：8）ために，受益圏・受苦圏を以下の2点によって定義している。①「欲望」（desires）の充足・不充足あるいは，当該システムにとっての「機能要件」（functional requisites）の充足・不充足として，② 一定の空間的広がりをもった「地域的集合体」として。梶田による新幹線建設問題の例に即せば，受益圏とは新幹線の「速さ」「快適さ」を享受しようという欲望ないしは機能要件を充足しうる人々の集合体であり，新幹線を利用する全国に分散する国民のほぼ全体である。一方，受苦圏とは，新幹線建設にともなって，平安な生活環境の保持という欲望ないしは機能要件を充足しえなくなる人々の集合体であり，生活環境を破壊される沿線地域の住民である。

3) 環境的正義を求める運動は，NIMBY問題と同じく，アメリカのラブ・カナル事件（後述）に代表される有害廃棄物による土壌汚染問題に端を発する。たとえば，R. ブラードは有害産業廃棄物がアメリカの南部諸州に「不法投棄」されていることを告発し，環境人種差別を訴えた（Bullard 1990）。環境的正義は，周辺部における環境汚染の集中を告発するとともに，社会運動や当該地域社会がみずからの主張の正当性を担保し，運動の動員力を高める価値概念であった（Agyeman, Evans 2004）。環境的正義は主に配分的公正に関わる概念であるが，一方で，配分的不公正が引き起こされる原因として，意思決定過程からの排除など手続き的な不公正に着目する研究もある（熊本 2008；Lake 1996）。

4) 差別という観点からは，同じ迷惑施設といわれる施設であっても，社会福祉施設などの場合には少し慎重な議論が必要となる（古川・庄司・三本松編 1993）。社会福祉施設をめぐるコンフリクトでは，その施設を「迷惑」だと感じること自体に差別的な契機が含まれているからである。社会福祉施設をめぐる受苦は，「精神障害者は犯罪を起こしやすいので治安が悪化する」といったリスク認知や，障害者に対する主観的・差別的要素によって構成されているといえる。そのため，地元住民の反対は偏見や無知，差別意識，地域エゴ的な利害表出として論じられることが多い。施設の立地に際して地域住民の同意を求めること自体が，差別的であるととらえられるのである。ここでは，住民自治の名のもとでのNIMBYは，施設利用者への差別につながり，福祉理念と対立することになる。

5) この場合，重大な環境リスクをともなうような施設は，誰の裏庭にも作るべきではないということで，NIMBY と区別して NIABY（Not-In-Anybody's-Back-Yard）と呼ばれることもある。
6) 江戸時代以来，東京都の廃棄物は江東区で最終処分されてきた。1960 年代にハエやネズミが大量発生したこともあり，東京都は 1970 年までに清掃工場を整備して都内の一般廃棄物を全量焼却することを約束していた。しかし，杉並区では清掃工場建設計画に対する地権者や周辺住民による反対運動が繰り広げられていた。遅々として進まない清掃工場建設に業を煮やした江東区は区議会においてゴミの持ち込み反対決議を行い，都と 22 区に「ゴミ投棄に反対する公開質問」を提出して，各区で出たゴミを区内で焼却するという「自区内処理原則」の受け入れを迫った。これを受けて，美濃部都知事は「ゴミ戦争」を宣言して対策に乗り出した。しかしその後も杉並の清掃工場問題は膠着状態が続き，江東区が杉並区のゴミ搬入を阻止するまでに至った。
7) 1984 年に谷戸沢最終処分場（第一処分場）が開場して以来，三多摩地域の廃棄物は日の出町で最終処分されていた。しかし，谷戸沢処分場は 1996 年には満杯となる予定であり，新たな処分場の確保が必要とされた。1990 年に日の出町玉の内が第二処分場候補地として選定されたが，谷戸沢第一処分場からの汚水漏れ疑惑が浮上したこともあり，激しい反対運動が展開された。
8) アメリカのニューヨーク州ナイアガラ・フォールズ市の運河には長年にわたり有害化学物質が投棄されてきた。1978 年の豪雨をきっかけに有害化学物質が漏出し，住民が退去する事態に至った。これを契機に，有害廃棄物の排出者への遡及責任や浄化費用の負担を求めたスーパーファンド法が制定された。

■参考文献

秋吉貴雄（2002）「NIMBY 問題の解決手法としての参加型政策分析に関する考察」『熊本法学』第 100 号。
大山耕輔（1998）「NIMBY シンドロームと民主主義」田中宏・大石裕編『政治・社会理論のフロンティア』慶應義塾大学出版会。
梶田孝道（1988）『テクノクラシーと社会運動』東京大学出版会。
神長唯（2001）「一般廃棄物と消費者・住民――東京都西多摩郡日の出町の事例から」飯島伸子編著『廃棄物問題の環境社会学的研究――事業所・行政・消費者の関与と対処』東京都立大学出版会。
金今善（2004）「迷惑施設の立地をめぐる政策執行過程における『合意形成』――東京都日の出町最終処分場立地紛争を中心に」『東京都立大学法学会雑誌』第 45 巻第 1 号。
熊本博之（2008）「環境正義の観点から描き出される『不正義の連鎖』――米軍基地と名護市辺野古区」『環境社会学研究』第 14 号。
清水修二（1999）『NIMBY シンドローム考』東京新聞出版局。
中澤高師（2009）「廃棄物処理施設の立地における受苦の『分担』と『重複』――受益圏・受苦圏論の新たな視座への試論」『社会学評論』第 59 巻第 4 号。
舩橋晴俊（1985）『新幹線公害――高速文明の社会問題』有斐閣。
古市徹編著（1994）『廃棄物計画――計画策定と住民合意』共立出版。

古川孝順・庄司洋子・三本松政之編（1993）『社会福祉施設――地域社会コンフリクト』誠信書房。
寄本勝美（1974）『ゴミ戦争――地方自治の苦悩と実験』日本経済新聞社。

Agyeman, J., R. Evans (2004) "Just sustainability: the emerging discourse of environmental justice in Britain?," *The Geographical Journal* 170 (2).
Bullard, Robert D. (1990) *Dumping in Dixie: Race, Class, and Environmental Quality*. Westview Press.
Fischer, Frank (1993) "Citizen participation and the democratization of policy expertise: From theoretical inquiry to practical cases," *Policy Sciences* 26 (3).
Hunter, S., K. M. Leyden (1995) "Beyond NIMBY: Explaining Opposition to Hazardous Waste Facilities," *Policy Studies Journal* 23.
Kraft, M. E., B. B. Clary (1991) "Citizen Participation and the Nimby Syndrome: Public Response to Radioactive Waste Disposal," *Western Political Quarterly* 44 (2).
Lake, Robert W. (1996) "Volunteers, NIMBY's, and environmental justice: dilemmas of democratic practice," *Antipode* 28.
Mansfield, C., G. V. Houtven, and C. H. Joel (2001) "The Efficiency of Political Mechanisms for Siting Nuisance Facilities: Are Opponents More Likely to Participate than Supporters?," *Journal of Real Estate Finance & Economics* 22 (2).
McAvoy, Gregory E. (1999) *Controlling Technocracy: Citizen Rationality and the Nimby Syndrome*. Georgetown University Press.
Portney, Kent E. (1991) *Siting Hazardous Waste Treatment Facilities: The Nimby Syndrome*. Auburn House.
Puckett, J., T. Smith (2002) "Exporting harm: the high-tech trashing of Asia," The Basel Action Network and SiliconValley Toxics Coalition.
Rabe, Barry George (1994) *Beyond Nimby: Hazardous Waste Siting in Canada and the United States*. The Brookings Institution Press.
Renn, O. T., H. R. Webler, P. Dienel, and B. Johnson (1993) "Public Participation in Policy Making: A Threestep Procedure," *Policy Sciences* 26 (3).

第 3 章
ポピュリズムと熟議・討議デモクラシー
―― 現代日本における政治過程と世論過程の交錯

飯島　伸彦

1　政権交代とデモクラシー

　2009 年,「政権交代選挙」が行われて民主党が圧勝し, 戦後日本の政治において本格的な政権交代が事実上はじめて実現した。この政権交代が日本の社会になにをもたらしつつあるのか, 政権交代についての総合的な評価は, 短期的視点からだけではなく中長期的な視点からもなされるべきであろう。このような政権交代も含めて, 主として 2000 年代になってからの日本の政治に起きている現象を対象に, デモクラシー, とりわけ熟議・討議デモクラシーの観点から考察を進めていきたい。政権交代が起こることは一般的には代議制民主主義の観点からは望ましいということになるだろう。しかしながら, 現代の日本の政治を考えるためには代議制民主主義の観点からだけでは十分ではない。そしてそのような部分はしばしばポピュリズムとか「世論と輿論」の問題（佐藤 2008）, メディア・ポリティクスの問題と関連する。このような問題を検討するために以下, 次のような点を考察する。
　①まず, 現代日本社会においては, 後期近代的な問題群が政治空間において問われるようになってきている。これに 55 年体制的な「合意形成」方式の崩壊が加わって, 政治空間の大きな変容が起きている。後期近代においては階級・階層間の対立・妥協, また, 利益集団の間の対立・妥協, またイデオロギーによる対立の政治から, ライフスタイル・価値観の多様化が進み, 政治の単位が個人化し, さらには個人の内面においても葛藤が起きており, ライフポリティクスへの変化が生じている。このようななかで, デモクラシ

一の複線化が必要になっている。

②現代日本の政治において特徴的な現象として，いわゆるポピュリズムの問題がある。現代のポピュリズムは後期近代的社会変容を背景として起きている。また，ポピュリズムは政治的リーダーシップのあり方・パフォーマンス，メディアが舞台設定する劇場型政治，そして受け手が形成する世論という要素からなる。「輿論の世論化」の問題というとらえ方とも密接に関連する。中間集団が個人を包摂する力を弱体化させている現在，メディアとくにテレ・ポリティクスは政治に大きな影響を与えているとみることができる。この問題をデモクラシーの複線化，熟議・討議デモクラシーと関わらせて検討する必要がある。世論調査の役割などを含めて検討する必要がある。

③ここにおいて問われるのは，現代社会において有効なデモクラシー論である。従来，代議制デモクラシー対参加デモクラシーという構図があった。この対立の構図は現在も有効であるが，ラディカルデモクラシー論などの提起を受けて討議デモクラシー論，熟議デモクラシー論が問われるようになっている。デモクラシーの複線化が必要であるのに加えて，デモクラシーのプロセスと内実を問う熟議・討議デモクラシーの観点が現代日本の政治を考察するうえでも必要となってきている。

2000年代の現代日本の政治は2005年小泉郵政選挙に揺れ，2009年政権交代選挙に揺れている。この問題をデモクラシーの複線化のなかでマス・メディアが果たすべき役割は何かという観点からまとめたい。

2　後期近代における政治空間の変容

現代日本の政治を考察するうえでも，後期近代という枠組みは有効であると思われる。後期近代とは社会学者のギデンズ，ベック，ラッシュなどによって提起されている枠組みであり，再帰的近代，ポスト伝統社会などとも呼ばれる（ベック，ギデンズ，ラッシュ　1997）。ベックによれば前期近代は①諸制度が領土に規定された国民国家と結びついた国民国家社会であり，②標準化した集合的生活モデルによって構造化されたプログラム化された個人化，

などを特徴とする。これに対して後期近代は，①産業，政治，文化のグローバル化が前期近代の経済的な自己定義ならびにその国民国家社会としての自己理解の基盤を掘り崩し，②福祉国家的な近代化を基盤にして生まれた個人化の推進力が，集合的な生活モデルを侵食するという結果をもたらす[1]。標準的な生活モデルは社会的意義を失ってしまう。

後期近代は再帰的近代，ポスト伝統社会とも呼ばれるが，再帰性とはいままで慣れ親しんでいた人間関係や習慣，自明と思われていたものが反省の対象とされ問い直されたうえで再構築されるということを意味する。その場合個人化が進行し，いままで政治の単位とされていたさまざまな集合的アイデンティティ（階級・階層，ジェンダー，エスニシティなど）が再帰的に解体され流動化する。

社会学などではしばしば中間集団の解体と言われる現象とも密接に関連する。中間集団の解体とは，個人の所属している社会集団・組織が個人を包摂する力，個人を凝集する力を弱体化させ，また，社会集団・組織を通じて利害や意見が政治過程に媒介されるというメカニズムが弱体化することを意味する。個人は社会集団・組織のなかでの人間関係を通じて自己の意見を形成し，自己の利害を認識するのではなく，個人を中心とした選択的なネットワークの形成のなかで自己の意見を形成し，自己の利害を認識するようになるのである。

したがって，後期近代における政治空間は次のようにとらえることができる[2]。

第1に，国民国家・主権国家という点での変容があげられる。地球環境問題をはじめとして，経済問題についても情報化をめぐる問題なども国民国家的枠組みでは処理できない問題が増大してきている。このことが従来の政治過程を複雑化している。

第2に，後期近代的な社会変容にともなって近代社会が形成してきた親密圏が再編されつつあり，それにともなって政治空間も変容してきているということがあげられる。後期近代をどうとらえるか，論者によってさまざまだが，先にあげたギデンズはライフポリティクスという用語でこの事態をとら

えている。ライフポリティクスとは、ギデンズを受けた政治学者・宮本太郎の整理によれば生活のあり方に関わる政治であり、具体的には①家族のあり方や男性や女性の社会的役割についての再定義、②さまざまな体と心の弱まりについてのケア、③生活と両立しうる新しい働き方（ファミリーフレンドリーあるいはワーク・ライフバランスと呼ばれる事柄）、④文化、宗教、性的志向性などとも関わる多様なライフスタイルの相互承認、などをめぐる政治ととらえることができる（宮本 2008：274-275）。

　従来は解放や資源配分、利益分配をめぐる政治が中心であったのに対して、ライフポリティクスにおいて問われているのは、個人のアイデンティティ形成をめぐる問題やライフスタイルの選択・構築をめぐる問題、そして人間の生死をめぐる問題などである。解放や資源配分、利益配分の問題などはもちろん後期近代においても政治の重要なテーマであるが、これらが問われる場合でも、ライフスタイルやアイデンティティの問題と絡めて問われるようになってきている。

　第3に、これらの変化を受けて政治システムが再編成されつつありメディアの役割も変化しているということにも注目しなければならない。従来の近代社会におけるデモクラシーは、代議制民主主義をその中心にすえた政治システムであった。代議制民主主義が機能した時代や社会を理念化すると、それは、主権者・国民は、「熟議して」みずからの利害と意見を代表すると思われる信頼できる代表者（政治家・政党）をまず選出する。選出された代表者が議会という政治空間で「熟慮と慎重な審議」を経て意思決定を行う。それらを行政官僚が執行する。執行された政策をある程度の時間的間隔をおいて主権者・国民は評価し、総合的に判断したうえで次の選挙において代表を選出する。マス・メディア等の役割は、政治過程の動向を主権者・国民に伝えるとともに、権力をチェックする機能を果たし、代議制民主主義を補完する。総体として民主主義が保たれるというシステムである。

　これに対して、政治の実態を分析するための次のような対立するモデルが提示されてきた。

　一つはいわゆる「鉄の三角形モデル」である[3]。このモデルは、代議制民

主主義のもとでの実際の政治過程・政策決定過程を構成するアクターは主として政治家・政党，行政官僚，経済団体・業界団体の三つであり，これら三つのアクターは緊張関係を一定程度もちながらもある種の一体性をもっている（三位一体）。これらが利害を基本的に共有しながら，また利害を調整しながら，少数派や「被支配層」の利害を適宜ブロックしながら統治に関わっている。経済団体・業界団体，行政官僚，政治家（族議員）・政党は連携しながら政策フィールドごとに適宜，さまざまな利益集団を組み込みつつ政策コミュニティを形成している。そしてしばしば既得権益を作り出し，癒着の構造を作り出している，というモデルである。さらにメディアや大学もまた，これらの「鉄の三角形」に組み込まれており，「政財官学報」（学は大学，報は報道で，これは田中康夫氏の表現）を形成してきた，という分析モデルである。

　これに対して，もう一つは「メディア多元主義モデル」である[4]。このモデルは，もともと多元主義モデルから派生して作られた日本型多元主義モデルの発展型であり，上のような政治過程の三つの主たるアクターが緊張関係を維持しながらそれぞれの役割を果たしつつ，社会の利害を多元的に包摂しているというモデルである。メディア多元主義モデルはマス・メディアの役割をとくに重視し，マス・メディアがさまざまな市民運動や社会運動，女性運動，環境運動，マイノリティ集団・層の利害や意見をバランスよく政治過程に反映させる役割を担っており，そのことによって日本社会におけるデモクラシーも一定程度実現されてきたという分析モデルである。メディアの否定面と肯定面をそれぞれクローズアップしているといえる。実際のところはメディアの果たしてきた役割には両面あり，スザン・ファーによれば日本のメディアは「いわばアウトサイダーであり，民衆が近づけないような場所や権力者のところに出入りする特権があり，社会のタブーを超える力を持っている［……］外界と内界を結ぶ情報ブローカー」（柴山 1997：66）という見方もできる。日本のマス・メディアは小泉劇場政治の推進役となったとともに，その後の「格差社会」認識を急速に広める役割を果たした。

　日本の政治システム・政治過程は，従来，55年体制という形である種の

合意形成と社会統合を作りあげてきたといえる。評価は異なるがどちらのモデルであるにせよ,社会にあるさまざまな利害や意見を調整し,合意形成・社会統合を作りあげるシステムとして55年体制は機能してきた。だが,この利害調整,社会統合のシステムの負の側面が90年代以降の「失われた10年」のなかでクローズアップされるようになり,また,従来的な再配分の政治が機能不全に陥るとともに,後期近代的な問題群（ライフポリティクス）が社会のなかで問われるようになったことによって,政治空間の変容が迫られるようになってきている。

　後期近代においては近代社会のなかで成立していた階級・階層間の利害の対立・妥協,または利害集団の間の対立・妥協の再編成がせまられている。さらには「個人化」がすすんだことによる個と集団の関係の変容のなかで,合意形成の複線化の必要が生じてきている。中央集権的なシステムのもとでの政策決定の一元的なシステムが,実質的な社会的な合意を形成するメカニズムとしては機能しがたいものになってきているのである。

3　後期近代におけるポピュリズムとメディア・ポリティクス

　このような背景のもといわゆるポピュリズム現象が起きてきた。80年代以降とりわけ90年代以降の現代日本の政治は大きく揺れ動いてきた。これをいわゆるポピュリズム現象としてとらえることができる。政治的指導者の個人的な人気や劇場政治的な手法によって,政党支持率が大きく上昇しそれが選挙結果に大きな影響をあたえるといった現象である。

　89年の社会党土井たか子とマドンナブームにはじまり,日本新党の結党時や93年の政権交代前後の細川護熙,96年の民主党結党時の菅直人,橋本政権成立時の橋本龍太郎,そして小泉内閣とりわけ郵政選挙前後の小泉純一郎,さらには2009年政権交代後の鳩山由紀夫と政治家の人気が政党支持率に大きく影響し選挙結果を左右してきた。しばしば劇場型政治と言われ政治家,政党がみずから仕掛けてブームを作り出したという側面と,メディアによって作り出されたという側面がある。実態としては,時代を下るにつれて

政党は明確なメディア戦略をもつようになってきており，日本の政治においても「スピンドクター」と呼ばれるメディア対策の専門家が政党において重要な役割を果たすようになってきている。

しかしこのようなブームは，大嶽秀夫が述べているように2，3年すると新鮮さを失うとともに，国民の支持を失いブームではなくなるという循環を繰り返している（大嶽 2006）。2006年から2008年にかけての自・公連立政権における1年ごとの首相交代の時（安倍晋三，福田康夫，麻生太郎）と同様に，2009年の政権交代後の鳩山政権の支持率の推移をみると，内閣支持率は基本的には同じような軌道をたどっている。どのような原因からこのような現象が起きているのか。また，デモクラシーという観点からこのような政治をどのようにみるべきだろうか。

このような政治の不安定・流動化の原因は，ポスト冷戦時代の政治的な座標軸，対立軸の変化のなかで55年体制以降形成された日本の政治システム・政治過程の仕組みが機能不全に陥っていること，後期近代的な社会と政治の変容に対応するような政治体制・デモクラシーが構築されていないことである。その結果，ポピュリズム現象が起きているように見える。

このような政治の激しい揺れ，振幅の激しさを現代社会の変容にともなう再帰性の増大，ポスト伝統社会化と関連づけてとらえることができる。再帰的近代においては，あらゆるものが再帰性の対象となりうる。また，再帰性は個人レベルで行われるとともに，公的政治的空間においても行われるが，再帰性の対象になるもの，とりわけ政治空間において再帰的に問われるものは限られる。再帰性の対象となるかどうか，政治的に問われるべきさまざまなイシューを政治空間においてセッティングする力をもっているのは現在においてはマス・メディアである。マス・メディア自体は，フォーディズムの社会の特徴である大量生産―大量消費の時代に適合的な情報・コミュニケーションのシステムであり，後期近代におけるインターネットなどによる情報環境の変化にともない岐路にあるが，その過渡期において大きな影響力を保っている。

このような社会と政治の変容を受けて，また90年代の後半以降の地域・

地方政治における住民投票運動などの高まりなども受けて，また，夜のニュースワイド番組の成功なども受けて，日本の政治空間におけるメディア・ポリティクスがもつ比重，世論過程がもつ比重が増大してきている。

メディア・ポリティクスの比重増大についてどのようにみるべきか。ハーバーマスのコミュニケーション行為論における類型化が参考になると思われる。ハーバーマスは『コミュニケイション的行為の理論』において言語に媒介された相互行為を四つに類型化している。成果志向の戦略的行為，了解志向のコミュニケーション行為，規範に規制された行為，演劇的行為の四つである（ハーバーマス 1986 中）。

1990年代以降の日本の政治空間におけるメディア・ポリティクスはこのうちどの類型が主であるといえるのだろうか。メディアが政治勢力の政治的目的を達成するための手段として機能しているならば戦略的行為，広範な合意を形成するための了解志向のコミュニケーションを促進しているならばコミュニケーション行為，正義や公正などの理念を実現するための手段になっているのならば規範に規制された行為，政治家のキャラクターが浮き立っている劇場政治的要素が主であるならば演劇的行為，ということになる。

一見すると，メディア・ポリティクスの比重増大は，劇場政治の高まりというイメージが強く，政治空間における劇場的要素やパフォーマンスのもつ比重を高めていると見える。

そのようなイメージを裏づけるものとして，2000年代前半の小泉政治がある。とりわけ2005年の郵政選挙においては，小泉政権の政治戦略（構造改革）のもとで，メディアがパフォーマンスの舞台となり，その舞台でのパフォーマンスが世論形成，選挙結果に大きく影響を及ぼした。郵政選挙における小泉劇場政治は以下のような特徴をもつ。

①**戦略的な単一争点化**　郵政民営化問題を日本社会の構造改革の「本丸」と位置づけ単一争点解散を断行した。

②**意外性**　解散しないと思っていたところを解散した。

③**ガリレオ演説**　ガリレオ・ガリレイに模して自らの信念の堅さと真実を体現していることを示した。

④敵の明確化　郵政民営化に反対する勢力を守旧派と名指し，既得権益を擁護する勢力と位置づけた。

⑤キャラクター　小泉首相自身のキャラクターが浮き立った。

⑥サブキャラクター　刺客，九の一（女性候補）など小泉劇場のアクターたちを巧みに取りそろえた。

⑦タイミング　選挙期間中，たえずメディアが飛びつきやすい材料を話題として提供した。

小泉劇場政治は，これらの要素をワイドショー，スポーツ新聞，週刊誌などのメディアが繰り返し短期間に大量に流す，という現象であった。政治的争点をメディア（テレビ）向けに単純化し，劇場化するそうした現象が政治勢力・権力とメディアの「共犯」のもとに起きたと見ることができる。

このようにメディア・ポリティクスの高まりは政治空間における戦略的操作性と演劇性の高まりと見ることができる。

本来，マス・メディアは世論形成においてどのような役割を果たしうるのだろうか。この間の政治空間における世論のもつ比重の増大の問題をメディアの果たしている役割とメディアの受け手の側面から検討してみよう。

大石裕は世論が形成される過程について次のように整理している（大石2006：82）。

①一群の人々がある問題に注目する。

②この問題に関する議論によって，問題の社会的な顕出性が増大する。その結果，この問題は公的な争点となる。

③議論の参加者は，この問題の解決のための複数の案を作り，それらの案を絞り込む。

④絞られた案について広く合意が形成された場合，それが多数決による決定（選挙や国民投票）に影響を与えることがある。あるいは，そうした合意は，この問題について決定を下す政治家や官僚が世論の強さを評価する際に影響を及ぼすことがある。

それぞれ，議題設定機能，キャンペーン機能，提言機能・コミュニケーション機能，世論形成・合意形成機能（メディアによる世論調査など）と呼ぶこ

とができるが，メディアはこのような機能を適切に果たすことを通じて社会に生起している問題を政治空間に変換し，政治的解決をもたらすこと通じてデモクラシーの発展に寄与するものと想定される。たとえば60年代の公害報道などにおいては，日本のマス・メディアは限定的ながらもこのような点でポジティブな役割を果たした。90年代以降の日本の政治空間におけるメディア・ポリティクスの高まりのなかで，マス・メディアのこれらの機能はどのように果たされてきたのか。

　戦後日本の世論形成の一つのモデルは，仮説的であるが次のようにまとめることができる。世論形成の基本となる個人の意見の形成は，それぞれの個人が所属するさまざまな利益集団・組織などの中間集団を基盤に形成される人間関係のなかで基本的には決まり，マス・メディアの影響は直接かつ強大であるというよりは，個人の人間関係における影響力関係に媒介されて作用するという特徴があった（コミュニケーションの2段の流れ）。

　これに対して，80年代以降の新自由主義的な政治のもとでの再分配政治の見直しと後期近代的な社会変容にともなう利害・価値観・意見の流動化・多様化が進むことにより，利益集団などの中間集団の個人に対する影響力が全般的に低下してきた。同時に，高度情報化が進行するなかでマス・メディア，インターネット，携帯電話などのメディアがもつ個人に対する影響力が増大した。

　このようなプロセスを輿論の世論化としてとらえることができる。そもそも世論とは何か。ブルデューは「世論なんてない」という論文のなかで，世論というものがあるというにはいくつもの前提が必要であると述べている（ブルデュー　1991）。具体的には，

①どんな世論調査でも，誰もが何らかの意見をもちうるということを前提にしている。
②すべての意見はどれも優劣がない等価なものだと考えられている。
③誰に対しても同じ質問をするという単純な事柄のなかには，それらの問題に関して何らかの合意が存在する。それらの問題は質問されて当然であるという同意があるという仮定が含まれている。

世論調査がとらえる世論が，果たして個人の意見の総和と言えるのかどうか。そして世論調査自体がどのように社会的な機能を果たしているのか。とくにデモクラシーの発展ということにどのように関わっているのかという観点が重要である。

　選挙の洗礼を受けなければならない民主主義政治のもとでの政治家や政党にとって，世論の動向は極めて重要である。世論の流れに抗して実施される政策はしばしば厳しいしっぺ返しを受ける（売上税導入時の自民党の大敗など）。政治家やジャーナリストにとって，世論はしばしば生き物や川の流れ，地殻変動などにたとえられるごとく，なにか世の中の背後に存在する容易に見えない実体をもった存在として表象される。民主主義とは世論による政治，民意にもとづく政治であるといわれるが，そのような言い方が仮に正しいとしても，世論をどのように計測できるのか，世論の中核にあると思われる民意はどのように知ることができるのか，それらを正確にとらえるのは極めて難しい事柄であるということができる。世論調査によってとらえられるような世論の政治的力の高まりは民主主義の成熟なのか衰退なのかを考察してみる必要がある。

　世論と輿論の区別に関する佐藤卓己の問題提起と整理は，このような点で非常に参考になる（佐藤 2008）。佐藤は言葉として世論と輿論の区別が戦前の日本においては存在し，区別して使われていたことを示したうえで，表3-1

表3-1　輿論と世論

輿論＝public opinion	世論＝popular sentiments
可算的な多数意見	類似的な全体の気分
19世紀的・ブルジョア的公共性	20世紀的・ファシスト的公共性
活字メディアのコミュニケーション	電子メディアによるコントロール
理性的討議による合意＝議会主義	情緒的参加による共感＝決断主義
真偽をめぐる公的関心（公論）	美醜をめぐる私的感情（私情）
名望家政治の正統性	大衆民主主義の参加感覚
タテマエの言葉	ホンネの肉声

出典）佐藤 2008：39。

のように世論と輿論を対比する。

　世論・輿論を意見の集約体であると考えるとして，意見の集約体は集約の仕方・プロセスによってその性格が異なる。比較的短い間に，必要・十分な情報や討論・討議（相互的コミュニケーション）を欠いたまま集約されたものと，十分長い時間をかけて，必要十分な情報の提示が行われたうえで討論・討議が行われ，また，熟議する政治文化をもった主体どうしがコミュニケーションした結果を集約した意見の集約体はその性格が根本的に異なる。

　1990年代から2000年代にかけて，マスコミ各社は世論調査を頻発するようになってきている。その世論調査によってはかられている世論とは何か。その間にマスコミによって報道された報道内容のもたらすイメージが調査結果に直接影響するようになっていないのか。熟議のプロセスを経たうえでの「民意」が表出されているのか，輿論の世論化という観点から見る必要がある。ポピュリズムはパフォーマンスやメディアを重視する政治的リーダーシップのあり方と，劇場型の集中豪雨的報道と，輿論の世論化が合わさって起きている現象と見ることができる。これは民主主義の「不在」「不足」（過剰ではなく）と関連して起きている現象と見ることができる。

4　現代日本における世論と輿論——ポピュリズムと熟議デモクラシー

　2009年の「政権交代選挙」を推進した力は何か。その力はポピュリズムと呼ぶべきなのか，それとも熟議され熟考された結果の輿論の表出の結果なのか。また，小泉現象をもたらしたものと政権交代をもたらしたものはどのように違うのか。現代日本の世論過程と政治過程の交錯をどうみるべきなのか。

　「政権交代選挙」の前，および後に書かれた評論などでいくつかの指摘がなされている。その中心的論点の一つがポピュリズムであるかどうか，ポピュリズムであるとしたらそれはどのような点でポピュリズムなのか，さらにはポピュリズムをどう評価するかをめぐる論点である。

　その典型的な見方の一つとして山崎正和が示している見方がある。山崎に

よればポピュリズムは一般的には「大衆迎合」とか「衆愚政治」などと言われるが，今回の選挙に即して定義しなおせば「ある問題を，主として否定することをテーマに，大多数の人がムードに乗って一気に大きく揺れること」としたうえで，2009 年の「政権交代選挙」を「リーダーも熱狂もないままに揺れたポピュリズム選挙」ととらえている。そのうえで民主党政権の政策をバラまき型のポピュリズム政策であると見なしている（山崎 2009）。

　他方で，政治学者齋藤純一は今回の「政権交代」をもたらしたものを「情をふくむ理」ととらえている。「構造改革」がもたらした社会保障・生活保障・雇用保障の後退，そしてそれがもたらす貧困などの問題に対する市民の理解が確実に深まっていることが背景にあり，これらが感情に作用し，また，官僚主導批判などについてもこれまでの政策形成―利益分配システムの慣性に対して終止符を打ちたいという強い思いが現れて今回の政権交代という結果があらわれたと見る。ポピュリズムといわれる現象を，肯定的な意味あいを込めてとらえている（齋藤 2009）。

　そもそも，ポピュリズムはどのようにとらえられるべきなのだろうか。2000 年以降の日本政治を動かし主導したものは，ポピュリズムと呼ぶべきものだろうか。

　ポピュリズムと呼ばれる現象にはもともと二面性があると言われてきた。

　ポピュリズムは多くの文献にあるように，19-20 世紀初頭のアメリカの人民主義やロシアのナロードニキ運動にその起源をもつ（田中 2006）。現代的には主としてヨーロッパにおける移民政策などにからんだ右翼的排外主義的運動とそれを広範な大衆が支持する現象を指して使われる場合が多い。スチュアート・ホールはサッチャーリズムを「権威主義的ポピュリズム」と特徴づけた（Hall 1983）。ジェームズ・プロクターによればホールによるこの概念の特徴は，移民，若者文化などをめぐるモラルパニックなどの人々の不満に訴えかけることによって作動し正統化されるという点，人気だけでなく「国民の恐怖，不安，失われたアイデンティティ」へのイデオロギー的な訴えを通じて人々を動員する，という特徴を有する。また，ホールはサッチャーリズムの成功を自由市場のような言説と国民性や帝国性といった保守的な

テーマに結合させ分節化したこと，つまり矛盾する言説を同じイデオロギー編成に分節化できた点に求める（プロクター 2006）。

ポピュリズムにはさまざまな形態があり，また，ホールが分析したように矛盾する言説の結合・分節化されたものと見ることができるだろう。また，先にあげたハーバーマスの相互行為類型に引き付けて整理すれば，戦略的な相互行為と結びついたポピュリズム，つまりは特定の政治戦略のもとに動員・利用されるポピュリズムがある。小泉政治は大嶽秀夫によれば「戦略なきポピュリズム」ということになるが，郵政選挙という局面をみれば単一争点にしぼったうえで劇場型政治を展開したという点で戦略的なポピュリズムともいえる。

コミュニケーション相互行為に結びついたポピュリズムがありうる。ワイドショー政治を分析した田中東子によると，現代日本のワイドショーの政治の取り扱い方には2つの側面がある（田中 2006）。その第1の側面は政治という複雑な事象を単純な図式に還元し，また，政治外の要素（見栄え，かっこよさ，スタイル）に視聴者・市民の政治的関心をそれさせていく側面であり，第2の側面は視聴者・市民に政治を親近性のあるものとして認識させ，政治的関心を広め，したがって，視聴者への情報到達度という点ではこれまでの堅い政治の扱い方に比べて，ワイドショーの政治の扱い方は優れているという側面である。今日のメディア・ポリティクスには，政治的コミュニケーションの図式化・単純化という側面と広がりと深化，という側面がある。

現代のポピュリズムには劇場政治，パフォーマンス重視の側面があるのはいうまでもない。政治的リーダーもメディアも国民・市民も，どの部分にも熟議と責任の意識が欠如したままに，浮遊する政治，流されていく政治という側面である。政治過程の諸段階においてそれぞれの政治的アクターの間で，十分な熟慮と相互のコミュニケーションを欠き，世論調査がもたらす世論の動向を参照しつつ決定的な政治的責任を取らない「無責任の体系」（丸山真男）の現代版としてのポピュリズムという側面である。ここでは「大衆」のレベルでもそれぞれが「他人指向的」であり，「沈黙の螺旋」的な多数意見による少数意見抑圧関係が働き，また，状況によって大きく揺れ動く世論に

政治が大きく左右される。

　1990年代以降の政治空間はメディア・ポリティクスによって拡張され，それがポピュリズムをも拡張してきたということができる。これをデモクラシーという観点からどう評価するか。

　現代民主主義理論は，代議制デモクラシー対参加デモクラシー，間接民主主義対直接民主主義という構図から，「デモクラシーの第2の転換」（小川2007）期にあるとみることができる。その転換とは代議制デモクラシーと参加デモクラシーに加えて熟議・討議民主主義という観点を付け加えて現代民主主義を考察すべきであるという見解である。篠原一によれば討議デモクラシーの原理とは第1に討議，とくに市民社会での討議に最大の価値をおくものであり，運営は「討議倫理」にもとづくもの，すなわち十分な討議ができるように，まず，正確な情報が与えられるだけでなく，異なる立場に立つ人の意見と情報も公平に提供されるように配慮されなければならない。また，第2に，討議を効果的に行うようにするために小規模なグループでなければならず，第3に討議をすることによって自分の意見を変えることは望ましいことであり，頭数を数えるためだけの議論になってはいけない，とされる（篠原 2004）。

　熟議・討議デモクラシーは比較的小規模グループのデモクラシーとされるが，議会制デモクラシーや参加デモクラシーの場においても問われるべきもの，再吟味されるべきものと考えられる。この三者による重層的なデモクラシーの展開が今日望まれる。この観点から2000年代日本のメディア・ポリティクスを見ると，「鉄の三角形」を再生産しているにすぎないのか，それとも「メディア・多元主義」を推進しているのか。そのなかでマス・メディアは今日どのような役割を果たすべきか？

　1990年代から2000年代にかけてメディア・ポリティクスの拡大がみられる。そのなかでメディア・ポリティクスの増大がポピュリズムの循環を増幅させる方向に作用してきたように見える。メディアにのりやすいように争点を単純化する政治（マニフェストもその展開系と言えるかもしれない），単純化された争点を二項対立的に描き劇場化するマス・メディア，そして繰り返さ

れる世論調査やマス・メディアの報道によって「輿論」の世論化が進行する。ブームが短期間に作り出され去っていく。この三者の進行は，それぞれ「複雑な」政治の現実からの乖離，本来のマス・メディアの果たすべき役割からのかい離，ポスト・フォーディズム社会における「多数多様な」市民生活の実態からのかい離を引き起こしながら進行してきた。他方，メディア・ポリティクスの増大にともなう「世論政治」の増大は，「透明性の増大」「説明責任」という言葉の流布に見られるように，従来の不透明な合意形成，談合政治への批判という側面があり，同時に参加デモクラシーの「質」なども問われるようになってきている。

　マス・メディアは，らせん状に展開するポピュリズムの循環を反転させる可能性をもっている。マス・メディアは政治空間においてイシューを公的な問題として議題設定する力を依然有していると思われる。インターネット等のメディアと共存しながらこの議題設定する力を行使し，人々に熟議・討議への参加を促し世論を輿論化し，政策決定過程の諸力を変えていく可能性を有している。その可能性が最大限発揮された先に，熟議・討議に媒介された同意による政治が見えてくるはずである。

■注
1) ベック（2005），監訳者木前利秋の解説（310頁）による。
2) 以下，後期近代における政治空間の変容については篠原（2004），山崎（2003）などを参照のこと。
3) たとえば山口（2009：第1章）などを参照。
4) 蒲島他（2007）を参照。「メディア多元主義」モデルは，多元主義モデルの最新のバージョンと言える。

■参考文献
大石裕（2006）「世論調査という『権力』——自衛隊のイラク派遣を事例として」大石裕編『ジャーナリズムと権力』世界思想社。
大嶽秀夫（2006）『小泉純一郎　ポピュリズムの研究』東洋経済新報社。
小川有美（2007）「熟議——参加デモクラシーの比較政治研究へ」小川有美編『ポスト代表制の比較政治』早稲田大学出版部。
蒲島郁夫・竹下俊郎・芹川洋一（2007）『メディアと政治』有斐閣アルマ。

齋藤純一（2009）「『情をふくむ理』政治課題に」『朝日新聞』2009年9月1日。
佐藤卓己（2008）『輿論と世論』新潮社。
篠原一（2004）『市民の政治学』岩波新書。
柴山哲也（1997）『日本型メディア・システムの崩壊』柏書房。
田中東子（2006）「ポピュラー化するニュースとメディア・ポピュリズム」伊藤守編『テレビニュースの社会学』世界思想社。
ハーバーマス，ユルゲン（1985-1987）『コミュニケイション的行為の理論』上・中・下（河上倫逸他訳）未来社。
ブルデュー，ピエール（1991）「世論なんてない」『社会学の社会学』（田原音和監訳）藤原書店。
プロクター，ジェームズ（2006）『スチュアート・ホール』（小笠原博毅訳）青土社。
ベック，ウルリッヒ（2005）『グローバル化の社会学』（木前利秋・中村健吾訳）国文社。
ベック，ウルリッヒ／ギデンズ，アンソニー／ラッシュ，スコット（1997）『再帰的近代化』（松尾精文他訳）而立書房。
宮本太郎（2008）『福祉政治』有斐閣。
山口二郎（2009）『政権交代論』岩波新書。
山崎望（2003）「『後期近代』における政治の変容――自由民主主義の危機と可能性」『思想』第946号。
山崎正和（2009）「世論と空気――リーダーも熱狂もないまま揺れたポピュリズム選挙」『朝日新聞』2009年9月2日。

Hall, S., M. Jacques (eds.) (1983) *The Politics of Thatcherism*, Lawrence & Wishart.

第II部

デモクラシーを問い直す

第4章

自由による差異の承認
―― ヘーゲルの政治論理と民主主義の具体化

神山　伸弘

はじめに

　今日の政治のあり方について問い直すとき，自由と民主主義（デモクラシー）の理念を抜きにはこれを考えることができないだろう。すなわち，今日の政治は，どのようにどの程度，自由を実現しているのか，あるいは民主的に運営されているのか，と問い直すわけである。

　だが，このような問い直しは，ただちに難問に直面するだろう。というのも，この問いを具体化するとき，自由と民主主義が一体いかなる理念なのか，ということを先立ってはっきりさせる必要が出てくるからである。このさい，自由と民主主義の理念は，経験主義的に規定することができないことに注意しなければならない。これらの理念は，むしろ経験的な現実を規定し評価する性格をもつので，論理的に経験に先立つからである。

　したがって，自由と民主主義の理念に対する問いは，本質的に哲学的な問いである。この問いに関わって，自由の理念の展開として共同体（人倫）を把握し政治を考察した哲学的著作がある。ヘーゲルの『法の哲学要綱』(Hegel 1820)[1] である。しかし，ヘーゲルは，そのなかで政治機構を立憲君主制として提示したので，その当時においてすら，民主主義を志向する周囲の者たちを大いに失望させた[2]。このことを表面的にみれば，自由と民主主義はそのままでは両立しないとヘーゲルが示したということでもある。

　自由と民主主義が両立しないならば，これらの理念の双方によって今日の政治を問い直すことなどできない注文となるだろう。ヘーゲルにしたがうか

ぎり，一方の自由の理念によってのみ政治を問い直すことが可能なのかもしれない。しかし，今日の私たちは，民主主義の理念を放棄するわけにはいかないだろう。だとすると，私たちの民主主義イメージは，ヘーゲルの議論と切り結ぶことによってより輪郭をはっきりさせなければならない。

民主主義は，狭義には，人民の福利を目的とした政治的な意志形成に人民自身が関わって人民自身が自己統治していくことを意味している。この理念の根底には，人民の各人が少なくとも政治的な観点で平等であり同権であるという原理がある[3]。そうした理念は，応用されて，市民社会の諸団体や家族といった政治組織以外にも同様の趣旨で使われることがある。いや，むしろ，私たちの日常にとっては，私たちが生まれ育ち生活する家族や，私たちの学び働く学校や会社が民主主義の理念で営まれることこそが関心事になるのではないか。端的にいって，政治は，こうした私たちの日常的な場に実際に現れているのである。

その点で，ヘーゲルによる共同体の議論は，家族や市民社会を包括したものとして国家をとらえ，それぞれの組織体の論理を提示している。したがって，ヘーゲルが洞察した組織体の論理が全体として民主主義的に構成されないことに妥当性があるのかどうかを問うてみることは，今日の政治を民主主義の観点で問い直す基礎的作業になるに違いない。

本章では，差異につきあいきれない民主主義に内在する問題を差異につきあう方向で解決しようとすると，民主主義の抽象性を廃棄して，差異にもとづく具体化に行きつかざるをえない道筋があることを，ヘーゲルの政治論理に照らしてたどってみたいと思う。

1 自由による差異の発生──平等と同権の破綻とその特殊領域化

具体的に家族や社会，国家の議論に進む前に，ヘーゲルにおいて自由と民主主義が直結しないとみられる事情について，そのアウトラインを素描してみたい。結論を先取り的にいえば，それは，自由の理念を展開すると差異を生み出さざるをえなくなり，その差異を抹殺する抽象論ではなく，差異その

ものをたがいに認めあっていく（相互承認）必要がある，と考えることからくる。これに対し，民主主義は，原理的にいって平等や同権という同一性を基盤にするから，そうした差異に正当な地位を与えないとみられるのである。

　自由の基本的なエレメントを考えてみよう。たとえば，「自由にしてよい」と言われたとき，そう言われる以前の拘束〈から自由〉になり，みずからが定めたなんらかの目的や内容〈への自由〉が許されたと理解するだろう。このさい，その目的や内容自身が個々人の勝手に委ねられるとみれば，自由にとって本質的なことは，〈への自由〉よりは〈からの自由〉という解放にあり，端的にいって自由放任にあると考えられることになる[4]。

　〈からの自由〉は，なんの目的や内容も規定しない点で，ヘーゲル的にいえば自由な意志の普遍態（§5）を意味する。ヘーゲルによれば，ここに自由の出発点があるのだが，この普遍態にだけ固執するなら，抽象的な平等要求がなされて一切の規定態が解消され，したがって差異のある社会組織や政治組織が成り立たなくなってしまう[5]。ヘーゲルは，こうした自由を要求する立場をファナティズムだという。新自由主義の立場は，このファナティズムの系だといってもよい[6]。

　とはいえ，自由な意志は，実際には，ある特定の目的や内容をもち，その点で特殊なものであるほかはない（§6）。これは，特殊なもの〈への自由〉である。もっとも，その目的や内容は，個々人が銘々に勝手に設定するものだから，任意性を帯び恣意的なものである。〈からの自由〉は，個々人が恣意的に振る舞うことを放任するもので，もちろん個々人の特殊なありようを容認するだろうが，個々人のレベルで〈への自由〉が生じていることには目を背けている。

　注目すべきことは，自由な意志のこうした特殊態によって，個々人のあいだにある意志の目的や内容に，つまりその利害関心に差異のあることが示されていることである。〈からの自由〉は，こうした特殊態を容認する点で利害関心の差異を容認する立場にもみえるが，個々の利害関心に深入りしないのだから，このかぎり，たがいにトータルな人間として承認しあうものではない。そこに相互承認があるとしても，その承認のレベルは，たかだか，

第4章　自由による差異の承認——　85

個々の差異を捨象した抽象的な普遍態である〈人格〉としてのものでしかなく，冷淡なものだろう。

　ところで，現実的に自由な意志は，個々人がある特殊なありようをみずから設定するとしても，同時に普遍態としてそれを撤回し無効にすることもできるわけだから，ほかならぬ「自分で決めた」ということそのものだということができる。こうした現実的な意志は，個別の意志である（§7）。これが先ほどの特殊態と決定的に違うのは，特殊なありよう〈への自由〉が働いていると同時に，普遍態としてそこ〈からの自由〉も働いている点にある。意志の自由の普遍態が働くことによって，自由な意志そのものとその特殊態とのあいだで主導権を握るものが自由な意志そのものであることがはっきりする。つまり，自由な意志は，特殊態によって規定されるのではない，ということである。逆にいえば，意志は，特殊態によって——たとえば自然のそれによって——規定されるかぎり，自由ではない。

　さて，現実的に自由な意志がこうしたものであるとき，それぞれの意志は特殊な利害関心を抱いた差異あるものとなるが，この差異を超えたそれぞれの意志の同一性を「自分で決めた」という意志のあり方そのものに求めるだけならば，差異そのものは，依然として認めあう関係にならないだろう。というのも，それは，その差異のなかで，たかだか自分自身の特殊態を認めるにすぎず，相手の特殊態を認めるものになっていないからである。したがって，相手の特殊態を認めることができるようになるためには，自分と相手とのあいだに意志の一致がなければならない。つまり，それぞれの差異をたがいに同一な意志として「ともに決めた」ことにしなければならない[7]。

　このとき，こうした意志の同一性は，特殊な利害関心の差異と別次元で成り立つようにもみえるが，内容的には，相手が自分と異なることがほかならぬ自分自身の特殊態でもあるわけだから，その差異そのものに同一性の根拠があるわけである。この場合の差異には，自他の区別がなく，いずれも自分の差異ということになる。自分は，相手の差異を自分の差異として欲するといってもよい。ただ，ここで注意しなければならないのは，差異そのものが抹消されるわけではないし，差異は差異として不平等なまま残るということ

である。

　民主主義が平等と同権という同一性を原理とするならば，各人が抱えこまざるをえないこうした差異を位置づけることができないだろう。その同一性は，差異を抹消するか無視するところに抽象的に成り立っており，各人が抱える差異を欲するところに進むことができないからである。もちろん，民主主義にもとづく政治的要求は，同一性に依拠してはじめて正当化される。そこでは，たかだか差異の存在が容認されているにすぎず，差異そのものは，とくに求められるものでもなく，たがいに冷淡で無関心なものとしてある。

　とはいえ，意志の特殊態が必然的である以上，政治は，それに対する配慮もせざるをえないはずである。たとえば，政治は，個々人の生命や財産を守るといった使命を果たすため，その多様な特殊態になんらかのかたちで応接せざるをえないだろう。そのとき，あくまで平等と同権を貫こうとするなら，特殊態を無視しないかぎり，そこに内在する普遍的なものを探求していかざるをえない。特殊態をそのまま放置するのでは，平等と同権を語りえないからである。だとすると，今度は，その特殊な意志の目的や内容を普遍的に規定するものがなにか，ということが焦点になる。

　ヘーゲルは，そうした探求のプロセスを教養形成としてとらえる（§191 f.）。私たちが「なにか」（特殊態）を欲求するとき，その「なにか」を理論的に把握して実践的に形成することによって欲求を実現することになるだろうが，そうした理論と実践には普遍的なものがあるだろうし（§197），また，それを社会的に通用するものとして実現するさいには，習俗や法律といった普遍的なものに則る必要がある（§182）。あるいは，そこには，よき趣味や敬虔な心情といったものが働くかもしれない。こうした普遍的なものの具体的なあり方は，私たちがどのようなものであればそれに従うことができるのかという教養形成の到達点によって，時代により地域により違ったものとして現れる（§3, 274）。

　もちろん，こうした普遍的なものに依拠するとしても，それは，特殊態の範囲に収まる普遍的なものであるから，民主主義がこの種の普遍的なものに配慮していこうとすれば，同時に特殊なものに対して権利を与えていくしか

ない。こうした権利は，特殊の範囲では普遍態として平等と同権の同一性を示すだろうが，他の特殊の範囲に対してはあくまで特殊にとどまらざるをえない。したがって，民主主義は，意志の特殊態に関わらざるをえない以上は，平等と同権を範囲限定していかざるをえなくなる。ところが，この範囲限定そのものは，平等と同権という同一性の原理そのものを毀損するものにほかならない。

　したがって，民主主義がもつ同一性の原理を純粋に維持しようとする政治は，各人の意志の特殊態にけっして踏み込んではならないだろう。特殊態は，同一性の原理を毀損するからである。しかし，民主主義がもつ同一性の原理をもって意志の特殊態に踏み込む政治は，当初の同一性を毀損して――したがって民主主義を廃棄して――，特殊態の内部で同一性を確立する――したがって民主主義を再興する――ことになるだろう。これを，民主主義の抽象性を脱してそれをより具体化するものとみなすとすれば，平等と同権の観点からは，全体としては民主主義ならざる体制ができ，部分的にのみ民主主義が通用するかたちになる。もちろん，部分が民主的に運営されているからその全体も民主主義だというのは，言いすぎであろう。しかし，平等と同権の民主主義が，その抽象性のままでは実現しえないかぎり，それを部分で実現しながら全体としてまとめていくものが民主主義の有機的な編成といいうるかもしれない。

2　家族の共同性と性別役割分業

　ヘーゲルの家族論は，今日，実態はともかく思想的にはなかなか受け入れがたいものの一つであるに違いない。というのも，一つには，家族のもつ共同性を実体性としてとらえ（§157），その共同性のもとに子どもとの関係において家族メンバーの従属を考えているし，また一つには，とりわけ夫婦関係について自然にもとづく性別役割分業として考えていこうとしているからである（§166）。

　〈共同性への従属〉という観念は，おそらく，自由についての今日の理解

には含まれていないと思われる。〈からの自由〉は、まさしく、そうした〈共同性への従属〉からの脱却をプラスに理解するものであろう。また、〈への自由〉を語るさいにも、それが〈共同性への従属〉に絡め取られないように努力しようとするのが一般的である。

　ここには、家族論以前にも考えておくべき——したがって家族論にかぎらずすべての場面に通底する——自由と放棄ないし献身との関わりの問題がある。

　先ほど、現実的に自由な意志には意志の特殊態がつきものであることを示したが、こうした特殊態を選び取ることが勝手であり〈恣意〉というものである。先にも述べたように、「自由にしてよい」と言われたときにまず私たちの思いつくのが「自分の好きなことをしてよい」ということであるなら、ここでは、なにを意志の目的や内容とするかという特殊態は、不問に付されている。この特殊態を規制することはもとより、そもそもそれを問うこと自体が剣呑である。なぜなら、〈恣意〉が自由だと思っている無教養の立場には、この問いが抑圧への一歩になるからである。「なにをしようとわたしの勝手でしょ」というわけだ。

　こうした〈恣意〉は、共同性にかならずしも至りつかないし、それでよいという考えも含むだろう。となると、〈恣意〉によっては、家族の根底にある愛というものが成立しない（§162）。なぜなら、愛は、たんなる「好き」とはレベルが違った共同の精神であって（§163）、これに発する規範や規制こそを喜んで受け入れ、むしろ「自分の好きなこと」だとするものだからである。つまり、愛は、意志の目的や内容の点で本質的に〈恣意〉によることができないのである（§164註解）。

　自分の意志がもつ当面の特殊態が、共同に発する規範や規制という普遍態と矛盾するとき、普遍態のほうを特殊態に整合するように変えることもありうるが、場合によっては普遍態にしたがってみずからの特殊態を放棄する、という局面にたち至ることがある。このような調整ができずに特殊態をそのまま維持するならば、そこで共同性は破綻するだろう。

　すでに述べたように、現実的に自由な意志は、個別の意志であって、特殊

態を選ぶものであるが，この特殊態を放棄することもできる普遍態でもある。したがって，この意志は，共同体を維持しようとするなら，みずからの特殊態を放棄して共同体に献身することも厭わないだろう。ここで誤解してならないことは，こうした献身が，それを行う当人の意志の自発性によるものであって，他人の強制するところではない，という点である。

　もっとも，自発的な献身というのはあくまで後づけされた美名であって，そもそも献身は，共同体の規範や規制によって強制されるのが実態である，と指摘されるかもしれないし，そうした強制的性格を隠蔽した自発性を組織するところに政治の技量や醍醐味があるのかもしれない。というのも，剝き出しの強制は，そのためのコストがかかるばかりではなく，真剣さを帯びた献身を勝ち取ることができないからである。

　ヘーゲルは，「愛は，悟性にとって解きがたいとてつもない矛盾である」と言っている（§158補遺）。すなわち，愛のかたちでは，個体の自由の実現が同時に当の個体の自由（とくにその〈恣意〉）の廃棄を含意し，そこで共同体の自由がたち現れることになるが，これでは，個体レベルでの矛盾が個体レベルでは解消しないことになるから，個体の自由を一面的に固執するしかない悟性には，こうした愛の事態が理解不可能だ，ということである。

　さて，このような愛の謎を回避してあえて家族を理解しようとするなら，その自然的基盤である生殖活動を愛によらない個体の活動として家族を構成することになるだろう。これに好都合なのがカントの論理である。カントは，家族の出発点である男女の結婚を性器の相互使用の契約として定式化した[8]。

　そうしたカント的な構成は，結婚を一般的な物件をめぐる契約関係に解消するものだから，その延長線上で考えれば，市民社会で人びとが作り上げる会社と，家族とは，原理的に区別されないことになる。この構成では，会社の業務がその特殊な目的にしたがって恣意的に遂行されるのと同様に，家族についても，どのようなあり方をしようともそれを独自のライフスタイルとして恣意的に扱ってよいことになる。とりわけ，家族における自然的な基盤は，精神的なものとして尊重せずともよいことになるだろう。

　性別役割分業――ここでは自然的な性別に関連して期待される行為や態度

の一般を理解してたんなる業務分担に矮小化しない——は，夫婦それぞれの役割の違いが生ずる根拠を自然の性別に求めるものであるから，今日的には，自然にしたがって役割の配当を一般的に決定する点で個体レベルでの不自由を帰結するものと理解される。このさい，個体の不自由を打破するために，その決定の恣意性を指摘しようとして　自然と役割との必然的な結合を実証的な手法で疑うことは，あまり本質的な議論ではない。というのも，役割の配当の決定自身が，自由な意志によってなされたものであり，決定の特殊なあり方の点ではすでに本質的に恣意的だからである。

　にもかかわらず，自由な意志が自然のあり方を参照するのは，自然に具わる乗り越えがたい必然性——性交，妊娠・出産，授乳——もさることながら，自然に基礎をもつ各人の精神的な差異そのものも尊重するからである。

　これには，抜き差し難い課題がある。すなわち，現実的に自由な意志，つまり個体の意志は，精神としては本質的に普遍的なものであるが，それが個別態となる根底には自然の生命としての身体がある，ということである[9]。したがって，個体の意志は，深刻なことに，こうした身体を自分のものとすることによってはじめて現実的なものになる（§47 f.）。しかも，この身体は，自然の生命として性別を抱えており，個体の意志には，この性別を自分のものとする以外に自由になる道が残されていない[10]。

　もちろん，個体の意志は，みずから性別を理解しそれに関わりながら行為するさいに，自然そのものだけを相手にするのではなく，自分を取り巻く環境がもちあわせた習俗を参照するはずである。この習俗は，人間の精神的な営みのなかで教養形成されたものであるから，恣意性を帯びているという指摘も起こりうるところだが，忘れてならないことは，それが人間にとっての〈第二の自然〉としてある，という点である。

　人間の〈第二の自然〉は，自然の動かしがたい必然性を受け入れながら，そのままのかたちで放置するのではなく精神としての秩序を与えたものだといってよい。この秩序は，精神として自由に規定されている点で自然を超えているから，自然の必然性に比すれば恣意的で偶然的であろうが[11]，自然と離れることがないほどには必然的である。

第4章　自由による差異の承認——

いずれにせよ，個体の意志は，自然の性別をわがものとし，その性として他の性の意志と交流する。こうしたときに，他の性の意志を異なった性のものではなく，同一の性のものとして，あるいは性を超越した無性ものとして扱うことは，他の性にとってかけがえのない精神的な差異をそのものとして承認しない侮辱したあり方ではないか。

しかしながら，性別役割分業への批判は，性別そのものの否認にあるのではなく，社会的な役割を自然的な性別に固定的に結びつける点への批判であるとされるだろう。しかし，私たちの白昼の世界では，性別は，剥き出しのかたちで自然の差異が露出しているわけではなく，つねに〈第二の自然〉としての習俗における取り扱いの差異，つまり社会的な役割や期待の差異によって理解されている。だとするならば，性別役割分業への批判は，白昼の世界において，性別を剥き出しのかたちでの自然の露出に還元し，社会的な役割として性差をつかみとる道を封鎖するものである。

性別役割分業への批判は，民主主義の平等と同権の原理に依拠している。したがって，民主主義は，その原理に依拠するかぎり，自然的な性を精神的に構成する結婚と家族の有機的な共同性を原理的に破壊することに至りつくだろう。是非はともかく，家族の解体は，平等と同権の原理の必然的帰結である。しかし，このことによる愛の消失は，人間の再生産を減衰させ，ひいては民主主義的な政治的共同体をも解体することになる。こうした自滅的な民主主義の帰結を回避しようとすれば，性別の差異の承認がなされる家族のあり方を追求していかざるをえなくなるだろう。

3 職業による普遍態再興とそれぞれの名誉

私たちは，家族のなかだけでは自足して生きていくことができない。それは，家族自身が，相互に異なる家族の出身者の結婚によって開始されることからして，ほぼ必然的な事態だといえる。つまり，私たちは，生命を類的に維持するみずからの欲求を異質な他者とともにでなければ充足することができない。こうした生命の類的な維持を基盤として人間が交流するなかには，

家族そのものが愛という精神的なものとして成り立っている事情から，異なる家族どうしの精神的な交流も含まれることになる。いや，むしろ，家族においては，自由な意志としての精神のほうが主導権を握るのだから，家族どうしの精神的な交流こそが人間の生命の類的な維持を可能にしている，といったほうがいい。

ヘーゲルは，家族が市民社会に接するときには，夫が家長となって家族を人格的に代表すると考える（§171）。こうした考えも，今日では，時代遅れと見なされ，あまり支持されるものではないだろう。それは，性別役割分業を基礎としているのだが，こうした家族論的な問題は他での議論に譲り（神山 2005），ここでは，家族どうしの精神的な交流の面，つまり独立した人格どうしの交流の面に焦点を合わせたい。

このさい，人格のそれぞれが市民社会において特殊なものであることはいうまでもないだろうが，この人格は，家族の実体を代表するかぎりでは，家族の内部に向かって普遍的なものとして位置づけられている（§166）。このことに留意しておかなければならないのは，市民社会における特殊な人格の特殊な活動が正当化される根拠に深く関わるからである。

当然ながら，ヘーゲルの議論構成どおり市民社会の上位に国家を想定するなら，人格の特殊な活動が正当化される根拠として，国家が定める法律や規範といった普遍態に合致していることが第一に挙げられうる（§182）。だから，本質的に利己的で特殊な活動といえども，それが国家的に正当化されているかぎりで普遍的な活動でもあるから，当の人格が特殊の面にしか関心を寄せていないとしても，それで十分に市民社会は機能する。しかしながら，当の人格自身が普遍態そのものをわがものとしようとするなら，みずからの特殊な活動は恣意的で廃棄可能なものでしかないから，それに没頭しえなくなり，精神的に分裂するに至る。市民社会が「分裂」の立場であるというのは（§33），こうした精神的な分裂も表現しているのである。

市民社会に現れる人格は，精神的な分裂をこのように必然的に引き起こすのだから，そうした存在として理解され，またみずからもそう納得するしかないとすれば，個体にとっては苛酷にすぎるであろう。このさい，ここでの

分裂は，特殊な活動が自分のものでありながら，法律や規範といった普遍態が必ずしも自分の納得するものとなっていない，という，いわば本性上外在的な分裂となっている点に注目する必要がある。要するに，このかぎりでは，人格に現れる精神的な分裂は，みずからに疎遠な分裂でしかないのである。

しかしながら，すでに述べたように，家族を抱えた人格にとっては，市民社会における特殊な活動がそのままのかたちで家族の内部に向かっての普遍的なものとなっている。したがって，市民社会的に特殊な活動は，他を介することなく直接的にそれ自体で，家族の実体という普遍的なものによって正当化されうるだろう[12]。つまり，人格は，特殊な活動をみずからの家族に寄与するものと位置づけることによって，同時に普遍態との統一を獲得し倫理的になることができる。市民社会での精神の分裂が，家族において統一に転じて解消されるわけである。

もっとも，このさいにも，当の人格が家族に寄与することなく特殊な活動を営むこともあるだろう。たとえば，夫がみずからの稼ぎを家族に渡さないことを想定してみるとよい。このさいには，家族における特殊と普遍の統一が成り立っていないわけであり，それゆえにそうした家族は破綻し崩壊するしかない。しかし，同時に指摘しておくべきは，市民社会での特殊な活動は，家族を背景にもたないかぎり，直接的にそれ自体は利己的であり，契約相手と国家が[13]媒介的にその価値を認めてかろうじて共同的なものとなることである。

したがって，就職は，いわゆる自己実現としてのみとらえられるならば，それはつねに顚倒して特殊なものとしてすら無意味化する。なぜなら，特殊態は，普遍態を欠くかぎり意味をなさないからである。就職は，どのようなものであろうとも家族という普遍態に寄与するかぎり，その範囲で共同体的な価値を有するだろう。しかし，就職は，家族と無関係に考えられるとき，孤独な自己の実現だけでは意味をなさず，契約相手と国家が有する普遍的なものを達成する以外に意味を受け取ることができない[14]。職業を選択する個人とその出自たる家族との対立があるとすれば，それは，当の個人と家族との間の対立というよりも，本質的には，契約相手や国家と家族とのあいだの

対立と考えるべきなのだろう15)。

　このように人格の特殊な活動を承認する根拠が普遍的なものにあると考えられるとき，そうした普遍的なものとの結合がどのようなかたちになっているのかが，市民社会における個体の居場所の特性を決めることになる。

　これまで指摘したところから容易に見通せるように，みずからの普遍態をもっぱら家族に求めるあり方と，それを国家に求めるあり方とが，それぞれ極となるとすれば，その双方の極を抱えて揺れ動くあり方がそれらに加わることになる。市民社会においては，さしあたり特殊な利害関心となる職業のあり方そのものに，普遍態への関わり方の差異が表現されることになるだろう。すなわち，特殊な職業がもっぱら家族の維持そのものであることもあろうし，あるいはもっぱら国家の維持そのものであることもあるだろうが，職業のなかには，特殊な利害関心のために契約相手と国家を維持しなければならないものもある（§202）。

　もっぱら家族を維持する職業は，自足的に営まれる農業であり，ヘーゲルはこれを実体的な職業身分と呼ぶ（§203）。普遍態と特殊態とが家族という職業の場で精神的に一体化しているから，実体的なのである。対して，もっぱら国家を維持する職業は，具体的には行政官・裁判官・軍人・芸術家・僧侶・学者などになるが，ヘーゲルはこれを普遍的な職業身分と呼ぶ（§205）。この身分の表現する普遍態は，国家のそれである。みずからの特殊な利害関心のために国家を維持しなければならない職業は，商工業であり，ヘーゲルはこれを〈折れ返り〉の職業身分と呼ぶ（§204）。個人の特殊な活動と国家の普遍態とがつねに分離して双方が反射的に対照される関係にあるからである。この職業身分には，このままのかたちだと普遍態が自分自身のものとして現れてこない。

　市民社会では概して特殊態と普遍態とが分裂するのだとしても，これは典型的に商工業において現れる。もっとも，このさい，普遍態が現れさえすればよいのであれば，国家がそれとして現れるのだから，これで十分だということもできよう。しかしながら，こうしたあり方では，商工業はつねに特殊態として国家に対抗するものとして位置づけられ，それ自体として普遍的な

ものがあると認められなくなる。このとき，国家は，ポリツァイ（警察）国家として現象して，国家無視の商工業に対して普遍態として対抗する。つまり，商工業は，利己心のみで動く非共同体的な存在でしかなく，したがって不名誉な存在でしかなくなるのである。

　おそらく，こうした位置づけがなされることは，市民生活を支える商工業にとって不当なものであろう。どのような産業構成となるにせよ，自然産物をなんらかのかたちで媒介することによって市民生活が成り立つ以上，その媒介を担う商工業は普遍態や共同態の一端を担っているからである。しかし，だからといって，商工業のあり方を変えないまま，そこにそれ自体で含まれうる普遍態や共同態の意味あいを理解しさえすれば，自動的に承認され，名誉も認められる，というようなものなのでもない。ここで不可欠なことは，商工業自身がみずからの普遍態や共同態をそれだけで独立して顕現させることである。このためには，同業者がみずからをコルポラツィオンとして組織してその共同の事項を民主的に統治していかなければならない（§251, Hegel 1983：210＝邦訳 2007：230 f.）。

　個々の市民にとっては，みずからがなんらかの特殊な職業を担い，それが同時に普遍的なものとして承認されることによってこそ，差異のある独自な実存がありのままに名誉を感ずる事態がある。コルポラツィオンは，このことを実現する[16]。

　ところで，民主主義的な平等や同権の思考枠組では，このような差異ある独自な実存を位置づけることができないことに注目する必要がある。もっとも，差異ある実存は，いずれも，人格という抽象的な水準を超えた同一の普遍態に結びついているのであれば，こうしたより具体的な同一性の水準で平等や同権を再構築すればよいのかもしれない。しかしながら，個々の市民がみずからの特殊な職業で普遍態と結びつく場合，その普遍態自体は，その職業に応じてまったく違った差異あるものとならざるをえない。農業の普遍態は家族の共同態であり，商工業の普遍態はコルポラツィオンの共同態であり，国家への従事では国家がまさに普遍態であり共同態である。これらを無理に通約しようとすれば，ふたたび職業を無視して抽象的な人格以外に持ち出す

ものがなくなってしまう。しかし，こうした平等や同権で民主主義を語ることは，社会的現実を見ない，というに等しい。だとすれば，基礎的な平等や同権のうえにさらに差異を承認する体制が必要になるのではあるまいか。

4 政治的意志の現実過程としての立憲君主制
――民主制の具体化とその転倒

　政治に固有な対象があるとすれば，それは，共同体の統一的な意志を決定するあり方以外に求めることができないだろう。このさい，そうした意志は法律や習俗として表現されるから，これらを決定するあり方，すなわち端的には立法こそが政治の本質的な機能となる。もちろん，すでにある実定的な法律や習俗に従って行政をしたり裁判をしたりすることも，ある種の意志の決定を含むかぎりで政治的であるに違いない。だが，行政や裁判の決定を超越する立法という原初的な決定のあり方こそが，当の共同体の政治のあり方を本質的に規定せざるをえない。こうした原初的な決定が，宗教的権威であれ教義的（党派的）権威であれ，ある種の絶対的な精神を語る権威主義的な決定のあり方であるなら，行政や裁判も同様な決定のあり方にならざるをえないだろうし，民意に従う決定であるなら，行政や裁判もそれに背くことができないだろう。もちろん，民主主義で想定されている決定のあり方は，民意に従う決定のあり方のはずである。

　もっとも，立法という原初的な決定が権威主義的にも民主主義的にもなされうるのだとすれば，政治は，権威主義にも民主主義にも分岐しうる「決定そのもの」に淵源している，ということである。したがって，政治は，この点で，現実的で自由な意志の問題領域にたち戻る。

　ヘーゲルがその国家論で「決定」について議論するとき，自己意識の権利の立場を強調することは，そのことと深い関わりがある。ヘーゲルにとって，最終決定は，個体としての人間の決定に終始するものでなければならない。ここで重要なことは，決定した自分以外のいかなる根拠によってもその決定を正当化しない，という点である。このさい，決定した自己の根拠なるものが批判に耐えないものであろうとも，自己意識が根拠である以上は，そうし

た無根拠を引き受けざるをえない，ということも，ここには含意されている（§279 およびその註解）。

　これは，当たり前のことのようにも思えるが，案外に難しいことであろう。ひとは，自分自身の行動ですら，自分の意志以外のなにかにその責を帰して，自分の行動を免責しようとするものであって（責任転嫁），それが共同体を動かす決定であってみれば，とうていみずからが背負い込むことができず，外在的ななにかのせいにすることになるだろう。挙句の果てには，大義名分であるとか，星の巡り合わせであるとかのせいにする。

　そうした外在的で無責任な根拠は，権威主義的発想では，宗教的権威であるにせよ教義的権威であるにせよ（§270），なにかしらの実定的な表象や理屈（イデオロギー）として表現されることになるのだろうが，実際にそれを自己意識が決める以上は，どの道，最終的には本質的に無根拠であるほかはない（§279）。というのも，自己意識の決定が，そもそも無規定態としては無根拠だからである。ところが，権威主義的な発想では，そうした無根拠である決定を，あたかも根拠があるかのように振る舞わざるをえない。少なくとも，末端の役人のレベルでは，私の決定は，私の，というよりは上司の決定でなければならないのだから，その意味でつねに根拠づけられなければならないのである。これは，なにも，決定する個人のパーソナリティの問題というよりは，システム的に強いられた思考方法といわなければならない。権威主義による根拠づけは，決定する者がみずからの無責任を無罪放免する根拠であって，本質的に無根拠であるものをあたかも根拠があるかのように詐称し粉飾する。

　しかしながら，民主主義的な決定は，あけすけに本質的に無根拠である。なぜなら，民意が決めた，と称する以上に，その決定根拠がないからである。もっとも，だからその点にこそ根拠があるではないか，と言われるかもしれない。このことは，民主主義的な決定の性格を吟味するためにも，十分に考えておく必要がある。

　今日の民主主義的な決定は，平等で同権の人格が有権者となって——代議制で媒介しながら——行う投票において多数を占めた意志によってなされて

いる。つまり，民主主義的な決定は多数決を根拠にし，多数派の意志が国民の意志だとする。もっとも，その多数派を形成するために，少数派の意見に耳を傾け，討議によって合意を形成することも，道徳的な要請としてつけ加えられるだろう。ただ，これは，多数決の究極性に比べれば，あくまで副次的な要請とならざるをえない。

　だが，多数派の意志は，所詮は国民の一部多数の意志でしかなく，端的に国民の意志とするには不足がある。平等で同権の個々の人格を集合させるかたちで国民を考えていこうとするかぎり[17]，多数決による民主主義的な決定は，少数派の国民を排除しながらその決定を強制するメカニズムであり，当の少数派にとってはまったく民主的なものではない。

　多数決による民主主義的な決定は，このような党派的な分裂を予定せざるをえないから，国民の意志を「一つの」ものとして表現できない。したがって，こうした決定は，「一つの」国民の意志としては，ヘーゲルが君主に帰するのと同様に実際に無根拠である。

　もっとも，多数決による決定を「一つの」国民の意志とみなすルールがあるのだから，この点に決定の根拠があると強弁する道も残されているかもしれない。しかし，これを持ち出すと，深刻な問題を露呈させることになるだろう。多数決による決定は，方法それ自体としては普遍的なものであるが，現実的には，つねになにか特定の目的や内容を具えている。だから，この決定を「一つの」国民の意志として語るときには，普遍的な方法に依拠しているわけだが，この決定の目的や内容自身は，その方法によって演繹されているのではなく，その特定の目的や内容を導く経験的な事情の論理に導かれている。つまり，決定方法ではなく，経験的な事情の論理こそが現実的な決定の根拠となるべきものである。ところが，多数決による決定では，そうした事情の論理は，多数派の党派的利害によって特殊に構成されたものでしかない。したがって，多数決による決定を「一つの」国民の意志として語ることは，事情の論理こそが問題の焦点であることを隠蔽し，それをめぐる多数派の特殊な党派的利害を国民の利害として詐称することにほかならない。

　決定内容の特殊態を決定方法の普遍態に依拠して合理化する手法は，実際

第4章　自由による差異の承認――　99

には決定者の特殊な利益が追求されている以上，専制政治のものである（§278註解）。その手法は，まったくの没論理である以上，非合理主義に支えられるしかない。したがって，必然的に，専制政治は，非理性的で暴力的なありようをするしかない。多数派でありさえすれば国民の名のもとになにごともなしうると考えるのは，民主主義であるかもしれないが，専制主義ともいわなければならない。たんなる大衆動員としてのポピュリズムは，こうならざるをえないだろう。

　このように，民主主義は，多数決が国民の意志だと言い募ると，専制主義に顚倒する。とはいえ，民主主義は，決定にさいして多数決の手法をとらざるをえない以上は，「一つの」国民の意志として無根拠であることを深く自覚しなければならない。つまり，最終的な決定自身は，決定する主観のみぞ知る無根拠なものでしかないのである。しかしながら，このような結論を引き受けてしまえば，決定に根拠を求めても仕方がない，というニヒリズムに至るだろうか？

　先ほど，現実的な決定の根拠には経験的な事情の論理がある，と指摘した。現実的な決定にさいして，この論理が特殊利害に左右されず，普遍的なかたちで取り出されるならば，そのことが決定の客観的な根拠となりうるだろう。民主的な討論においても，各人の特殊な利害関心の表明ではなく，事情の論理の普遍的なものをとらえることに主眼があるのだとすれば，そのように導かれるメカニズムを求めざるをえないだろう。

　そのとき，民主制に参加する市民の利害関心の多様性に直面せざるをえない。前節で，個別の人格がいかにして普遍態を獲得するのかについて議論したが，ここでは，もともと国家的な普遍態が主要な関心事となっていない者に対して，事情の論理を普遍的なかたちで取り出すことが期待できるか，という問題が浮上する。ここは，民主主義観の分かれ道であって，平等で同権の人格として一般的に政治に関与するという抽象的なあり方にとどまるか，あるいは，当の人格の利害関心に即して政治に関与していく道を拓くのか，という分かれ道である。

　このさい，ヘーゲルは，普遍的なものを把握した内容の競いあいを基礎に

考えなかった。これは、いずれにせよ、多数決と同じ羽目に陥るからである。今日の代表制民主主義は、概念としてみればこのような競いあいであって、政策と称する特殊な普遍的なものを国民に提示して信をうることにより成り立っている。ここに政党が関与するとすれば、それは、個々の政策の理念的・体系的な構想を提示するものとして位置づけられるだろう。だが、代議士レベルであれ政党レベルであれ、ここには、普遍的な政策の特殊な分裂が前提としてある。したがって、立法府の多数派が行政府を構成するかたちになれば、この体制は、必然的に特殊な政策を決定し施行するものとならざるをえない。つまり、このようなかたちでの代表制民主主義は、恣意的な専制主義に陥らざるをえないのである。

したがって、普遍的な政策は、本質的に普遍的なものとして担保されなければならない。このためにヘーゲルが持ち出すのは、普遍的なものに利害関心のある普遍的身分が政府を構成してそれをうち出すことである。だが、このやり方は、ただちに反論されうるだろう。すなわち、そうした政府官僚が事情の論理を把握するとしても、そもそも政府官僚自身が特殊な利益を追求する輩ではないか、という難点を突く反論が出てくる[18]。

そこで、このように政府自体が抱え込まざるをえない特殊態をいかにして除去するか、という論理が同時に示されなければならないはずである。ヘーゲルは、このさい、政府自身を挟み撃ちで統制し検閲する、という方策を採る（§297）。すなわち、一方では、主観的な無根拠によって決定を下す君主の側からのものと、他方では、普遍的身分以外によって組織する二院制の議会からのものである。君主は、政府官僚の任免を行う権限を有することにより、たんにみずからの意に添わないという理由だけで政府官僚にブレーキをかけることができる（§283）。また、普遍的身分以外で構成される議会は、政府提案に対して同意を与えるかどうかの決定権を有することにより、普遍的階層の見解である政策の実施の死命を制することになる（§301註解）。

だが、このような挟み撃ちによっても、事情の論理の普遍的な把握は、なお困難だということもできるであろう。ヘーゲルは、この点を十分に理解している。しかし、これで普遍的なものは出尽くしたのである。ここではっき

りすることは，こうした普遍的なものがなおも不十分だとみられるならば，それは，当の共同体の人民が経験的にどの程度まで普遍的なものの自己意識に到達しているかに依存しているということである（§274）。それは，普遍的なものをなにか外在的な権威によって「過たず」決定するのではなく，自己意識を有する人民の意志として決定するかぎりは，その人民の意志の経験的な現実以外に普遍的なものの内実を語りえないからである。このことは，国家に対して要求する普遍性の質の経験的な限界にほかならない。

おわりに

本章で示したことは，以下のことである。まず，原理の問題として，ヘーゲルの洞察によれば，自由が差異を生み出す以上，民主主義が依拠する平等と同権が破綻せざるをえないので，差異を承認しながら特殊な領域で平等と同権を再興せざるをえない（第1節）。次に，家族においては，愛による統一として共同体が意志され，個体レベルの恣意的な特殊態が放棄される関係が成り立ち，自然に基礎をもつ各人の精神的な差異が尊重されるかたちで性別役割分業がなされていくことになる。これらが民主主義の平等と同権原理に反する以上，それを推進することによって，家族の解体は必然的となる。家族の解体が再生産のきかない政治的な共同体を解体せしめるとすれば，その自滅を回避するために性別の差異の承認がなされる家族のあり方を追求せざるをえないだろう（第2節）。さらに，市民社会においては，人格が特殊な活動で生きていくさい，これを普遍的なものと結合していくあり方に差異が生ぜざるをえず，その差異が職業身分の区別となる。こうした身分的な区分は民主主義的ではないだろうが，この区分を消し去れば，個人が差異によって名誉を感ずる社会的現実を無視することになる（第3節）。最後に，国家においては，決定のもつ主観的な無根拠性を直視せざるをえず，客観的な根拠を求めるならば，普遍的なものに関心があるものたち（普遍的身分）によって政府を組織していかざるをえないが，他方，それに対する民意に従うならば，普遍的なものにコミットしている者が議会を構成し，政府を検閲せ

ざるをえない（第4節）。ヘーゲルによれば，この体制は立憲君主制であるが，これは，人民を差異にもとづいて有機的に位置づけていった結果であるともいえ，いわば民主主義の具体化ともいうべきものなのである。平等で同権的な民主主義は，みずからを廃棄し転倒させて，有機的な政治体制を構成せざるをえないだろう。

■注
1) 以下，『法の哲学要綱』（Hegel 1820＝邦訳 1978）の参照箇所は，節数で示す。
2) ターデン（N. v. Taden 1848年没，ラインホルトの友人）は，国家論を君主から議論しはじめるヘーゲルに対して，「君主に熱を上げるばかり，現実的な体制にある独断的な順序を選択したのか」と詰問する（Hoffmeister 1969：2-281）。
3) カール・シュミットは，『憲法論』（原著1828）において，「民主制という特殊の国家形体は，特殊の，実質的な平等の概念の上にのみ基礎づけられうる」とし，「すべての人間の無差別に基づくのではなく，一定の人民への所属に基づく」として，「実質的な平等」が前提となって「平等選挙権，平等投票権その他」の適用例があるとする（シュミット 1974：262-264）。このさい，その「実質」は，なにか特殊なものである点で規定的だが，人民各人には差異なく通用するものとなるだろう。差異の無視ないし抹消が，こうした民主主義の必然的要請である。
4) バーリンは，「二つの自由概念」（原著1958）において，干渉もうけず放任されていることを自由の「『消極的』negative な意味」だとし，これを「からの自由 liberty from」と名づけ，統制ないし干渉の根拠を自由の「『積極的』positive な意味」だとし，これを「への自由 freedom to」と名づける（バーリン 1971：2-303 f., 311, 317）。バーリンによれば，この二つの自由概念は非和解的であり，バーリン自身は，「消極的」自由が「より真実で，より人間味のある理想」だとする（バーリン 1971：2-381, 388 f.）。なお，バーリンは，ヘーゲルのとらえた自由について，「世界を理解することによってわれわれは自由になると信じていた」とするが（バーリン 1971：2-338），ヘーゲルの自由があくまで意志論的であることを見損なっている。
5) ヘーゲルは，これをフランス革命批判として語る（§5註解）。
6) バーリンは，「一定の福祉国家政策を承認する」のに対し，「リバタリアンは，『消極的自由』の概念をもっぱら『政府の強制からの自由』という意味で理解し，福祉国家政策に反対する」（橋本 2005：38）。
7) コノリーは，ヘーゲルの政治哲学を「包摂の政治」ととらえ，「他者性の同化」を引き起こすと主張するが（コノリー 1993：158 ff.），ヘーゲルの共同性において差異の承認がなされる点を見ようとしていない。
8) 「法則に従う性共同体は婚姻（matrimonium）である。それは，性を異にする二人格が互いの性的特性を生涯にわたって互いに占有し合うための結合である」（カン

ト 2002：37）。
 9) 養老孟司は，「『実存的主体としての私』なんてないと思うと同時に，『身体という自分』については，実存そのものだと思っている」という（養老 2005：35）。これに照らせば，身体にともなう性別は，みずからの実存そのものを規定するものだろう。
10) ここでは，両性具有については議論しない。性同一性障害は，身体レベルでの改変を迫るほどに身体的障害である。
11) 自然は必然と同等ではない。ヘーゲルは，『エンチュクロペディー』第3版（1831）で「偶然性と外から規定されるということも，自然の領域では正しさ（権利）をもっている。この偶然性が最大になるのは，具体的な形成物の領域である」という（ヘーゲル 1998：35）。
12) マイホーム主義には，このような実体的な基盤がある。
13) 契約関係の民事が基本だが，最終的には国家的である。簡単のためにこういう。
14) したがって，男女共同参画社会を推進するためには，人間を家族の場から引き離すぎり，その参画の社会的意義を鼓吹する以外にない。本邦の男女共同参画社会基本法第2条は，「男女共同参画社会の形成」を定義して，「男女が，社会の対等な構成員として，自らの意思によって社会のあらゆる分野における活動に参画する機会が確保され，もって男女が均等に政治的，経済的，社会的及び文化的利益を享受することができ，かつ，共に責任を担うべき社会を形成することをいう」とする。
15) したがって，家産を職業とワンセットで相続すること——家業を継ぐこと——を拒む事態は，係争としては個人と社会のあいだに起こっているように見えるものの，その実，社会と家族との係争なのである。
16) この論理は，ヘーゲルにおいては職業論となるが，非職業論的に拡張することができる。すなわち，差異ある存在——たとえばなんらかのマイノリティ——は，人格として孤立するかぎりでは承認されないが，なんらかのサークルを作るかぎりでは承認の場が生じうる，ということである。問題は，その先の社会的有機性に組み入れられうるか，に関わる。
17) ヘーゲルは，人民を個々人の集合体としてみる見方を批判する（Hegel 1817：§440）。
18) マルクスの反論。「官僚制は普遍的利益の想像上の特殊性，官僚制自身の精神を衛るために，特殊利益の想像上の普遍性，団体精神を衛らねばならない」（マルクス 1959：282）。

■参考文献
神山伸弘，（2005）「生命ある善としての家族——ヘーゲル『法の哲学』における人倫的実体の始めの姿について」『跡見学園女子大学人文学フォーラム』第3号。
カント（2002）「人倫の形而上学」『カント全集』11（樽井正義・池尾恭一訳）岩波書店。
コノリー，ウィリアム・E.（1993）『政治理論とモダニティー』（金田耕一・栗栖聡・的射場啓一・山田正行訳）昭和堂。
シュミット，カール（1974）『憲法論』（阿部照哉・村上義弘訳）みすず書房。
橋本努（2005）「自由」森村進編著『リバタリアニズム読本』勁草書房。

バーリン，アイザィア（1971）『自由論』1・2（生松敬三・小川晃一・小池銈訳）みすず書房．
ヘーゲル（1998）『自然哲学（哲学体系II）』上巻（『ヘーゲル全集』2a）（加藤尚武訳）岩波書店．
マルクス（1959）「ヘーゲル国法論（第261節―第313節）の批判」（真下信一訳）『マルクス・エンゲルス全集』第1巻，大月書店．
養老孟司（2005）『無思想の発見』筑摩書房．

Hegel, Georg Wilhelm Friedrich (1817) *Encyklopädie der philosophischen Wissenschaften im Grundrisse*. August Oßwald's Universitäts buchhandlung.
Hegel, Georg Wilhelm Friedrich (1820) *Grundlinien der Philosophie des Rechts*, Werke in zwanzig Bänden, Bd. 7. Suhrkamp.「法の哲学」（藤野渉・赤沢正敏訳）『世界の名著44 ヘーゲル』（岩崎武雄編集）中央公論社，1978年．
Hegel, Georg Wilhelm Friedrich (1983) *Vorlesungen : ausgewählte Nachschriften und Manuskripte*, Bd. 1, *Vorlesungen über Naturrecht und Staatswissenschaft, Heidelberg 1817/18, mit Nachträgen aus der Vorlesung 1818/19, Nachgeschrieben von P. Wannenmann*, hrsg. v. C. Becker, et, al., mit einer Einleitung von O. Pöggeler, Felix Meiner.『自然法と国家学講義―ハイデルベルク大学1817・18年』（高柳良治監訳）法政大学出版局，2007年．
Hoffmeister, J. (Hrsg.) (1969) *Briefe von und an Hegel*, Bd. 2. Felix Meiner.

第5章

政治における普遍主義の限界と再生

鵜飼　健史

はじめに

　現在進行中のグローバリゼーションの展開は，たんにヒト・モノ・カネの移動と交換が爆発的に増大することのみに還元されるわけではない。それは，私たちの生活様式，情報の流れと様式，多様な文化の混交およびそれらの差異の明確化，さらには「私たち」と語るアイデンティティのあり方など，社会生活のあらゆる場面における多元的な変容を引き起こしつつある。それを意識するか否かにかかわらず，世界を標準化する傾向を避けて生活することが困難なものとなった。そして，政治のあり方もまた，このような語の深い意味での変容と無関係でいられるわけではない。たとえば，国際機関の国内政治への影響力の行使，いわゆる発展途上国の発言力の増大，政治・経済問題のグローバル化，テロに対する国際社会の連帯，環境汚染や疫病の拡散，そして地方自治への関心の高まりなどは，既存の政治の枠組みを揺るがすような一連の政治的再編の個別的な事象である。本章は，このような政治的境界線の引き直しあるいは流動化の基礎にある，政治理論における普遍主義の質的な転換を考察する。

　近代における普遍主義とは，ある特定の意味内容をもつ観念というよりも，さまざまな思想や言説が共有する傾向性あるいはレトリックのことである。たとえば，人権，民主主義，科学的知識，市場原理などは，永遠の真理を示す普遍主義的立場を護持してきた。そしてこれらは，ときには強制力をともなって，特殊的なものとみなされた諸価値を圧殺し包摂してきた[1]。このよ

うな普遍主義的な言説は，一様に近代西欧社会に起源をもち，今世紀までに広く地球上を覆うに至った。明治維新以降の日本の近代史が，その拡張の一つの好例であったことはいうまでもない。しかし，西洋普遍主義の一元的な支配の確立は，それに抗する立場を明示的にあぶり出すことにほかならず，普遍主義に包摂されない可能性を共約不可能な原理主義的な立場へと追いやってきた。本章は，このような普遍主義の史的展開の一端を担ってきた，政治の基本原理における普遍主義について考察する。そして，普遍主義をめぐる，革命的と呼びうるような現代政治の理論的な変容を明らかにしたい。

　本章が近代政治の普遍主義的な原理として論じるのは，政治に先行し自然に存在すると想定される，政治の究極目的およびそれを担う人間の存在論である。近代政治理論は，人間が自然に有する普遍的な価値や規範を，政治空間において実現することを目的としてきた。もちろん，初期近代に確立した「自然」と「政治」の二分法は，そのまま現代まで変わらずに維持されてきたわけではない。政治の普遍的な前提として想定された人間の生の様式は，事後的に問い直されることによって，それが意味する範囲や内実を変化させてきた。一例として，政治を規制する規範に与えた，女性運動や労働運動の歴史的成果を指摘することができるだろう。政治理論の近代史がつねに「自然」を遡及的に再編成するものであった点は，指摘されなければならない。しかし，このような普遍的な自然の再編成は，あくまで政治主体のあり方に関する想定の変更にとどまるものであり，政治を規定する普遍主義的な原理という構成を解体するものではなかった。つまり，政治に先行するなんらかの普遍的な価値や規範を前提とし，それらを実現するための手段として政治をみなす構図は，そのまま今日まで妥当性をもち続けてきた。

　はたして，私たちは今なお，このような近代史における政治的普遍主義の漸進的展開を，維持してゆくことができるのであろうか。本章は，かつての普遍主義的な政治的前提と現実政治のあり方とが無視できないほど乖離してしまった段階において，普遍主義に依拠した政治主体の存在論がどのように構想されるかを考察したい。第3節で明らかにするように，現代の再生された普遍主義に関する言説の特質は，普遍主義がもはや普遍でないことを事前

に受け入れたうえで,多様な特殊性が相互に接続する形態に普遍性を見出している点である。それは,ある事件や地域に出現した断片的な言説や価値を相互にまとめた帰結に,政治を規制する普遍的な規範を見出すという考えである。ただし,私見によれば,いかなる時代においても,普遍主義を擁護する立場の試金石となる点は,政治を超える地平で,どのようにして政治のルールを決定するかである。「特殊的なもの」を積極的に受け入れた現代の普遍主義論が,超越的な,あるいは反政治的な立場を放棄しているとまでいえるだろうか。そしてこの場合,民衆による政治は,どのように構想されるだろうか。

以下,第1節では,既存の普遍主義に対する批判の高まりを考えたい。第2節では,その高まりの背景として,グローバリゼーションの影響について論及する。第3節では,普遍主義をめぐる新たな試みを分析し,将来の政治についての展望を示したい。

1 政治的普遍主義への批判

近代政治思想における普遍主義の特質が,政治主体が政治に先行する自然的規範と接続しており,その普遍的な価値を実現するために,政治が派生的にあるいは道具的に必要とされるというレトリックである。このような普遍的な主体の存在を政治の前提とする理論が,リベラリズム(自由主義)である。リベラリズムにおいて,政治主体は自律的で,自己抑制的で,合理的な個人である。そして,イギリスの政治学者であるJ.マーティンが指摘するように,リベラリズムは,このような個人を本質的に私的な存在とみなして政治の前提とし,彼らの利益が合理的に公権力へと集約されると考える(Martin 1999:159)。そのため,公権力が実現することのできる価値は,共約可能な価値のみに限定され,それ以外の共約不可能な価値は私的領域に留め置かれる(齋藤 2000:68-69)。こうして,政治によって実現される公的なものと,政治が介入することができない私的なものとが,明確に区別される。このリベラリズムの理念を前提とし,政党制と議会制を両軸とした代表制民

主主義を中心とした政治制度は，リベラル・デモクラシー（自由民主主義）と呼ばれる。本節では，近代西洋史を通じて発展してきたリベラリズムがもつ政治的な限界について考察することで，現在の普遍主義をとりまく理論的な政治環境を明らかにしたい。

　リベラリズムに対する批判の形式には，おおまかに区分するなら，リベラリズムの現実化を目指す批判とその解体を目指す批判という二つの方向性がある。たとえば，伝統的にリベラリズムの中心的なテーマであった，権力からの自由を意味する「消極的自由」の擁護に対し，権力へ参加する自由を意味する「積極的自由」の重要さを強調し対置する試みは，周期的に歴史に登場してきた。競争原理と規制緩和を中心とした新自由主義に対して，福祉政策の充実を対置する昨今の傾向は，このリベラリズムの内的な批判の最新の形式である。このような批判の試みは，リベラリズムの妥当性をより高めるための批判意識によってもたらされている。

　これに対して，本章が着目するのは，リベラリズムにとって外在的で，そのために攻撃的で破壊的な，批判の形式である。本節は，このような批判として，2種類の傾向を指摘したい。第1に，リベラリズムが想定する政治主体に内包される本質的な抑圧的な性質を明示することによって，その普遍主義がもつ妥当性を解体する立場である。そして第2に，リベラリズムがもつ，政治を否定する傾向を暴露することによって，政治を再生しようとする立場である。リベラリズムとの対抗を主導する政治理論家たちは，これらリベラリズムが内包する傾向を，その絶対的な限界であるとみなしている点で共通している[2]。この2種類の傾向とそれに対する批判を，それぞれ考察しよう。

　第1の批判として，現代を代表する政治理論家であるW. E. コノリーは，リベラリズムが前提とする「個人」が，差異を排除する権力作用を含んでいる点を強調する。コノリーによれば，アイデンティティは差異との関係において生みだされるものの，いったんそれが確立すると硬直的に自己確証を保全する傾向にあるために，差異を悪として破壊しようとする（コノリー1998：120）。このようなアイデンティティの抑圧的な傾向を，みずからの原理に組み入れた近代思想がリベラリズムである。リベラリズムの個人主義は，

「現実の自己が評価されるべき参照をもたらす,正常な個人や合理的な個人のモデルを前提としている。ニーチェならば『硬直した揺るぎのない個人』と特徴づけるだろうこうした基準が,権利,正義,責任,自由,義務,正当な利益の基礎を提供する」(コノリー 1998:136)。

つまり,リベラリズムは,自律的で自己利害をもつ行為主体として「個人」を作り出すことによって,「正常化の教義」をもたらした。政治に先立って,「個人」は正常性,正当性,合理性を独占するとともに,それに反するアイデンティティは異常なものとして排除されるのである[3]。

ただし,コノリーの理論が重要な点は,リベラリズムがもつ排除の傾向性を,主体の内部にも見出す点である。

「近代の正常な責任ある個人は,人間の条件に対するルサンチマン[恨み:引用者注,以下同様]を自己自身へと向け直す。それは第1に,合理的で自己利益を持ち,自由で原則を持つ個人を,正常なアイデンティティからの気ままな逸脱に対して道徳的な責任を負う者と見なすことによって。第2に,自己自身と他の自己の内にあって責任の範囲から逃れるものを,征服か回心を要する,そして罰か愛を要する自然的な欠陥と見なすことによって,である」(コノリー 1998:147)。

いいかえれば,近代の正常な個人は,人間の条件に対するルサンチマンを,それ自身のアイデンティティのうちに含んでいる。その結果,リベラリズムの個人主義は,みずからの正常のアイデンティティを超えるような多様性の主張に対して冷淡なものとなり,「多様性のための空間を非合理的,無責任,不道徳,非行,倒錯といった異常性の基準にもとづいて綿密に定義された一群に囲い込むように個人を促す」(コノリー 1998:149-150)。この作用は,同時に,個人に対して正常性の基準への固執をもたらし,他者に対するルサンチマンを醸成するのを助長する。こうして,政治の目的となる自然な人間という想定は,ある特定の権力作用の産物であることが明らかにされたので

第5章 政治における普遍主義の限界と再生——111

ある。

　リベラリズムが前提とする「個人」の抑圧的性質の暴露は，コノリーと私たちを，第2の批判である，リベラリズムの非政治的性質へと導く。コノリーによれば，正常で合理的な個人のモデルに依拠するリベラリズムでは，

　「政治的なものを法的なものに還元する，つまり政治の争点のほとんどを権利，正義，義務，責任といった法的なカテゴリーに圧縮する傾向，および政治に残される争点を，個人や集合体がその『利益』や『原理』を法的規則の枠内で合理的手段をもって競い合う構想として道具的に考える傾向である」（コノリー 1998：136-137）。

　リベラリズムは，政治を規範化することによって，アイデンティティと差異がもつ多元的な性質を政治の舞台から放逐する[4]。それは同時に，支配的な普遍的価値に対抗する政治的行為や政治闘争がもつ根源的な価値を抜き取って，これらを一元的な利害調整の場へと還元する機能を果たす。この場合，政治は法にもとづく物質的価値の再配分に極小化される。このような政治の様式は，正常で合理的な政治主体が望むものとされた。これに対してコノリーの立場は，リベラリズムの法的な政治（リベラル・デモクラシー）がもつ「利益」や「原理」の抑圧的な傾向を暴露することで，政治の可能性を拡大する。
　「政治の復権」という主張に関して，コノリーと共同歩調をとるのが，現代民主主義論の担い手として知られるC.ムフである。彼女によれば，現代政治の支配的な構想であり，合理性と普遍性に依拠するリベラリズムは，「政治的なるもの」の本質を十分に把握できていない。政治的なるものにとって本質的なのは，敵対性の次元である。私たち（友）と彼ら（敵）の区別こそ政治的なるものであり，この対立を消去してしまうと政治が成立しない。ムフによれば，リベラリズムを代表とする，敵対性の次元を消去する「脱政治的」イデオロギーは，民主主義的政治の根幹と政治的アイデンティティの動態的な構成に対する理解を欠いている（Mouffe 2005：2）。

ムフが近著『政治的なものについて』でリベラル・デモクラシーの普遍主義の典型として批判する対象は，J. ハーバーマスである。彼女によれば，ハーバーマス理論の意義は，自由主義者による個人的自由と人権の擁護か，民主主義者による人民主権の擁護か，どちらを優先するかについての伝統的な西洋思想の問題に一定の見解を示したことである。ハーバーマスは，この背反する二つの要素を和解させるため，リベラル・デモクラシーの合理的な本質と普遍的な妥当性を求めた。政治的な正統性は，合理的な意思形成をめぐるコミュニケーションの条件を制度化するような，人権を通じてのみ獲得される（Mouffe 2005：85）。こうして，ハーバーマス理論は，リベラリズムによる政治的なものの消去の典型であるのみならず，世界を多元的なものと認識することを阻んでいる（Mouffe 2005：87）。これに対して，政治的なるものの意義をリベラリズムの「反政治的性質」につきつける懐疑の形式は，単純である。「『合理的に受け入れ可能な帰結』とはなにか。政治的意思の表明に課せられる制限をだれが決定するのか。排除の基準となるのはなにか」（Mouffe 2005：87）。ムフは，リベラル・デモクラシーが前提とする脱政治的で普遍主義的な規範を「政治」に引き戻すことで，この政治システム——彼女にとってこれは本来の政治ではない——を解体しようとしているのである[5]。

　「民主主義的な価値が育成されるのは，高度の合理的議論を提示することによってでも，リベラル・デモクラシーの卓越性についてのコンテクストを超えた真理要求によってでもないことを十分に理解しなければならない」（ムフ 2002：9-10）。

　ムフの確信によれば，政治に先行する普遍性に支えられた法的な政治を解体しながら，政治的なものを再生することは，差異と対立が出現する場としてのデモクラシーを再生することである。そして，それは，政治の契機を否定する傾向にあるリベラリズムからの，デモクラシーの独立を意味する。本節では，それぞれ相互補完的である2つのリベラリズム批判——リベラ

リズムがもつ抑圧的性質と非政治的性質への批判——の高まりを論じてきた。これらの批判は，リベラリズム的普遍主義を解体する点で政治に期待している。こうして，政治と普遍主義とは矛盾することが明らかになったのである。

2 グローバル政治における普遍主義

　本節は，リベラリズムが依拠してきたこれまでの政治空間が，グローバリゼーションの展開とともに，変容を余儀なくされている点について論じたい。そして，その変容のなかにおける普遍主義の機能について分析する。近代政治理論は，主体の普遍主義的存在を前提とし，それを一定の政治空間において実現することを目的としてきた。反面，普遍主義の実現は，根本的な矛盾をはらんでいる。なぜなら，普遍主義を実現するための機関とそれが管轄する領域——国家——は，外部の視点からすれば特殊なものにほかならないからである。同時に，普遍的な権利をもつ人間も，この特殊な空間においては，ある特定の他者を排除することで成立する限定された存在——国民——である。つまり，既存の近代型政治においては，普遍主義的目的の実現のために，特殊的な，領域化された国民国家が手段として想定されている。

　グローバリゼーションが政治にもたらしたもっとも顕著な影響は，政治を国境線によって限定された空間において構想することを不可能にさせた点である。今日，テロリズムや環境問題などの国際的な課題と認知されている問題のみならず，個人の生活世界に関係するあらゆるものは国際社会のあり方と無縁ではない。そして，政治的な問題を一国内のものとして説明することは，不可能なものになりつつある。たとえば，現在のデフレ状況を説明するためには，たんに内需の低迷だけではなく，海外の生産拠点の発展や国際価格競争の激化などを視野に入れなければならない。問題の原因や影響は国境線を容易に横断し，そのため，一国家による対策には限界が生じているのである。

　ただし，重要な点は，国内政治の課題が国家間で処理される外交問題となったことではない。むしろ，国内政治と国際政治を区別する国家の枠組みが，

政治権力の行使を独占することができなくなってきた。それは国家が普遍主義を代弁するような，ある意味においては歪んでいる近代国民国家体制が維持できなくなっていることを意味している[6]。新たな帝国論で注目を集めるA. ネグリによれば，グローバリゼーションは，国家の空間的な限定を破壊することで，近代思想の政治的諸概念を解体し，古い尺度の指標の総体を完全に吹き飛ばす（ネグリ 2008：66）。普遍主義を実現するための，国境線を前提とした国民と国家の契約関係が，効力を失いつつある。それは，同時に，世界から見捨てられている問題に対して，私たちが取り組むための責務を求めているともいえよう。

　いうまでもなく，国家がすでにまったく機能を果たしていないと主張するのが本節の意図ではない。政治・社会に対する鋭利な分析で知られる，E. バリバールによる市民権の考察は，国家を縁取ってきた境界が政治の対象となる事態を想定している。バリバールは，かつて近代国家において，市民権の実質が，国籍保有者の「公共の福祉」にあったことを認めている（バリバール 2007：131）。伝統的に設定された境界は，制度的暴力と生存集団へのアクセスの不平等な分配を維持してきた。これに対して，グローバリゼーションが明確化した課題は，境界線をめぐる政治を再創造する必要性である。そして，そこで取り組むべき課題は，境界の民主化である。「境界を民主化することは，つねに民衆とその理論上の主権のあいだにある，民主主義自身のある種の非民主的条件を民主化することである」（バリバール 2007：211）。国家主義的な普遍主義が依拠してきた空間を問い直す状況が，準備されつつある。

　たしかに，グローバリゼーションが，国民国家の果たす役割を制限しているのか，あるいは国家権力の脱領域的な拡張を可能にしているのか，その解釈は分かれる。ただし，本章が強調したい点は，グローバリゼーションによってリベラリズム的普遍主義が破壊されたのではなく，それが本来備えていた本質主義的前提が剥き出しになったことである。別言すれば，リベラリズムのもつ，主体への抑圧的性質と非政治的性質が，グローバル化したことである。この点をさらに考察しよう。

グローバリゼーションは，リベラリズム的普遍主義にとって，それが境界を越えて原理化する可能性を提供するものでありながら，たえず批判を招かざるをえないような両義的な展開である。すでに述べたとおり，これまで普遍主義の実現を担当してきた国民国家が，機能においても観念においても弱体化することで，その職務を十分に達成できなくなってきた。そして，国民国家に代わる政治的単位や地域共同体が，普遍主義を担う受け皿となりうる情勢が構築されてきた。その一方で，自由民主主義の地理的な拡大にともない，その外部にある空間は，これとの妥協かあるいは拒絶かという究極的な選択を迫られることになった。しかしそれは同時に，リベラリズム的な普遍主義の脆弱性を世界にさらすことになる。なぜなら，ほかのさまざまな政治原理と――ときに武力をともない――衝突することで，それが近代西洋史の展開に限定されるものである事実が，徐々に明らかとなってきたからである。こうして，自然の人間本質を想定する普遍主義をそのまま維持してゆくことが困難となる。つまり，政治に先行する自然そのものが，ある特定の政治的な文脈によって構成，変更，解釈される事実が周知のものとなったのである。

　国家の枠組みという外套を脱ぎ棄てた近代の普遍主義は，グローバル化すると同時に，その妥当性に疑念がよせられている。さらに，普遍主義が時代と状況に規定されたものである性質が明らかとなった。そして，普遍主義は普遍的であることを強弁するのではなく，特殊的なものとされてきた性質とのなんらかの妥協や吸収を余儀なくされることとなる。現在，新たな普遍主義が模索されているのは，まさにこの点である。政治における普遍主義の変容は，本質の実現をめざす政治から，変容や差異を調停する政治へと，政治観の変更をともなうものである。この政治的な取り組みについては，次節で考察したい。

3　普遍主義と特殊主義

　近年の政治情勢が思想史的伝統につきつけた事実は，近代西欧に端を発する普遍主義が，将来的に収斂するような唯一の選択肢ではないことである。

さらに，西欧普遍主義が世界に拡大した裏には，列強による軍事力と経済力を背景とした強制的な包摂の契機があった点は，繰り返し強調されなければならない。ただし，政治は普遍主義を追い求める姿勢を崩してはいない。なぜなら，政治が公共的なものであるかぎり，政治はなんらかの普遍的な妥当性を構想しなければならないからである。そのうえで，重要な理論的問題は，いかにして，いかなる意味において，普遍主義を構築するかである。この問題は，普遍主義的なレトリックが崩壊して安定的な基盤——それは同時に政治に対して規範的で抑圧的であったが——を失った政治を，どのようにして公共的なものとして再構成するかという課題でもある[7]。本節では，このような答えなき問題に対する応答を参照しつつ，普遍主義のあり方について考えたい。私たちが注目するのは，前節で論じたムフとそのパートナーで同じくデモクラシーへの根源的な考察で知られる E. ラクラウである。

　リベラリズム的普遍主義を否定したムフにとって，新たな普遍主義を考察する方向性は明白である。普遍主義は，拒絶されるのではなく，特殊化される。必要なのは，普遍的なものと特殊的なものとの新たなかたちの節合 (articulation) である。この新たな節合は，ラディカル・デモクラシーの追求である。彼女によれば，「ラディカル・デモクラシーは，差異——つまり，特殊的なもの，多様なもの，異質なもの——の承認を要求し，事実上，抽象的な『人間』の概念によって排除されてきたありとあらゆるものの承認を要求する」（ムフ 1998：27）。そして，このデモクラシーの基礎となる市民権は，「理性と等置された男性だけに割り当てられた観点」から，普遍化されることのできる権利ではない（ムフ 1998：144）。それは，「差異の表現に関する権利」である。デモクラシーは，所与として設定された普遍的な共通目的の実現を目指すのではない。それは，さまざまな政治的な要求を実現してゆく過程である。

　注意しなければならないのは，ムフが特殊主義に一方的に加担することで普遍主義を拒否しているのではない点である。彼女は，純粋な特殊主義は，別のかたちでの本質主義であることを明確に認めている（ムフ 1998：144）。特殊な価値や利益に立脚し，それら相互の調停のみを機能とする政治は，逆

説的に，既存のリベラル・デモクラシーと近似する。ラディカル・デモクラシーが追求する政治形態は，むしろ普遍主義と特殊主義が結びついたものである。それは，

> 「ラディカル・デモクラシーの立場からなされる自由と平等の原理の解釈に共同して同一化することを通じて『私たち』を構成すること，いいかえれば，民主主義的等価性の原理によってさまざまな要求を節合すべく，それら諸要求のあいだに等価性の連鎖を構成することである」（ムフ 1998：142）。

　ムフによれば，差異化された諸要求を，それぞれ等しいものとして節合することで構成される「私たち」こそ，普遍的なものと特殊的なものとの新たなかたちの節合である。それでは，さまざまな要求が等しく節合されるとは，いかなる政治作用を意味しているのか。この問題に対して，近年重要かつ刺激的な考察を深めている理論家がラクラウである。
　ラクラウは，普遍主義に対する認識をムフと共有している。ラクラウの明白な言明によれば，「普遍主義と特殊主義は正反対の観念ではない。むしろ，［……］二つの異なる動きとして理解すべきである」（Butler, Laclau, Žižek 2000：301）。ポスト冷戦期の社会・政治闘争において，普遍主義が時代遅れの全体主義的な夢想と見なされる一方で，独自の価値を提起する特殊主義の台頭が顕著になってきた。グローバル化した資本主義は，国境線に区切られた社会の同質性を解体することで，さまざまな特殊な「要求」を表出させた（Laclau 2005：223）。しかし特殊主義を新たな政治原理とするのみでは，いかなる特殊な権利や利益も承認しなければならず，また，たとえばアパルトヘイトのように，分離するプロセスに潜む権力関係を解消することができない（Laclau 1996：26-27）。ラクラウの診断によれば，普遍主義と特殊主義がともに行き詰まっているからこそ，新しい普遍主義の構築が要請されるのである。
　ラクラウによる普遍主義の再構築という作業の特質は，第1に，普遍主義

が特殊主義から構成される点であり、そして、第2に、その新しい普遍主義が、「人民」の再構成と結びついている点である。

　すでに述べたように、ラクラウ（そしてムフ）の社会認識によれば、既存の普遍主義的人間像に根差した政治的要求を逸脱するような「特殊的なもの」の増加によって、政治の普遍主義的な前提は掘り崩されている。このような現状に、彼は、むしろ新たな普遍主義の萌芽を見出す。「普遍的なものは特殊的なものから発現する。それは特殊的なものを説明したり根拠づけたりする原理としてではなく、互いに遊離した特殊なアイデンティティを縫合する不完全な地平として発現する」（Laclau 1996：28）。ラクラウによれば、「空虚なシニフィアン」の存在こそアイデンティティの等価的な連帯の表出と構成を行う（Laclau 2005：129）。「空虚なシニフィアン」とは、それが指示するシニフィエ（指示内容）のないシニフィアン（指示記号）のことである（Laclau 1996：36；2005：105）。さまざまな特殊性は、本来的に空虚であるがために決して満たされることのない普遍性へと節合される。彼の理解では、無数の特殊なアイデンティティの対等な連帯の構築としてのみ、普遍性が存在するのである。

　ラクラウによる新たな普遍主義の再構築の特質は、それが政治主体としての「人民」の構成と不可分に結びついている点である。

「空虚なシニフィアンはそれが等価的な連帯を指示するときのみ自らの役割を果たし、その役割とは『人民』を構成することだけである。別言すれば、等価的な諸要求の水平的な節合に位置づけられたデモクラシーの主体の存在にのみ、デモクラシーは存在しているのである。空虚なシニフィアンによって節合された等価的な諸要求の集合は、『人民』を構成するのである」（Laclau 2005：171）。

　この普遍的人民の中心はつねに空虚であり、人民がひとつの特殊性に完全に回収されることはない。あらゆる特殊性から普遍的な政治主体である人民を持続的に再構成する政治過程に、デモクラシーが存在する。「普遍的なも

のは，特殊的なものとは通約できないが，しかしそれなくしては存在しえない。[……] このパラドクスは解かれることはないものの，この解決不可能性はデモクラシーの前提である」(Laclau 1996：35)。ラクラウは，このパラドクスが維持されることなくしては，新たな普遍主義が成立しないと認識している。「普遍性の次元は，[新たな普遍主義の実体である] 共同性が全面的に同質的ではない限り排除されえない（もしそれが同質的であれば，消え去るのは普遍性だけではなく，まさに普遍性／特殊性という区別そのものなのである）」(Laclau 1996：56)。

　本節が考察したことは，リベラリズム的な普遍主義がもつ反政治的な性質を問題化した，ムフおよびラクラウによる普遍主義の再構成であった。彼らにとって共通の前提は，「普遍的なものの特殊性」(Laclau 2005：225) に依拠して，普遍主義を多元的なものとして組み替えることである[8]。この課題は，新たな政治主体——「私たち人民」——を，差異化された特殊な諸要求を節合して，普遍的なものとして構成することである。現在の普遍主義は，特殊性を内に含みこんだ言説としてのみ成立する[9]。そして，彼らによれば，この主体化の形式と普遍主義の再編成との不可分で持続的な過程に，デモクラシーが存在するのである。その意味で，普遍主義を自由民主主義とともに政治的言説から放逐することは，デモクラシーが成立する可能性を摘んでしまう。そのため，普遍主義は生かされなければならない。それは，普遍主義を超然的な規範とするのではなく，それを政治過程に組み込むことによってのみ果たされるのである。

おわりに

　本章では，リベラリズム的普遍主義のもつ，政治主体に関する認識と非政治的な性質に対する批判に端を発する，新たな普遍主義の構成を論じてきた。それは，過去にも数多く存在したリベラリズムへの批判とは異なり，みずからの普遍的立場をしばしば合理的なものとして本質化する欲求を断念している。普遍主義の特殊化と特殊主義の普遍化の交錯が，政治理論——とりわけ

新たなデモクラシーの展望——が論じられる地平として理解されるようになってきた。

　ただし，既存のリベラリズム的普遍主義が新たな特殊な普遍主義にすべて置き換わると想定するのは，性急である。本章が問題としたのは，特殊性が先か，あるいは普遍性が先かという二項対立ではない。むしろ，政治を取り巻く現状にとって枢要な点は，本質主義的な普遍主義が，さまざまな普遍主義へのアプローチの登場によって，断片化され，破綻しつつある点である。この状況下においては，これまで支配的であったリベラリズム的普遍主義も，ラクラウとムフによる普遍主義も，一つの特殊な言説にほかならない。たとえば，原理主義の勃興とその相互対立は，普遍主義の多元化を示す明白な政治現象である。同時に，普遍性と特殊性の区別と，それを可能にする中立的な視座を維持することとが，きわめて困難なものと認識されるようになってきた。ここで政治に求められる役割は，多元化した普遍主義たちを調停し，縫合し，互いに弁護させることではないだろうか。それは，それぞれの普遍主義に，その限界を繰り返し表面化させることによってのみ果たされる。

　コノリーが論じる政治の方向性は，このような政治の役割とそれが求められる背景を反映している。「政治は，共通の目的を結晶させる媒体であると同時に，その目的が美しい調和へと書き換えられる事態を暴き，それに異論を提起し，それを攪乱し揺るがすのを遂行するための手段でもある」（コノリー 1998：171）。この政治のパースペクティヴは，リベラリズムの伝統を汲みながらも，それを内から解体する可能性を秘めた「戦闘的なリベラリズム」である。このパースペクティヴがリベラリズムから引き継ぐ利点の目録を，長くなるが，引用しよう。

「革命的な転覆か伝統文化の理想化かの二者択一を拒む点。個体性の主張を評価する点。権利と憲法による保護を重視する点。規律と生の新しい変化に反応する不満との弁証法を強化する諸力に，このような関心を広げてゆく点。アイデンティティと差異のパラドキシカルな関係をめぐるいかなる決定的な解決にも疑いを抱く点。目的論-超越論的な理論のヘゲモニー

に抗するリベラルな闘いを徹底化する点。それが生き変容させるアイデンティティにアイロニカルな距離をさしはさむ点。生にとってアイデンティティが本質的である世界のなかに，差異を政治化するというアイロニカルな次元を設定する点。そして，固定した諸々の統一態を——ほかのそれよりもなんらかのそれを讃えつつもなお——執拗に問題化する点」(コノリー 1998：172)。

コノリーの「戦闘的リベラリズム」は，制度化されたリベラリズムが非政治的なものとして前提とした個人のアイデンティティを問題化する。そして，上述したリベラリズムの利点の助けをかりながら，普遍主義たちを権力の闘争の場である政治の次元へと送り返すことを求めるのである。この普遍主義の政治化というべき終わりのない政治過程は，公共性のあり方の変容をもたらすことになるだろう[10]。

本章が示してきたのは，政治理論において普遍主義が果たす役割の移行である。かつて普遍主義が意味したものは，政治の本質であり絶対的な基礎であった。これに対して，新しい普遍主義が成立する可能性は，本質主義的前提を退け，正当な政治過程そのものに反映されている。普遍主義は，静的なものから動的なものへ，条件から過程へとその存在の様式を変化させつつある。そして，この変化は，政治の形式を反規範主義的で多元的なものへと——現状の民主主義制度との乖離を広げつつ——いざなっているのである。

■注
1) 世界システム論の定礎者として名高いI.ウォーラーステインは，近代世界システムにおいて権力が構築してきたゆがめられた普遍主義を「ヨーロッパ的普遍主義」と呼ぶ。そして，ヨーロッパ的普遍主義の三つの形態として，「野蛮」に対する干渉の権利，オリエンタリズムの本質主義的個別主義，科学的普遍主義を指摘する（ウォーラーステイン 2008）。
2) いうまでもなく，リベラリズムへの批判の形式は，これらのみに集約されるわけではない。たとえば，ルソー，ヘーゲル，マルクスなどの大陸系哲学者のように，リベラリズム的個人に対して，社会の理性的性質を対置することもできる。マーティン

は，リベラリズムでは個人の理性が政治的なものの境界を決定するのに対し，大陸系哲学者たちの思想では個人は合理的な社会に依存しているとする（Martin 1999：161）。いずれにせよ，本章で論じる普遍主義批判の視座は，「理性的であること」に対する根本的な対抗を目指している点を特質としている。

3) 齋藤純一によれば，近代リベラリズムは，理性的な自己決定を絶対化した「自己」を固定したものとして想定している。この場合，自由であるために，人々は自らに対する主権性（排他的かつ一元的な支配）を確立し，非主権的な要素を徹底して排除することが求められる（齋藤 2005：57）。自由と自己支配を同一視するリベラリズムの一般的傾向に対して，齋藤は，H. アーレント，M. フーコー，D. コーネルらによって提起された，自己のアイデンティティからの差異の創出としての「自己への自由」を高く評価する。

4) コノリーによれば，法的な政治を志向するリベラリズムに対して，共同体の一元的な価値の復権をめざすコミュニタリアン（共同体主義者）もまた，それを非政治的理想としている。そのため，差異が政治化される契機を奪う点において，両者の立場は共通している（コノリー 1998：170）。

5) 民主主義の優秀さを保証しうる超政治的な立場を求めるハーバーマスに対して，ムフは，啓蒙主義的な合理主義を批判する R. ローティのプラグマティズムに一定の同意を示す（ムフ 2002：9）。しかし，ローティが価値多元主義を受け入れず，最終的に普遍的価値が調和可能であるとするリベラリズムの前提を政治の基礎として奉じている点に，ムフは批判を加える。

6) 国民国家と普遍主義の二律背反的な関係性については，バリバール（2007：124）参照。

7) イギリス在住の政治学者である S. ニューマンは，権力，主体，倫理，民主主義などの政治的概念が多元化した普遍性（Universalities）に依拠していることを指摘する（Newman 2007）。

8) ウォーラーステインは，議論の射程は異なるものの，ラクラウおよびムフと同様に，普遍主義と特殊主義との「弁証法的交換」によって，新たな普遍主義――「普遍的普遍主義」――が構築されると論じる。「普遍的普遍主義は，社会的現実を本質主義的に性格規定することを拒否し，普遍的なものと特殊的なものをともに歴史化し，いわゆる科学的な認識論と人文学的な認識論を単一の認識論に再統合するものである」（ウォーラーステイン 2008：154）。

9) 普遍主義の危機的状況において，井上達夫は，普遍主義を取り巻く誤解を取り払い，歴史的文脈における特定の了解事項に還元できない，普遍主義的政治理念を模索する。井上の確信によれば，普遍主義は文脈的な差異を排除するものではなく，むしろそれを可能にするものである。一例をあげれば，「人権と民主主義という普遍的原理は覇権的に捏造された差異を解体し，それが隠蔽抑圧してきた差異を解放するとともに，この差異の葛藤の公正な包括を図る」（井上 2003：263）。井上がリベラリズム内における原理的な普遍主義の再構築を模索するのに対し，本章で考察したコノリー，ラクラウ，およびムフの立場は，政治に対する普遍的原理の適応性がもつ，反政治的性質を問題化している。

10) 本章では，公共性の意味転換については，示唆的にしか扱うことができなかった。私的領域から峻別された公共性を公権力が排他的に独占するという既存のリベラリズムの視座に対して，齋藤純一は，差異に対する排除と同化に抗する連帯として公共性を描き出す。そして，自己と公共性は，単一な真理ではなく，複数性の位相において立ち現れる（齋藤 2000）。また，公私区分を維持し，リベラリズムを擁護する立場も，かつての本質主義的前提の修正を迫られている。たとえば，井上達夫は，普遍的な正義を擁護するさいに，領域，主体，そして手続きにもとづく既存の公共性論ではなく，特殊な善の構想から峻別されて，独立した正当化が可能な「理由」を公共性の基底とする。公共的理由が正当化されるためには，自己の他者に対する要求が反転可能性に耐えうるものでなければならず，その意味で，正義に他者を組み込んでいる（井上 2006）。

※訳書からの引用については，筆者の責任において，適宜表現を変更した箇所がある。

■参考文献
井上達夫（2003）『普遍の再生』岩波書店。
井上達夫（2006）「公共性とは何か」井上達夫編『公共性の法哲学』ナカニシヤ出版。
ウォーラーステイン，イマニュエル（2008）『ヨーロッパ的普遍主義』（山下範久訳）明石書店。
鵜飼健史（2006）「ポピュリズムの両義性」『思想』第 990 号。
鵜飼健史（2010）「主権と政治——あるいは王の首の行方」『思想』第 1031 号。
コノリー，ウィリアム・E.（1998）『アイデンティティ／差異』（杉田敦・齋藤純一・権左武志訳）岩波書店。
齋藤純一（2000）『公共性』岩波書店。
齋藤純一（2005）『自由』岩波書店。
杉田敦（2005）『境界線の政治学』岩波書店。
ネグリ，アントニオ（1999）『構成的権力——近代のオルタナティブ』（杉村昌明他訳）松籟社。
ネグリ，アントニオ（2008）『さらば，"近代民主主義"』（杉村昌昭訳）作品社。
バリバール，エティエンヌ（2007）『ヨーロッパ市民とは誰か』（松葉祥一・亀井大輔訳）平凡社。
ムフ，シャンタル編（2002）『脱構築とプラグマティズム——来たるべき民主主義』（青木隆嘉訳）法政大学出版局。

Butler, J., E. Laclau, and S. Žižek (2000) *Contingency, Hegemony, Universality*. Verso.『偶発性・ヘゲモニー・普遍性——新しい対抗政治への対話』（竹村和子他訳）青土社，2002 年。
Laclau, Ernesto (1996) *Emancipation(s)*. Verso.
Laclau, Ernesto (2005) *On Populist Reason*. Verso.
Martin, James (1999) "The Social and the Political", in F. Ashe A. Finlayson, M.

Lloyd, I. Mackenzie, J. Martin, S. O'Neill *Contemporary Social and Political Theory : an introduction*. Open University Press.

Mouffe, Chantal (1993) *The Return of the Political*. Verso.『政治的なるものの再興』(千葉眞他訳) 日本経済評論社, 1998 年。

Mouffe, Chantal (2005) *On the Political*. Routledge.『政治的なものについて——闘技的民主主義と多元主義的グローバル秩序の構築』(酒井隆史監訳) 明石書店, 2008 年。

Newman, Saul (2007) *Unstable Universalities : Poststructuralism and radical politics*. Manchester University Press.

第6章
現代デモクラシーの起源

白井　聡

1　デモクラシーの危機？

(1)　デモクラシー（＝民主主義）の現状における逆説

　デモクラシー（＝民主主義）という概念ほど，今日の政治をめぐって思考するさいに，自明とされるものはない。それは，近現代の政治空間において，支配的な価値であり続けてきており，またその支配力はますます強まっている。つまり，われわれは自分たちの置かれている政治的環境が基本的には民主主義的であるということを了解しており，またそうでなければならない，と事実上考えている。言い換えれば，もはやデモクラシーの正統性について語る（弁証する）必要は存在しないのであり，その意味において自明な概念である。

　しかしながら，他方で，デモクラシーについて語ることほど困難なことは存在しないのではないかと思われるほど，それは大変に厄介なテーマでもある。その核心に端的に触れるような問い，すなわち民主主義の本質とは何か，民主主義的な価値とは何か，民主主義的な行為とは何か，民主主義的に生きることとはいかに生きることか，と問われて即座に回答することのできる者がはたしているだろうか。少なくとも筆者にとって，こうした問いに答えることは容易なことではない。

　「デモクラシーとは何か」という問いは，思想史的な考察においては不可解なものではすでにない。《デモクラシー》とは，古代ギリシャにおけるその原初的意味において，《demos／デモス》（民衆）の《kratia／クラティ

ア》(支配)を意味していたのであり、それはそもそも当時のエリート層によって衆愚制と同義の侮蔑的意味合いで使われた言葉であった。それが、近代が進行するに従って肯定的価値を帯び、現代に至ってはもっとも支配的な政治的イデオロギーとなった云々、という標準的な解説はすでに常識化していると思われる (Crick 2002＝邦訳 2004)。つまり、デモクラシーの概念は思想史的には、大体において解明済みとされている。

だが、問題となるのは、こうした「デモクラシーの来歴」を了解したとしても、依然としてわれわれに残る「居心地の悪さ」である。デモクラシーの概念に込められた意味内容、その歴史を詳細に知ることが、われわれの置かれている逆説的な状況を必ずしも解消するわけではない。デモクラシーの概念を歴史的に解明してみたところで、端的に今日のいかなる主張や行為がデモクラシーに適合するものとして開示されるのか——この問いは不明なままにとどまっている。

われわれの置かれている逆説的状況とは、デモクラシーの価値はわれわれにとって自明の常識であるにもかかわらず、この常識の本質的内容についてわれわれは直観的に確信するところがきわめて少ない、あるいはほとんどない、というものである。つまり、デモクラシーというイデオロギーの倫理的優越性は一見自明に思われながらも、実際のところわれわれは一種の思想的不安定状態に置かれている。それをもっとも雄弁に表しているのは、「デモクラシー＝民主主義」を主題とした新著が世界中で絶え間なく刊行されているという事実であろう[1]。われわれは、デモクラシーとは自明の原則であるという意識と、われわれはその内容を知らないという意識との間で、引き裂かれている。ゆえに、デモクラシーの時代におけるその危機が、盛んに叫ばれることにもなる。

(2) 恒常的危機としてのデモクラシー

デモクラシーの時代におけるその危機・空洞化という状況は、今日突如出現したものではなく、すでに長い間伏在してきたものであるに違いない。だが、それを誰の目にも明らかな形で顕在化させたのは二つの事件——すなわ

ち，2001年の9・11同時多発テロを中心とする一連のテロ攻撃事件と，それに対するアメリカ合衆国の反応として引き起こされた対イラク戦争においてその頂点に達する「テロとの戦争」——であったように思われる。

　前者において，テロ攻撃の実行犯・その主体は「イスラム原理主義」の信奉者であると言われているが，彼らはみずからの価値観が近代西洋的価値観と見なされるものといかなる共有物をももたないということを宣言してみせた，と言えるだろう[2]。彼らが否定した西洋的価値観のなかのひとつとして，当然，デモクラシー，ことに資本主義と結合したデモクラシー，すなわち自由民主主義（＝リベラル・デモクラシー）が含まれる。「イスラム原理主義者」の政治的理想がイスラム法の厳格な適用を実現する神権政治であるならば（レイコフ 2001：51），そこにおいて西洋的デモクラシーは端的に唾棄すべき対象となる。してみれば，あの事件は，デモクラシーという価値観が世界の全領域を覆い尽くしたかに見えたとき，それへの否が壮絶な形を取って突きつけたものである，との解釈も成り立ちうるだろう。

　この事態に対する当事者アメリカの反応（＝テロとの戦争）もまた，デモクラシーの空洞化を印象づけて余りあるものであった。結果として，自由と民主主義の実現に名を借りた帝国主義的戦争を開始することに9・11事件が利用されたことは，今日明らかである。確かに，戦争の開始と同時に世界中で反戦運動が民衆の参加によって大規模に生じたことも，もう一方での事実ではある。しかしながら，現実にイラク侵攻は阻止されず実行されたこと，そしていまもイラク戦争の代替としてアフガニスタンでの軍事行動が続けられ，彼の地にデモクラシーを植え付けるという目的が，かかる活動の継続の大義名分のひとつとして機能しているという事実は，厳然として存在している。戦争の方便（にすぎないもの）としてのデモクラシーという状況は，否定し難く存在しているのである。

　一方では，苛烈な方法によるデモクラシー理念の否定。他方では，デモクラシー理念の道徳―政治的悪用。21世紀の幕開けとともに露呈したデモクラシーをめぐる状況は，かかる代物であった。「結局のところデモクラシーとは何なのか」という問いは，もっぱら政治思想研究者が問うておればよい

ものではもはやありえなくなった。すでに長い間伏在してきた〈デモクラシーの危機〉が，誰の目にも明らかな形で，また待ったなしの切迫性を帯びて顕在化したとは，この意味においてである。

　さて，〈デモクラシーの危機〉という言葉は，日本においてもそれ以外の国々においても，以前からしきりに語られてきた。それは，一方では，デモクラシーの空洞化を憂うる言葉として，リベラル／左派によって多用されてきた。すなわち，議会制民主主義を基軸の制度とする現代国家において，権力は一部大企業や政治家，特権的官僚，大メディアによって実質的に独占されており，したがってデモクラシーは実質的にはまったく実現されていない，多くの国の憲法で謳われている国民主権は空文句にすぎない，という批判である[3]。

　他方で，右派ないし新保守主義者もデモクラシーを逆方向から盛んに問題視してきた。彼らの視点は，〈デモクラシーによる危機〉とも呼ぶべきものであるが，彼らによれば，デモクラシーの価値観を盾にした少数者・弱者の権利主張が平等化の行き過ぎを生み，その結果社会的公正・自由が毀損され，社会の活力が奪われているという。さらには，彼らは，デモクラシーはわれわれの社会の秩序を壊乱し危機に陥れる危険な思想・実践である，とも主張する[4]。彼らにとって，デモクラシーは道徳的アノミーの源泉ですらある。

　かくして，デモクラシーは，そのイデオロギーを問わずあらゆる政治的主体から，不満の対象として名指しされている。こうした左右両方向からの〈デモクラシーの危機論〉，あるいは〈民主主義とその不満〉は，現実的な政治勢力を構成しているという意味で，きわめて重要である。だが，これらの主張を腑分けし，いずれかの陣営に軍配を挙げることがここでの課題ではない。われわれは，こうした〈危機説〉が恒常的に生み出されることを必然化する構造そのものを考察してみるべきである。

　歴史を振り返るならば，デモクラシーはそもそも危機と切り離しえないものであり続けてきた。その起源における蔑称としての《デモクラシー》は，そのまま統治の危機を意味していたであろうし，近代初期においても，デモクラシーの優位を基礎づけた古典的な理論的テクストは，多くの場合，現実

の危機への対応として書かれ、またそれゆえ、テクストのなかに危機を含み込んでいた。たとえば、ホッブズの『リヴァイアサン』は苛酷な宗教戦争＝内戦から生まれてきたテクストであったし、ルソーの『社会契約論』は「一般意志」と「特殊意志」との間の鋭い緊張関係に貫かれている。そして、20世紀の状況は危機に更なる深度を加えることになる。有権者——すなわち国家主権を構成する者——層の拡大は、所謂大衆デモクラシーの状況を現出させ、「大衆」（マス）の出現が、続いて「暴徒」（モッブ）の出現が、危機の源泉として名指されることになる[5]。さらには、20世紀後半においては、民主主義の促進の担い手と従来目されてきた既存の左派勢力への失望から、社会的異議申し立ての大規模な大衆運動が世界各地で展開される（1968年）。そして、その後の時代には、ポピュリズム現象が出現し、それはデモクラシーの歪曲として、すなわち危機として、概念化される。

　このように、デモクラシーの歴史をたどることは、そのままデモクラシーの危機の歴史を物語ることと同義になる。してみれば、〈デモクラシーの危機論〉は、万年危機論と呼ばれるべきものにほかならない。それは、政治について思考することを人類がはじめて以来、飽くことなく繰り返して語られてきた、その意味では手垢に塗れた主題である。

　本章の論述もまた、デモクラシー論のひとつであるという意味では、こうした繰り返しの歴史から自由ではない。ただし、先にも言及したように、本章の考察は〈デモクラシーの危機論〉が反復されることを必然化する構造的要因を主題とする。つまり、デモクラシーとは、つねにその危機に陥っているのが常態であるような統治の様式であることが、明らかにされなければならない。〈デモクラシーの危機論〉は、20世紀に入って以降、急速に増大したわけだが、このことは、言うまでもなく、諸国における議会制民主主義の実現と発展および選挙権の拡大と正比例の関係にある。

2 暴力の封じ込めとその回帰

(1) 現代デモクラシーの成立条件

　デモクラシーが政治の指導的原理として立ち現れるに至ったのは，アメリカ独立（1776年）とフランス大革命（1789年）を重大な契機とする。そして，今日に至るまでの歴史的時間のなかで，それは，ほとんど唯一の，正統性を独占する政治原理へと成長してゆくこととなる。その過程は，当然それぞれに起伏に富んだ多様なものではあるものの，国民国家という統治の単位の確立，そしてその枠内での議会制の確立が典型的な現代民主主義的体制の指標であるとするならば，諸国におけるデモクラシーの伸張の過程に関し，いずれの国家においても決定的な機能を果たしてきた要素を，われわれは明確に名指しうる。それは，暴力の国家への集中であり，逆に言えば，国家権力以外の勢力の武装解除，民衆からの暴力の取り除きである[6]。福田歓一は，パリ・コミューン（1871年）の壊滅について次のように述べている。

　「この時期は世界史のうえで非常に大きな画期をなしていたということができます。ひとつには，近代民主主義を作り出した人民武装，民兵制の限界という問題があります。［……］パリ・コンミューンがつぶされたというのは，それまで民主主義と不可分であり，人民の権力の最後の保障であった人民武装・国民武装というものが無意味となった実例を残したわけであります。それと言うのも，権力の側の持っている軍事力が民衆の持っている武装に対して圧倒的に優勢になる。武器が進歩して，ちょうど中世の騎士の槍一筋が絶対王政の鉄砲に対して無力になったように人民の武装も正規軍の兵器の前に無力となってきたことを示したのでありまして，民主主義を人民武装が保障するという伝統がすっかり色あせてしまった。そこで権力の濫用に対して武装して立ち上がるということのかわりに，それはあきらめて，既成の機構のなかで民衆の声を大きくしていくということが始まりました」（福田　2009：154-155）。

ここで簡潔に語られているのは，いわば現代デモクラシーが成立する起源である。最後の「権力の濫用に対して武装して立ち上がるということのかわりに，それはあきらめて，既成の機構のなかで民衆の声を大きくしていく」という一節が議会制民主主義の確立を示唆することは，明らかであろう。民衆の力の発現する場が「武装」から「声」へと移動するというプロセスを経ることによって，フランスのデモクラシーは，現代的形態のそれへと転化していった。つまり，デモクラシーが今日われわれが知るような制度として確立されるためには，一般国民の武装が無効化され解除されることが決定的である。

　福田は，フランスの大革命以降の王政復古（および疑似王政としての帝政）と革命が繰り返された歴史を典型的なものとして挙げているが，同じことは明治時代の日本史に当てはめても語りえたであろう。すなわち，日本の場合，武力による中央政府への反抗は西南戦争（1877年）においてその頂点を迎える。その後，反政府運動は言論闘争を主軸とする自由民権運動へと流れ込んでゆくが，それは，その初期においては武力による抵抗という士族反乱から引き継いだ要素を色濃く残していた（＝自由党激化事件）。そして，こうした武装闘争が敗北を余儀なくされ沈静化した後に，帝国議会がはじまることになる[7]。このようなプロセスが一般的であることを示唆する事態は，現代世界においても見出される。たとえば，今日のアフガニスタンで世界の主要国が望むような「民主主義的」国家体制が確立されない原因のひとつは，まさに暴力・武力の社会への拡散に求められており，民主主義の成立の条件として，広範な人々の武装解除が求められている。

　だから，現代デモクラシーの中核をなす国家的制度としてのデモクラシーが成り立ちうるために第一義的に必要不可欠なものは，民主主義への情熱や熱意といったものではない。決定的なのは，より物質的な条件である。つまり，人々のデモクラティックな精神以前に必要なのは，一種の封じ込めの戦略であり，社会に分散している暴力・武力を封じ込める戦略が奏功するか否か——このことが国家的制度としてのデモクラシーの成立条件となる。人民の武装が放棄され，言論に闘争の場面が移されることにより，デモクラシー

は現代のわれわれが常識的にイメージする形態のものへと転化することになる。言うまでもなく，言論による闘争の場の中核をなすものが議会であり，したがって議会は，実力による本来的な闘争との対比において疑似的な闘争が繰り広げられる場所となる。そして，それに対応して，権力者を選択する選挙は，暴力に依らない疑似革命として表象されることとなる。つまり，国家権力の転覆可能性をもつものとしての暴力は議会へと封じ込められ，無効化される。

(2) 暴力の抑圧

さて，われわれがここで問うてみるべきは，この暴力の封じ込め戦略がいかなる状況をもたらすのかという問題である，と思われる。マックス・ヴェーバーが言ったように，近代の主権国家とは，ある一定の領域内での正統的暴力の独占体である（ヴェーバー 1980：9）。それは，国家以外の主体による暴力を脱正統化し，必要な時には実力によってそれを無効化する。言い換えれば，それは自己以外の暴力の徹底的な封じ込めを行う。かくして，「正常な」状態においては，政治的闘争は建前上，非暴力的手段によってのみ遂行される，という社会が登場することになる。近代デモクラシーの歴史的起源とそこにおいてどのように暴力が現象したかという視点から見るならば，この転換は，きわめて重大かつ逆説的なものだ。近代デモクラシーの成立においては，人民の武装こそがデモクラシーを打ち建て，それを維持するための要であったのにもかかわらず，デモクラシーの現代的位相においては，その排除こそが逆に要となるのである。

だがしかし，これによって暴力そのものが蒸発してしまうわけではない。それは，あくまで封じ込められているにすぎない。言い換えれば，それは精神分析が言うところの「抑圧された」状態にあるのであり，潜勢態として存在し続ける。ゆえに，暴力の封じ込めが相当程度に首尾よく実現されている政治体制下にあっても，政治的なものとしての暴力はいわば「夢見られ」続ける。夢は夢にすぎないのであろうか。だが，フロイトの「無意識」の概念が示唆したのは，夢によって垣間見られる事柄のほうが意識されるいわゆる

「現実」よりもより本質的である,ということだった。安定したデモクラシーの確立された社会において,転覆の力としての暴力は夢にすぎないのか,それともそれは「現実」以上に現実的な何かであり,したがって「現実」のほうこそ実ははかない夢のごときものにすぎないのではないか。こうした考えは,左翼陣営のあいだで(時に右翼陣営のあいだでも)繰り返し論争され,しばしばテロリズムの形態を取って行動に移された。

マルクス主義陣営のあいだでのこうした論争の重要な一契機となったのは,20世紀初頭のドイツ社会民主党内で巻き起こった修正主義論争であると言えよう。修正主義論争の口火を切ったのは,1899年に刊行されたエドゥアルド・ベルンシュタインの『社会主義の諸前提と社会民主主義の任務』であった。同書はさまざまな問題提起を含んでいたが,本論考主題との関わりにおける重要な主張は,暴力革命の否定＝議会主義の唱道という点に尽きる。ベルンシュタインは,ドイツのような先進的近代国家においては,人民の直接武装によるフランス革命型の革命はもはや不可能であり,したがってかようなものを目指す蜂起は愚行にすぎない,ということを主張した(ベルンシュタイン 1974：69)。かかる主張は,マルクス主義の従来の正統的路線に真っ向から対立するものであった。

当時修正主義論争の決着はつけられなかった。だが,左派政党あるいは左翼一般の今日に至る歴史という観点からすれば,先進諸国においてベルンシュタインの主張は圧倒的勝利を収めたかに見える。20世紀の全般を通して,当初暴力革命を志向していた左翼は,ほとんどすべて,議会主義の政治にことごとく回収されてゆくことになった。だが,これから見るように,このことは暴力の蒸発・無化を決して意味しない。

(3) 総力戦・国民国家・デモクラシー

上述のように,国民国家内での暴力が無効化されてゆく強力な傾向は,確かに存在する。20世紀初頭にあってすらベルンシュタインは暴力革命は不可能と観じたわけであるが,今日政情の安定している諸国については言うまでもない。

しかしながら、「国民国家内の暴力」が飼い馴らされ、封じ込めが進行したにもかかわらず、20世紀こそは、人類史に特筆されるべき大戦争・大量殺戮の時代、もっとも暴力的な時代であった。とくにその前半において猛威を揮うことになったのは、「国民国家内の暴力」に代わる「国民国家による暴力」であった。それは、言うまでもなく、職業的軍人を主体とする戦争の時代が完全に過去のものとなり、すべての住民、そのすべての所有物が資源として直接的に動員され、前線と銃後の区別が消失する総力戦が闘われた、ということを指している。暴力の回収、その封じ込めが成功した世界における暴力の猖獗、という逆説的事態を人類は経験することになった。その規模において人類史最大の暴力現象（＝総力戦）は、内乱の暴力の脅威が大幅に減殺されたときにこそ発生した。

　かかる事態が出来した原因についてのもっとも有力な説明は、それを自由主義的資本主義の帝国主義への発展に求めるものであろう。すなわち、総力戦は主として帝国主義諸国間で闘われた戦争であった。帝国主義政策とは、自国の資本の発展する余地を資本が投下される空間の拡大に求める政策であり、そこから生ずる帝国主義諸国の無限の領土拡張の要求がその衝突を不可避なものとした、という説明である（レーニン 1956）。そして、そのさいに参戦国のすべての住民が戦争へと動員された理由としては、戦争テクノロジーの飛躍的発展が挙げられる。戦争への航空機の使用が可能になってはじめて、無差別爆撃は実行可能になる。また、テクノロジーの高度化はその結晶物たる兵器・物資などの生産への住民の大規模な動員を必要とするから、生産拠点へと非戦闘員が大量に動員されることとなり、破壊の標的となる。かくて、全社会が戦争に動員されているのであれば、敵国のすべての人間を殺戮行為の目標とし、その領土に存在するあらゆるものを無差別に破壊の対象とすることは、道義的に許容されざる事柄ではない、というおぞましい認識が成立してしまう。

　ただし、こうした技術的要因のみを総力戦を出現させた要因として取り出すならば、それは技術決定論（技術がすべてを決めるという考え）の誤りを犯すことになるだろう。新たな戦争技術は住民の動員を要求する。そのさいに、

この要求がかなえられるためには，そもそもかかる動員を掛けることが可能な対象としての住民が存在していなければならない。そのような役割を果たすのが，均質化された住民としての国民国家の「国民」である。上野成利は次のように述べている。

「19世紀の西欧で確立し20世紀には世界中に拡大することになった国民国家とは，一言でいえば，一定の領域内のすべての住民を『国民』として均質化し動員することをめざすシステムのことである。つまり国民国家とは諸個人の生の均質化を中心的な原理としているのであって，そのかぎりにおいて『強制的均質化』(Gleichschaltung) と『動員』(mobilization) という全体主義的な契機は，じつのところそもそも近代国民国家に組み込まれていたともいえよう」(上野 2006)。

ベネディクト・アンダーソンが言ったように，国民国家とは，住民の多様な階級，階層，アイデンティティーがあたかもひとつの国家において統合され，全住民が均質な存在（＝国民）として共同体を構成しているかのように感じさせる「想像の共同体」である（アンダーソン 2007)。均質な国民であればこそ，全住民は戦争に際して無条件の運命共同体として現れることとなる。かかる状態を可能にする「想像」がいかにしてつくり上げられてきたのかについては，主にナショナリズムの分析を通じて盛んに解明が試みられてきた[8]。だが，われわれのここでの主たる関心の対象は，暴力という現象であり，総力戦という形で現れた暴力と現代デモクラシーの普及との関係である。

住民の均質化がそもそも可能となるには，均質化の対極としての分裂，すなわち分裂の極限的形態としての内乱の可能性が除かれていなければならない。つまり，国家への暴力の独占が果たされなければならない。多くの場合，均質化と暴力の独占のプロセスは同時進行する，と思われる。一方では，国家による暴力の独占が強固化され，他方では，表象の操作と公教育に代表される国民的主体をつくり出す諸装置を介して，住民の均質化が追求される。近代国家によって革命的マルクス主義の思想・運動が抑圧されたのは当然の

ことであった。なぜならそれは，暴力の独占に対しては暴力革命の可能性を追求し，均質化の戦略に対しては階級闘争の教義によって，均質化が想像上のものにすぎないことを訴え続けるからである。

しかしながら，先に述べたように，マルクス主義のこの戦略は，20世紀初頭の先進資本主義諸国においては，すでに多大の困難を抱えていた。その後ますます，暴力の国家への封じ込めの戦略は洗練を増してゆくことになる。選挙権の拡大，そして総力戦体制下で構想される福祉国家といった諸制度は，国民の均質化を想像上のものから実際のものへと近づけることにより，暴力革命からその動機を奪うことを志向していた。

3　フロイト『トーテムとタブー』

(1) 原父殺しと倫理の発生

さて，われわれが論じているのは，世界大戦によって赤裸々に露呈した，近代国家を基軸とする暴力現象の逆説である。すなわち，現代デモクラシーの存立条件となる暴力の封じ込めが，諸国家間での暴力の爆発に帰結したこと，かかる暴力の回帰が本章で吟味されるべき問題である。

以上のような観点から見てみたとき，ジークムント・フロイトが1912-1913年に，つまり欧州大戦勃発の前夜に執筆した『トーテムとタブー——未開人の心の生活と神経症患者の心の生活における若干の一致点』は，暴力の回帰とデモクラシーとの関係という問題を鋭く示唆したテクストとして読まれうる。同書においてフロイトは，トーテミズムと近親相姦の禁止＝タブーとの相関関係，その起源を精神分析の観点から解明しようとした。そして，フロイトの考えでは，トーテミズムは，宗教のもっとも原初的な形態であり，あらゆる宗教と倫理のはじまり，言い換えれば，人間の人間性の起源である。彼の展開する推論が人類学や宗教学の観点から妥当性の高いものであるのか否か，筆者は判断できないが，いずれにせよ，フロイトの思弁を活気づけたであろう暴力をめぐる時代状況は，このテクストから読み取られるべきものとして，浮かび上がってくるように思われる。

フロイトのトーテミズム理解は、ひとことで言えば、トーテミズムのエディプス化であった。すなわち、フロイトは、一部の神経症患者において現れる動物恐怖症と未開人におけるトーテム動物への崇拝との類似性を主張する。フロイトの考えでは、神経症患者の動物恐怖症において恐怖される動物は、父の代替物である。したがって、神経症とトーテミズムとのアナロジーを働かせるなら、トーテム動物とは、これもまた「父なるもの」が姿を変えて現れたものである、と解釈される。

　では、その「父なるもの」とは何なのか。ここでフロイトは、原始人の集団生活についてのダーウィンの仮説を援用する。すなわち、高等猿類と本質的に変わりがなかった時代の人間の群れにおいては、もっとも強力なひとりの男が他の男たちを殺害ないし追放して、その集団のすべての女を性的に独占していたのではないか、とする仮説である。フロイトの推論が高度に思弁的な様相を呈するのは、この仮説を導入した地点からである。すなわち、フロイトは、トーテミズムにおいて実践される〈トーテム饗宴〉——普段は危害を与えることを厳しく禁じられているトーテム動物を殺害し喰らい尽くす祝祭的儀式——の存在を重視し、これをすべての女を独占していた恐ろしい父（＝原父）の殺害という出来事の儀礼による反復と見る。追放された息子たちから恐れられ、嫉妬を一身に受けていた原父は、一致団結した自分の息子たちによって殺された。トーテム饗宴は、この暴力的事件を追憶するための儀式である。

　「ある日のこと、追放されていた兄弟たちが一緒になって、父を殴り殺して喰らい尽くし、そうしてこの父の集団に終焉をもたらした。彼らは一致団結して、個々人には不可能であったことを成し遂げたのである（おそらくは、新しい武器の使用といった文化の発展が、彼らに優越感を与えていたのであろう）。殺された者を喰らい尽くすことは、食人的未開人には自明である。暴力的な原父は、兄弟のそれぞれにとって羨望されるとともに畏怖されるある種の模範像であった。そこで彼らは喰らい尽くすという行動によって父との同一化を成し遂げ、それぞれが父の強さの一部を自分のもの

にしたのであった。おそらく人類最初の祝祭であるトーテム饗宴は，この記念すべき犯罪的行為の反復であり，追悼式なのであろうし，それとともに，社会の組織化，道徳的な諸制限そして宗教などのあらゆるものが始まったのであろう」（Freud 1996：171-172＝邦訳 2009：182）（圏点引用者）。

ここで重要なのは，フロイトがこの出来事に倫理の発生を見出していることだ。すなわち，共謀した息子たちによって原父が殺害されるだけでは，その出来事になんら意味はない。すなわち，殺害の後に息子たちが，今度はお互い同士で殺し合いをはじめ，勝ち残った唯一の者が新しい原父になるとすれば，そこに新しいものは何もない。それはたんに群れのボスの交替が起こったことを意味するにすぎない。そしてこのようなボスの交替は際限なく繰り返されるであろう。ゆえに，倫理の発生，人間的社会の発生にとって決定的なのは，次のような出来事が起きることである。

「息子たちは，父の代替物であるトーテムの殺害を不法なものと宣言することにより，自分らの行為を撤回し，自由に手を出せるようになった女を諦めることにより，その行為の果実を断念した。こうして彼らは，息子の罪責意識からトーテミズムの二つの基本的タブーをつくり出した。この二つのタブーは，まさにそれゆえに，エディプス・コンプレクスの二つの抑圧された欲望に一致せざるをえなかった」（Freud 1996：173＝邦訳 2009：184）（圏点原文のまま）。

言うまでもなく，「二つのタブー」とは，近親相姦とトーテム動物の殺害を指す。原父の殺害は，まさに彼の所有していた女たち（＝息子たちの母たち）をみずからのものとするために行われたにもかかわらず，殺害の後に行為のそもそもの目的が断念されるということ，このことが決定的である。かくして殺害の目的は事後的に入れ替わる。原父の殺害は，もはや誰もその地位を占めることができなくするために犯されたということになる。息子たちは，他の兄弟から抜きん出ることを断念し，その意味で「均質化」してゆく。

そしてこの断念から，規範，人間の倫理，また宗教が発生する。いわば，この事件を通して，人間は動物から人間になるのである。兄弟たちはいまや原父を殺したことを後悔し，原父への憎悪は哀惜・思慕へと取って替られる。そして，彼らは，この罪責意識から，原父の代替物としてのトーテム動物を殺害することを禁止し，それを敬う。フロイトの考えでは，このようなトーテム崇拝は，人間のもっとも原始的な神観念である。

(2) 現代デモクラシーの神話としての『トーテムとタブー』

かかる論理が，現代デモクラシーの成立の構造のメタファーとして理解しうることは，もはや明らかであろう。フランス大革命においてもっとも象徴的に示されたように，近代的デモクラシーの発端は王殺しにある。社会・国家を上から超越的に統治する主体を消し去ることによって，近代的政治空間は開かれた。それは，政治における原父の殺害であった。だが，すでに述べたように，王殺しを実現した人民は，かつての王の位置を実力によって占めることを断念させられる。それは，福田歓一が提示していたような軍事技術の高度化という技術的要因にのみ帰せられる事柄ではない。近代的デモクラシーの原則が「人民による人民の支配」であるとすれば，人民の権力からの退去は必然的である。なぜなら，人民のある一部分がかつての王の立場を実質的に占めるとすれば，それは寡頭制でありデモクラシーとは言えない。したがって，「人民による人民の支配」が成立しうるとすれば，論理的には「人民の全体」が自己自身を支配するという状態を想定するほかない。しかし，「人民の全体」とは，ルソーの「一般意志」がそうであるように，結局のところ，抽象概念であらざるをえない。誰も，またいかなる集団も，この純粋な抽象を体現することは，原理的にはできない。

その結果，デモクラシーは，いかなる統治形態へと必然的に向かうことになるであろうか。それは，『トーテムとタブー』の論理に従うならば，万人が支配者たることを断念することである。誰も正当な支配者たることができないのであれば，支配者たることそのものが断念されねばならない。かくして，「人民による支配の実現」としてのデモクラシーは，その反対物，すな

わち「人民による支配の断念」へと転化する。とはいえ、デモクラシーの宇宙において、人民以外に支配者はあってはならない。ゆえに、この「支配の断念」は、あたかも具体的な支配者が存在しないかのような外観を必要とする。国民国家は、こうした外観を演出する装置でもある。国民が国民自身を支配するという自律(オートノミー)により、具体的支配者は概念的に消去される。それゆえ、近代的国家権力は、匿名的・抽象的権力として現象し、その典型的イデオロギーは「法の支配」(=法治主義)という観念形態を取ることとなる。法治主義においては、制度上の最高権力者も法に従うという外見を取るのであり、具体的人格が支配するという事態は原理的に排除される。

　現代デモクラシーがつくり出す状況は逆説的なものだ。現代が民主主義の時代であるならば、支配者は民衆でなければならない。しかしその一方で、「民衆の支配」は不可能であることが意識されている。ゆえに、「民衆の支配」は、日々喧伝されると同時に不断に否定されなければならない。そこから生ずるのは、万人に対して支配者たることが禁止されるという事態である。具体的な存在者がみずから支配者であると称すること、自己の権力の根拠を自己自身に置くことは、ア・プリオリに禁じられ、権力の根拠を他者に置くこと、すなわち媒介されたものであることが義務づけられる。民主主義の逆説はまさにここにあると言えるだろう。それは、原義的には直接な「民衆の支配」であるにもかかわらず、媒介されることを運命づけられたものとなる。「誰もが支配する」ことが「誰も支配しない」ことという反対物へと転化される。そして、この転化が完遂されたとき、「誰も支配しない」ことが、「誰もが支配する」ことと同一視されるという倒錯した事態が生ずることにもなる。

(3)　暴力の回帰の予感

　上に見たように、フロイトの『トーテムとタブー』が神話的テクストであるとすれば、それは、現代デモクラシーの成立における暴力の封じ込め(=人民が端的な支配者たることの断念)の過程を物語った「現代の神話」として読むことができるからである。共謀して原父を殺害した兄弟たちのそもそも

の目的——原父が支配していた女たちをみずからの支配下に置くこと——が兄弟全員によって断念されるのと同じように，王の殺害によって奪取されたはずの支配者の地位は，国民全員によって断念される。このようにして成り立つ兄弟たちのあいだでの関係の均質化を，フロイトは「民主主義的平等化」（Freud 1996：179＝邦訳 2009：190）と呼ぶのである。

　しかし，すでに述べたように，暴力の封じ込めは，暴力の蒸発・無化を意味しない。フロイトの考えでは，上に見た原父の殺害という暴力的な事件は，意識のうえでは忘れ去られ，無意識の領域に沈澱する記憶となる。そして，周知のように，無意識的なものの力は，意識的なもののそれよりも強力なものとして措定されている。ゆえに，エディプス・コンプレックスを淵源として神経症の症状が現れるのと同じように，トーテミズムと近親相姦の禁止という規範が，「抑圧されたものの回帰」として，兄弟たちの末裔を拘束し続けるのである。しかし，「抑圧されたもの」が規範として回帰している限りでは，それは社会的に病理的な現象であるとは見なされない。そこにおいて，原初の出来事の暴力性は，封じ込められている。

　だが，フロイトがトーテミズムにおけるトーテム饗宴の存在，すなわち規範の一時的停止＝暴力的事件の祝祭による反復を重要視したことは，かかる封じ込めが万全ではないと彼が考えていたことを示唆するであろう。そして，封じ込めは万全なものではありえないがゆえに，「抑圧されたものの回帰」は，それが表現される回路を求めて，トーテミズムとは異なった形態を取ることにもなる。ゆえに，フロイトは，トーテミズムからより複雑な神観念が発展する過程を，次のごときものとして推論する。

「父を排斥することで成立した状況内のある契機が，時の経過とともに，父への憧憬を並外れて激化させたに違いない。父の殺害を一緒に実行した兄弟たちは，それぞれが，父と等しくなりたいという欲望によって心を奮い立たされていた。［……］父の完璧な権力を誰もが求めていたのだが，誰ひとりとしてそれを獲得することはできなかったし，許されもしなかった。このようにして，久しく時代が経過するうちに，彼らを凶行へと駆り

立てた父への憤怒はおさまり，父への憧れが増大するようになった。そして，ひとつの理想が成立することとなったのである。この理想は，彼らがかつて戦った原父の充溢する無制約な力と，その父に進んで服従する覚悟とをその内容としていた。個々の部族同胞全員の元来の民主主義的平等化は，決定的な文化の変動によってもはや維持しえなくなった。そのため，他人から抜きん出た一人物の崇拝に依拠することによって，古代の父理想を神々の創造という形で蘇らせようとする気持ちが生じたのである」(Freud 1996：179＝邦訳 2009：190)(圏点引用者)。

こうしてもっとも原初的な父性神の観念が出現する，とされる。ここで際立っているのは，息子たちのそもそもの欲望に対するフロイトの強調である。この抑圧されるが決して無化されず，抑圧を撥ね返して現れてくる欲望を，宗教的観念が発達する原動力と見なしているところに，フロイトの立論の顕著な特徴がある。息子たちはいかんともしがたく，当初の欲望を忘却することができない。ゆえに，かつての羨望の対象としての父が形を変えて回復されざるをえない。かくて，トーテム動物の変形したものであるもっとも原始的な父性神，はじまりの神は，殺害された原父の回帰として，とらえられる。

フロイトの精神分析的宗教史論・人類学は，時代に対する診断としては，鋭利なものであった。上の引用はそのまま，帝国主義戦争下における未曾有の国家崇拝の出現を隠喩的に語ったものとして読むことができる。当時，「古代の父理想」は，〈リヴァイアサン〉として回帰しつつあった。このことを『トーテムとタブー』は見事に言い当てている。人民武装のパラダイムが過去のものとなり，国家と資本主義の発展との結合が強固なものとなって階級分裂が否定し難いものとなるとき，「元来の民主主義的平等化」は「もはや維持しえなく」なるだろう。抑圧された欲望は，国家崇拝を介して外への暴力として解放されなければならなかった。

フロイトは後の『文化への不満』(1930 年)において，「文化」(Kultur)が栄えれば栄えるほど無意識的欲望への抑圧は強化され，したがって「不満」が昂進する，と論じた。『トーテムとタブー』によって暗示されたフロ

イトのデモクラシー論には，それとまったく同じ論理を見出すことができる。デモクラシーが実現されればされるほど，当初の欲望の断念は強化されるのであり，抑圧されたものは必然的にデモクラシーへの不満として現れ，そのはけ口を求めることとなる。その意味で，今日左派からも右派からも，デモクラシーが不満の種となっていることは，驚くべきことではない。民主主義とはすなわち欲動断念であるとすれば，それが不満を喚起するのは必然である。

4　暴力の行方

　ジャック・デリダは，最晩年の著作のひとつ，『ならず者たち』において，主権権力をデモクラシーによって脱構築する可能性について論じている。その論点は多岐にわたるが，本章の文脈で注目すべきは，彼がジャン＝リュック・ナンシーに言及しつつ，フロイトの『トーテムとタブー』に示唆されている「兄弟愛」への批判を展開していることである（デリダ 2009：115-126）。すなわち，欲動断念による均質化を受け入れた兄弟たちは結束し，「兄弟愛」（国民国家的には同胞愛）を育むが，それは兄弟ならざる者たち，異質な者たちの排除をその裏面としてもつ。そしてまた，均質化は突出した強者（＝「ならず者」）の出現を阻止するが，その結果，国家そのものが並ぶもののない最強の「ならず者」と化してしまう可能性をはらむ。それはまさしくフロイトが指摘したことであった。

　かかる脅威，危険性が過去のものとなってはいないことは，言うまでもない。むしろ，戦争における戦闘主体の脱国家化＝戦争そのものの脱国家化（国際的テロ・ネットワークの形成と「対テロ戦争」）や軍事の民営化（企業による戦闘の実質的請負），といった現象にともなって，暴力の管理における危機はますます深まっている。一方では暴力の拡散があり，他方ではそれを封じ込めようとする国家の対内的および対外的行動のエスカレーションが進行している。今日の〈デモクラシーの危機〉は，こうした情勢の変化と関係せざるをえない。「兄弟愛」とは異なる形で人間同士の関係性をいかにして再編できるかというところに，デモクラシーの条件としての暴力の管理の成否が

懸っている。

■注
1) 2008年1月から現在（2010年3月）までに出版された日本語の新刊書に限っても，書名に「民主主義」あるいは「デモクラシー」を含んだ書物は，実に80冊以上にのぼる。
2) アルカイダに代表されるようなテロリスト・グループと「イスラム原理主義者」を単純に同一視することには，明らかに問題がある。イスラム原理主義そのものは，より広範な「イスラム復興運動」の一部であり，そのすべてがテロリズムへの傾斜を含んでいるわけではないからだ。むしろ，一般市民の無差別殺戮を奨励するような層はごく一部である，と考えるべきであろう。とはいえ，山内昌之の次のような記述を読むとき，9・11事件が二つの相容れない価値観の衝突の爆発的露呈であったという側面を否定することはできない，と感じられる。「もともとイスラームは，イジュティハード（創造的適用）やイジュマー（合意）に示されるように，宗教として非常に柔軟な性格をもっており，歴史的にもいろいろな政治体制や経済システムに弾力的に適応してきた。［……］もともと，他の宗教にたいする寛容性と多民族共存のフレキシビリティこそ，イスラームの教えの要であった。しかし，この二つの否定こそ，今やイスラーム主義の特徴なのである」（山内 1996：27）。いわゆる〈文明の衝突〉の不可避性を自己成就的予言として強調することは危険であり愚かであるが，その可能性を否認することも同じく愚かである。
3) こうしたタイプの批判は，枚挙の暇がないほど多数にのぼるが，現代政治理論における代表的な論者を一人だけ挙げるとすれば，シャンタル・ムフがいる。ムフ（1998）などを参照されたい。
4) ジャック・ランシエール『民主主義への憎悪』は，右派からの民主主義批判についての適切な見取り図を示している（ランシエール 2008）。
5) この点については，ハンナ・アーレントの『全体主義の起原』，とくに第三部・第一章の議論が重要である（Arendt 1973＝邦訳 1972-1974）。
6) 萱野稔人は，こうした暴力の制御を最重要視して国家論を展開している（萱野 2005）。
7) フランスのケースと日本のケースとの間には，武装していた主たる社会的勢力が大きく異なるという差異がある。しかし，暴力の国家への集中化のプロセスという観点から見れば，両ケースにおいてこのプロセスが果たした役割は，非常に近い。
8) 代表的な文献として，エリック・ホブズボウムらによる仕事がある（ホブズボウム，レンジャー 1992）。

※訳書からの引用については，筆者の責任において，適宜表現を変更した箇所がある。

■参考文献

アンダーソン,ベネディクト（2007）『定本：想像の共同体——ナショナリズムの起源と流行』（白石隆・白石さや訳）書籍工房早山.
上野成利（2006）『暴力』岩波書店.
ヴェーバー,マックス（1980）『職業としての政治』（脇圭平訳）岩波文庫.
萱野稔人（2005）『国家とはなにか』以文社.
デリダ,ジャック（2009）『ならず者たち』（鵜飼哲・高橋哲哉訳）みすず書房.
福田歓一（2009）『デモクラシーと国民国家』岩波現代文庫.
ベルンシュタイン,エドゥアルト（1974）『社会主義の諸前提と社会民主主義の任務』（佐瀬昌盛訳）ダイヤモンド社.
ホブズボウム,エリック／レンジャー,テレンス編（1992）『創られた伝統』（前川啓治他訳）紀伊國屋書店.
ムフ,シャンタル（1998）『政治的なるものの再興』（千葉眞他訳）日本経済評論社.
山内昌之編（1996）『「イスラム原理主義」とは何か』岩波書店.
ランシエール,ジャック（2008）『民主主義への憎悪』（松葉祥一訳）インスクリプト.
レイコフ,ジョージ（2001）「September 11, 2001」（梅木達郎訳）『現代思想』2001年10月臨時増刊号.
レーニン,ヴェ・イ（1956）『帝国主義』（宇高基輔訳）岩波文庫.

Arendt, Hannah (1973), *The Origins of Totalitarianism*, Harcourt Brace.『全体主義の起原』1～3（大久保和郎・大島かおり訳）みすず書房, 1972-1974年.
Crick, Bernard (2002), *Democracy : A Very Short Introduction*, Oxford University Press.『デモクラシー』（添谷育志・金田耕一訳）岩波書店, 2004年.
Freud, Sigmund (1996), *Gesammelte Werke 9, Totem und Tabu*, S. Fischer.「トーテムとタブー」（門脇健訳）『フロイト全集12』岩波書店, 2009年.

第Ⅲ部

社会運動を問い直す

第7章

労働者教育，社会的自助，公共圏への参加
—— ハンブルクの初期労働者運動の経験から

今井　晋哉

はじめに

　1989年の東欧革命，1991年におけるソ連解体などを経て，社会主義思想・運動への積極的関心は急速に薄れてきたと言われて久しいが，他方，世界各地でさまざまな問題領域において，引き続き協同・連帯の試みや抗議行動が展開されてきたことも事実であろう。そのさい，立ち向かうべき問題（issue）も運動主体も，以前にも増して多様化してきたが，今日ではまた，グローバルな構造的問題をも背景に世界共通の問題として，貧困問題が改めて先鋭化し，主題化されてきている。

　そのような今日，抑圧や貧困に対して異議を申し立て，また政治的発言権を求めて立ち上がった人々の運動の可能性と限界を，源流にまで遡って再検討することにも，なお一定の意味はあるのではないかと考える。本章では，ドイツにおける労働者運動の草創期，すなわち1840年代の動向を，ハンブルクのケースを例としてたどりなおしながら，とくに教育活動，社会的・経済的状況改善の試み，公共圏への参加を目指す運動に注目し，運動の拠点となった組織の開放性，参加者の多様性，問題ごとに連携相手を模索した，ある種の柔軟性などのもった意義について考察してみたい。そのさいまた，1830年代にドイツ人亡命者・手工業職人らによって創始されたインター・ローカルな労働者運動との関係をも視野に入れつつ，一都市で展開された運動の独自の意義について考えてみたい。

　19世紀前半のドイツにおける下層民・労働者層による抗議運動には次の

ようなものがあった。すなわち①食糧騒擾など，恒常的組織によらない民衆蜂起，②賃金上昇や労働条件改善などを求める手工業職人によるストライキ，デモ，相互扶助目的の基金の創設，③家内工業労働者やマニュファクチャー労働者などによる②と同様の動機と形態をもつ運動，④基本的に②③が個別職業ごとの運動であるのに対し職業横断型の恒常的組織による労働者運動，である。本章で取り上げるのは④の類型で，それを構成したのは主として労働者教育協会（Arbeiterbildungsverein）であった。

労働者教育協会は，1840年代，とくに1848/49年革命期に，当時のドイツ連邦（Deutscher Bund）[1]の領域内の広い範囲に次々に結成された。日常的には教育施設であり，会員同士の交流の場であり，ときには経済的諸問題の解決を図るための拠点にもなった。また，同時期のナショナル・レベルでの労働者運動の重要な構成要素ともなった。本章で具体的には，ハンブルクの「労働者教育協会」（Bildungsverein für Arbeiter）を取り上げる[2]。同協会は，1845年という創設時期の早さ，規模，活動の充実ぶりという点で，ドイツの同種の組織のなかでも代表的な例に数えられる[3]。

一方，1830-40年代にドイツ連邦の外部にドイツ人亡命知識人・遍歴手工業職人らによって結成された「追放者同盟」（Bund der Geächteten），「義人同盟」（Bund der Gerechten），「共産主義者同盟」（Bund der Kommunisten）などの諸同盟や労働者（教育）協会は，ドイツ系の初期社会主義運動ないし労働者運動の源流の一つとして知られている。それら諸結社の運動とドイツの労働者運動とは，まったく別々に展開されたのではなく，ハンブルクの「教育協会」の場合をはじめとして，協会創設者や会員のなかには，スイス各地やパリ，ロンドンなどの労働者協会や諸同盟を拠点とする人的ネットワークのなかにいた人々も少なくなかった。

以下，まず第1節では，ドイツ外部に結成された諸同盟や労働者（教育）協会などの結社と「労働者教育協会」創設との関係について概観する。続く第2節では，「教育協会」の結成目的，組織と会員の社会的構成，活動内容について紹介する。また，第3節では，同協会の会員が提示した，労働者のための健康保険組合や生産協同組合などの構想について略述する。第2節と

第3節を受けて第4節では，「労働者教育協会」の会員たちが協会に参加した背景および彼らにとって協会の組織と教育活動，また第3節で取り上げる構想がもった意義について考察する。以上第1節-第4節では，主に1848-49年革命期より前の状況を対象とするのに対し，第5節では，1848-49年革命期の「労働者教育協会」の市政改革問題への関与について略述しつつ，「教育協会」と市民層の結社との関係について考察する。そして最後に，「教育協会」の同時期のインターローカルな運動との関係をも視野に入れつつ，とくに運動の開放性，柔軟性という観点からみたときに，草創期の労働者運動はどのような可能性と限界をもっていたと言えるのか，についてまとめることにする[4]。

1　ドイツ連邦外部におけるドイツ人結社と「労働者教育協会」の結成

1814-15年のウィーン会議によって形成されたヨーロッパの国際秩序，通称ウィーン体制は，各国の自由主義やナショナリズムの運動に対して敵対的であった。ドイツ連邦においても，自由主義者に加え，共和主義や社会主義への接近が疑われた手工業職人などは厳しい取り締まりの対象となっていた。たとえば，1832年5月に開かれたハンバハ祭は，「自由と統一」を唱える3万人規模の民衆集会となったが，これに動揺したドイツ連邦が同年7月に布告した決議は，刊行物に対する検閲，集会に対する警察の監視，政治結社の禁止などを定めていた[5]。こうした環境のもと，自由主義，共和主義，社会主義に共感を寄せる知識人や学生，商人，遍歴手工業職人たちはスイス，フランス，イギリスなどに移動し，こうした思想や運動に対し比較的寛容な都市で運動の組織化を試みた。また，手工業職人のなかには，労働市場における人員余剰傾向に強いられて，長期にわたる遍歴を余儀なくされる者も少なくなかった[6]。

こうした背景のもと，1834年にパリで秘密結社「追放者同盟」が結成された。パリで1832年に結成されたドイツ人亡命者と手工業者による最初の組織が，34年に発効した団体規制法によって存続できなくなったとき，そ

のなかの活動的な人々が秘密結社を創設したという次第である（良知 1971：19）。「同盟」はドイツの封建的絶対主義を批判し，ドイツにおける共和制と民主主義の実現および自由で平等な生存権を求めていた。その後，「同盟」内部に運動路線の基本に関わる対立が生まれる。すなわち民主主義的社会改良を目指すグループと社会革命を通じた共産主義的「財産共同体」の実現を志向するグループの対立である。このうち，より明確に社会主義的立場を打ち出した後者のグループが分離して，1837年から38年初頭にかけて結成されたのが「義人同盟」である（良知 1971：20-28；良知編 1974：2-4）。仕立職人 W. ヴァイトリング（1808-71）執筆の論説「人類，その現状と未来像」が「同盟」最初の綱領とされる（良知編 1974：32-62）。ヴァイトリングはこの論説で，キリスト教の教義をも援用しつつ未来の「財産共同体」の姿を克明に描いている。一方，組織原理という点では，30年代末までの「義人同盟」は，「追放者同盟」と同様，陰謀的集権型秘密結社であった（加藤 1989：47-60）。

　1840年代に設立されたドイツの労働者（教育）協会の構成員のなかには，両「同盟」やスイス各地の労働者（教育）協会に加入したことがあるか，少なくともそれらの組織の構成員と接触をもっていた者も少なくなかった。このことはハンブルクの「労働者教育協会」の結成に関わったメンバーについてもあてはまる。

　ここで数例のみ紹介するならば[7]，たとえば家具職人 K. F. K. ホフマン（生没年不詳）は1834年，遍歴の途中でスイスに入り，スイス各地に在住のドイツ人手工業職人の組織的統合を目指して同年ベルンに結成された秘密結社に加わった後，その後滞在したパリで「追放者同盟」の一員として，その分裂と「義人同盟」結成に深く関与した。ヴァイトリングの「人類，その現状と未来像」の熱心な支持者でもあったという。その後，ホフマンは故郷ハンブルクに戻り，1839年末から翌年はじめにかけて，みずから主導して「義人同盟」のドイツでは最初の班（Gemeinde）を設立する。また，同じく家具職人 J. F. マルテンス（1806-77）は，1826年からの実に約17年間に及ぶ遍歴の途中，1834年2月から4年間パリに滞在したが，その間，「追放者

同盟」の機関誌『追放者』(Der Geächtete) を読み，またヴァイトリングとも知り合っている。その後1838年9月から約2年半滞在したスイスのゾーロトゥルンでは「義人同盟」の班で活動したとされる。ヴァイトリングとはその後も，個人的に手紙のやり取りをしたり，ときには資金援助を行うなど，親密な関係にあった。また，ヴァイトリングとパリの「義人同盟」やロンドンのK. シャッパーらによる「ドイツ人労働者教育協会」[8]との間の手紙連絡を中継する役割を担うこともあった。ハンブルクで「労働者教育協会」を創設したさいには，「義人同盟」の幹部の一人に対し，創設目的や構成員のことなどについて報告している。また，「労働者教育協会」の初代会長となった仕立工F. A. ヴェーバー（生没年不詳）も，1840年代初頭の数年間を過ごしたパリでヴァイトリングと知り合っている。ヘアクロス織工J. H. J. アウドルフ（1807-91）も，ヴァイトリングの信奉者で，彼を通じてフランスの社会主義理論を知ったとされる。また，「義人同盟」ハンブルク班にも加わっている。また，知識人の立場から「労働者教育協会」の結成に加わったG. G. シルゲス（1811-79）は，ゲッティンゲン大学で薬学や哲学を学んだあと，1837年にヨーロッパ各地への旅に出て，とくに長く滞在したスイスでは，各地の労働者教育協会で教師を務める一方，手工業職人たちの運動にも参加した。また，同地でヴァイトリングや「義人同盟」の会員と知り合っている。40年にハンブルクに移って来たあとは，手工業者向け新聞・雑誌の編集・執筆に従事した。それらのメディアにはヴァイトリングの論説や「義人同盟」からのメッセージなども掲載された。なお1840年と41年に「義人同盟」ハンブルク班は警察の摘発を受けたが，そのさい，ホフマンらとともに，ヴェーバーとシルゲスも逮捕されている。

　以上のことから，ハンブルクの「教育協会」の結成に関与した人々は，その前の時点で，なんらかの形で，ドイツ外部のドイツ人政治結社や労働者教育協会あるいはそれらの指導者たちの織りなす，国境を越えるネットワークのなかにあったと言えよう。また，1844年8月，マルテンス，ホフマン，ヴェーバー，シルゲスらは，ハンブルクに立ち寄ったヴァイトリングと会合をもつ機会があったが，そのさいヴァイトリングはハンブルクの友人らに，

手工業者・労働者の関心を呼び起こし,彼らに新しい思想を理解させるための教育サークルの設立を提案したとされる(Voss-Louis 1987：15)。その後,翌年にかけて「労働者教育協会」の結成準備が行われることになる。

　だが,マルテンスらは,この時のヴァイトリングの提案だけで協会創設へと動き出したわけではなかった。マルテンスは1838年にジュネーヴに数ヶ月滞在したおりに,現地の読書協会に入会しているが,「労働者教育協会」創設のさい,この読書協会を参考に,それに似たものを創ったと述べている。この読書協会について彼が語ったところによると,集会は週に二,三夜行われ,集会所にはゲーテやシラーの作品をはじめとする書物と『ライン新聞』や『アウクスブルク一般新聞』,スイスのドイツ語紙・フランス語紙など新聞数紙が置かれていた。集会は楽しい歓談の場であり,酒が酌み交わされ,地元の合唱クラブとも結びつきがあったという[9]。

　以上にみてきたような,「教育協会」創設者たちをとりまく人的ネットワーク,彼らの個人的経験,思想的な環境などにもとづいて,「労働者教育協会」は1845年2月,創設されたのである。

2　「労働者教育協会」の結成目的,組織,会員の社会的構成,活動内容(1845-48年)

(1)　結成目的

　「教育協会」の定めた『規則』によれば,協会の目的は「一般的で倫理的な教養ならびに美しく高潔なあらゆることがらに対する感受性を会員の間に増進すること」とされ,そこで行われる授業は「市民生活にもっとも必要な諸知識」を伝えるものと規定されている(Ordnung 1845；Ordnung 1846)。そのほか,協会の目的についての創設者たちの発言をまとめると,マルテンスは,追求されるべきは労働者の生存保障および市民層との同権化であるが,それには労働者層が社会において尊敬,承認(Anerkennung)を得ることが必要であり,そのためには,労働者層に高度な教養を修得させ,彼らをみずから思考する自由な市民へと育成することが不可欠であるとした。また,そう考える背景として,職人・労働者層の無知,怠惰,不道徳,偏見,粗野な

言動や無益な慣習などに言及し，これらこそが彼らが市民社会のなかで望ましい地位を得られない原因だと指摘している。また，にもかかわらずハンブルクには職人たちがみずからを有用な公民へと陶冶するための機会がなんら提供されていないとして，教育協会設立の必要性を説いている。そして，こうした協会が会員に与えるべきは「時代に即した教養」や「快適で有益な娯楽」であり，「市民道徳」だとしている（Herzig 1983：103-104；Barnikol 1929：237, 242；Der Tagwächter 1845：No. 1）。また，シルゲスも，無産階級と有産階級との間の格差とそこから発するあらゆる社会的不正をもたらした根本原因は，啓蒙の分配における不平等にあるとする一方で，労働者自身の側にある偏見や不品行の克服の必要性を説いている（Breuilly, Sachse 1984：199；Die Werkstatt 1845：Prospekt）。

(2) 組織

上述の「義人同盟」ハンブルク班の活動については，毎週日曜日に秘密会合をもっていたこと，パリの指導部，ブレーメンやケルンの同盟員たちと連絡をとっていたこと（Der Bund der Kommunisten 1970：1001；Herzig 1984：310）以外には不明なのだが，いずれにせよ「労働者教育協会」の場合は，地元紙の紙面を通じて結成の趣旨および協会活動の構想を明らかにし，準備集会を公開で行い，そこで『協会規則』を公表のうえ，公然と会員を募集するなど，開放型の啓蒙・教育クラブとして活動を開始した（Breuilly, Sachse 1984：97-101；Der Tagwächter 1845：No. 1, No. 2, No. 4）。

この動きに対してハンブルク市政府は，「労働者教育協会」を共産主義的陰謀を画策する結社などとして攻撃し，主要会員に対し事情聴取を行ったりしたものの，強権的に弾圧するだけの根拠は得られなかった。そこで，「パトリオート協会」（Patriotische Gesellschaft）と呼ばれる啓蒙主義的市民層の協会に対し，「教育協会」に類似した施設の設立を要請した。つまり競合組織の発展を通じて「教育協会」を弱体化しようと目論んだのである（Breuilly, Sachse 1984：99-124；Laufenberg 1911：90-104）。

「パトリオート協会」は正式名称を「ハンブルク技能および有用な商工業

振興協会」(Hamburgische Gesellschaft zur Beförderung der Künste und nützlichen Gewerbe) といい，1765年の創設以来，民衆啓蒙，職業教育，救貧事業，社会保険，保健事業，経済振興等の分野で多彩な活動を展開し，社会の改良・近代化に努める結社として内外で好評を博していた。会員は主に商人層と知識層によって構成されていた (Kopitzsch 1989：211-214；Freudenthal 1968：33-44)。

ハンブルクでは，ナポレオンによる占領・支配時代（1806-14年）に対する反動から，その後むしろ旧体制が意識的に維持されてきた。経済面では手工業における同業組合制度（ツンフト制）が基本的に存続し，政治への参加権を有する人々の範囲も著しく制限されたままだった（後述）。それが，1842年に発生した大火[10]およびその後の再建策をめぐって，市政府の危機管理能力，指導力の欠如が露わになったのを直接の契機に，続く数年の間に市民各層からさまざまの協会が結成され，市の政治・経済体制に対する批判や多様な改革要求が噴出することとなった。「パトリオート協会」は，こうした動向のなかでも中心的な存在と目されていたのである (Ahrens 1982：415-489)。

「教育協会」は，結成直後に降りかかった組織の危機に際し，財政的にも困難であったことから，みずから「パトリオート協会」に支援を要請することとした。両者による交渉の結果，「パトリオート協会」は，市政府からの要請は受け入れず，次の諸条件付きで「教育協会」を財政的に支援することとした。その条件とは，「教育協会」の幹部会員の3分の1を「パトリオート協会」会員とすること，「教育協会」の『規則』を「パトリオート協会」が事前にチェックすること，ツンフト親方や経営者層を「教育協会」の後援者に加えること，「教育協会」の活動において政治や歴史に関わる問題は扱わないこと，の4点である (Breuilly, Sachse 1984：99-124；Laufenberg 1911：90-104)。

また，会員の入会・除名の条件や手続きについて簡単にみておくと，まず1845年に「教育協会」が独自に定めた規定によれば，協会には「身分，人物 (Person)，職業の別なく誰もが」入会可能とされ，ただし「尊敬すべき

品行」(ein ehrenwerthes Betragen) と「好ましい評判」(ein guter Name) の二つが必要だとされた (Revidirte Ordnung 1845)。入会希望者は幹部会に申し入れ，1マルクの入会金を預けるだけでよかった。その後当人の氏名が出生地，身分とともに14日間協会内に掲示され，たとえこの間に会員から入会に対して異議が申し立てられた場合でも，その件は月例の総会にかけられ，そこでの議決によって決せられることになっていた。一方，除名は「恥ずべき品行」(unehrenhaftes Betragen) があったときに行われるが，この場合も必ず総会での議決を必要とした。これら入会拒否と除名に関する議決は，半数以上の会員の出席のもと，秘密投票により過半数の賛成があった場合に有効とされた (Ordnung 1845)。以上に対し，1846年2月，「パトリオート協会」の支援を受けることが正式に決まったさいに改めて定められた『教育協会規則』は，入会・除名の手続きに関して幹部会の権限を強めている。すなわち入会の可否，除名ともにもっぱら幹部会の発議により，そこでの秘密投票によって決められることとなった (Ordnung 1846)。

「パトリオート協会」の一定の「後見」・監視のもとに置かれることになったのは，「労働者教育協会」としては不本意なことでもあったが，結成目的からも読みとれるように，「教育協会」は市民層・市民社会に対して敵対的に対峙するのではなく，むしろ同権化を目指していた。そして，その手段としての日常的教育活動の有効性を信じ，開放型組織によって，それを実践しようとした。少なくともそういう志向をもっていたとは言えよう。

では，上記のような入会規定を定めた協会に対して，どのような人々が，どのぐらい加入したのであろうか。

(3) 会員の社会的構成

在籍会員数は1845年2月の結成当初が70人，同年末で230人，46年末には392人と，47年末時点で435人，48年3月には600人と増加していった (Voss-Louis 1987：16, 20；Zweiter Jahresbericht 1847：5)。一方，入・退会の頻度は著しく，たとえば1846年の1年間をみると，598人が新規に入会し，436人が退会している。また，1847年の場合だと600人が入会したの

に対し，退会者は 557 人を数えた。主な要因としては，会員の大半を占める手工業職人の遍歴および流入者に対する都市の滞在制限規定が挙げられる (Zweiter Jahresbericht 1847：5；Laufenberg 1911：103；Breuilly, Sachse 1984：130)。

　会員の職業は，1846 年の 1 年間に入会したとされる 598 人についての内訳をみると，全部で 50-60 種類にも及んでいる。全会員の約 80％は，家具工（281 人），仕立工（55 人），旋盤工（39 人），左官（28 人），錠前工（22 人）等々，ツンフトの存在する手工業からの参加者で，その大部分は職人であったが，少数ながら親方もいた。他方，少人数ではあるが，ツンフトの存在しない手工業の労働者，非熟練のマニュファクチャー労働者，使用人（Hausknecht），商業労働者，自営業者，知識層などからの入会者もいた (Zweiter Jahresbericht 1847：5-6；Breuilly, Sachse 1984：126)。

(4)　活動内容の概要

　協会の教育・文化活動および関連設備について，結成 1 周年・2 周年の記念祭に際して公表された活動報告にもとづいて分類してみると，次のように整理できる。なお①-④それぞれの（　）内は例示である。すなわち①基礎教育科目の授業（計算，書き方，ドイツ語，フランス語，英語，フリーハンド・スケッチ），②職業教育関係の授業・講義（建築用設計図の作成，幾何学の作図，工業化学），③一般教育科目の授業・講義（ドイツ史，ギリシア現代史，ポーランド現代史，自然地理学，物理学，化学），④対話・討論（表現法演習），⑤合唱と体操の授業，⑥お楽しみ会，⑦新聞・雑誌と図書の設備，となる (Erstes Stiftungsfest 1846：7-9；Zweiter Jahresbericht 1847：8-13)。

　若干の情報を補足しておけば，授業・講義の担当者に関する情報はきわめて乏しいのだが，①のフリーハンド・スケッチと②の建築用設計図の作成は会員でもある教師が，②の工業化学を協会の幹部でもあった薬局経営者が，③の物理学をシルゲスが，そのほか地学と地理学を併せたような科目，生命科学に関連した科目を，それぞれ博士号をもつ人物が，担当したことがわかっている（Erstes Stiftungsfest 1846：7-9；Zweiter Jahresbericht 1847：11-

12)。また、協会が公表した活動報告には掲載されていないが、協会の幹部でもあった印刷工が、フランス革命史に関する文献を引用しながら人権をテーマにした講義を行ったこともあったとされる（Breuilly, Sachse 1984：213)。また、④の「表現法演習」でとりあげられたテーマは、たとえば「遍歴はどのように評価されるべきか？」、「急進的であるとはどういうことか？」、「永遠の生命とは何か？」、「大衆的貧困（Pauperismus）は除去されうるか？ またどのようにして？」、「市民的自由はどこに存在するか？」といったものであった（Zweiter Jahresbericht 1847：12)。そのほか、⑥の会は、結成第二年度に月に一度、日曜の夜に開かれ、協会内の二つの合唱部による合同演奏と詩の朗読が行われたという。⑦の新聞・雑誌は全部で17種類のものが置かれていた。うち技術・商工業関係のものが7点、地元紙が数紙あり、そのなかにはスイスにおけるドイツ人手工業職人の運動に近く、プロイセン、ハンブルク両政府に対し批判的な2紙や、しばしば「教育協会」の主張や動向を伝えた民主主義系紙（Der Tagwächter）などがあった。図書は1847年2月時点で250冊が閲覧に供されていたとされる（Zweiter Jahresbericht 1847：13)。

　だが、実は協会の活動は、以上にみたような「開かれた」ものにはとどまらなかった。会員の残したメモワールなどからうかがい知ることのできる、言わば非公然活動の一面も紹介すると、まず1846年11月から翌年3月まで入会していた仕立工F.レスナー（1825年生まれ）によれば、協会での討論は主に共産主義の諸問題をめぐって行われたという。また、協会の目指していたことはといえば、共和制であり、ドイツの統一と自由であり、キリスト教的共産主義だったとされる。そして、ヴァイトリングは、協会内で「未来を担う男」と目されており、とくにその支持者にとっては崇拝の的（idol）であったという（Lessner 1907：1-5)。また、前出アウドルフによれば、上記「表現法演習」では「貴族支配とは何か？」、「民主主義とは何か？」、「社会主義とは何か？」、「共産主義とは何か？」というテーマもとりあげられたという（Herzig 1983：105)。あとの二つのテーマは、1847年2月に「義人同盟中央委員会の同盟員への呼びかけ」という文書を通じて、「同盟」の「中

央」が討議とその結果の報告を求めた議題3点のうちの二つと一致する（良知編 1974：105-115）。また，ブルーリの研究によれば，同時期の「教育協会」では，ヴァイトリングそのほかの理論家の構想，たとえば権利の平等が実現されるべき未来社会の経済秩序構想について活発な議論が行われたという（Breuilly 1983：143）。

　以上の情報から，「教育協会」は，入会した職人・労働者を，ただ模範的「市民」ないし「公民」像に近づけるための教育だけを目指した機関ではなかったことは指摘できよう。協会員のなかに「義人同盟」の同盟員がいたこと，「同盟中央」をはじめ初期社会主義の運動・思想との関係が続いていたことがうかがえる。だが他方，準備過程を含む協会の言わば公然活動のすべてを，非公然の活動のためのカムフラージュとみることもできないであろう。マルテンスらが，職人・労働者層による多様な市民的教養の修得を重視していたことは，公表された結成趣旨に表されているだけでなく，警察の取り調べに対しても，「義人同盟」幹部に宛てた「教育協会」結成についての報告においても述べられていた（今井 1999：45-46, 64-65）。協会の活動は，公然・非公然の二つの側面を併せもっていたのである。

3　「労働者教育協会」会員による社会的自助を目指した構想（1845-48年）

　本章が対象とするハンブルクの労働者運動の草創期の活動は，以上第2節でみたようなことにとどまらなかった。マルテンスを中心に，以下のようなことも試みられたのである。

　それを紹介する前に，「教育協会」会員の大多数を占めた手工業職人層の経済的状態について，ごく概略的にみておこう。1848年頃のハンブルクの下層労働者の必要最低生計費は——無論家族構成等々の諸条件により多様であるが——独身の場合でおおよそ週に5-7マルク，同じく既婚者で10マルクと見積もられていた。これに対し当時の平均週間労賃は，たとえば家具工の場合で約6-8マルク，仕立工なら8-14マルク，旋盤工は5-6マルクだったとされる（Kraus 1965：60-64, 89-92）。また，高齢労働者の場合，生活上

のもっとも基本的な欲求を満たすための蓄えも，きわめて不満足な状況にあった（Breuilly, Sachse 1984：208）。

おおむね以上のような背景のもと，次のような，社会的保障ないし経済的向上のための構想が提示されたのである。その第1は，高齢労働者扶助施設の構想であった。これは「労働者教育協会」内部での議論を受けて1845年4月に公表されたもので，社会各層に対し募金が呼びかけられた。また，国家による補助も期待された。しかし，反響は小さく，ほどなく計画は断念せざるをえなくなった（Breuilly, Sachse 1984：208）。

第2は，労働者のための健康保険組合の構想である。マルテンスは，従来の各手工業ツンフトの運営するこの種の基金が小規模で非効率であることを問題視し，ツンフトの特権意識およびずさんな基金管理を，他方，こうした制度に無関心な国家をも批判していた。それで，「分裂した無慈悲な競争社会」に対抗すべく，職業横断型アソシエーションとしての組合が計画された（Breuilly, Sachse 1984：210-211；Der Tagwächter 1845：No. 41）。

そして，第3は生産協同組合構想であった。これは，社会各層から広く出資を募り，それをもとに原料および機械設備を共同購入し，協同生産を行うことによってハンブルクの大企業，大商業資本に対抗し，また外部市場における競争力をも確保しようというものであった。得られた利潤は出資者と労働者との間で分配することとされた。なおこの組合は，職業横断型のものと職業別のものと，両タイプとも計画された。だが，マルテンスが計画の覚書を「パトリオート協会」に提出し協力を要請したのに対し，反応はきわめて冷淡だった。同協会の主張は大略「資本家が競争相手のために出資するとは考えられない。貯蓄家や資産家も，こうした投機的な冒険には懐疑的であろう。また，利益が出たとして，その配当を労働者と分かち合うことを潔しとはしないであろう。そもそも労働者の側も，協同組合が得た利益を，過度に高額の労賃として使い果たす誘惑に駆られるだろう」というものだった（Breuilly, Sachse 1984：208-209）。

4 ハンブルクの初期労働者運動の背景と意義
——ツンフト批判を手がかりに

　ここで,「労働者教育協会」の会員たちが協会に参加した背景および彼らにとって協会の組織と教育活動,また第3節で触れた構想がもった意義についてまとめておこう。そのさい,一つの手がかりとして,まずマルテンスによるツンフト制度に対する批判についてみておきたい。

(1) マルテンスによるツンフト制批判

　ドイツで工業化が本格的に進展するのは1850年代以降のことであり,本章が対象とする1830-40年代においては,資本主義市場経済もいまだ全面的展開には至らず,労働者運動の主な担い手もまた,手工業職人層および職人も徒弟ももたない「一人親方」(Alleinmeister)であった。それは,第2節(3)でも略述したように,ハンブルクの「労働者教育協会」の構成員にもあてはまることだった。これらの人々の置かれた立場を短く概括して述べるのは困難だが,総じて,一方で熟練工として「手工業者としての身分意識」とでもいうべき自負心をもちながら,他方客観的には,収入とその安定,労働条件,社会的上昇の展望などの点で厳しい状況にある人々も少なくなかったのである (Kocka 1983：33-40)。一方,第2節(2)で触れたようにハンブルクでは,フランスによる占領・支配時代の後,一種復古的な体制が続いており,プロイセンなどとは異なり,1840年代においても約40のツンフトが存在していた (Herzig 1984：295)。

　では,マルテンスによるツンフト批判の要点をまとめてみる。まず,ツンフトのなかで職が見つからず,ほかのツンフト手工業で職に就いた職人が,あとでふたたび元の職業部門で働こうとすると罰金を課されること,試験料・登録料などのツンフトへの上納金を含め,親方になるために必要とされる資金があまりにも高額であることなどを引き合いに,ツンフトは職人の親方・市民としての定住への道を妨害する仕組みであると批判している。また,教育との関連では,親方は徒弟に過重な労働を強いる一方,専門的養成教育

(Ausbildung) についての責任を果たしていないと批判している。これは，ツンフトの親方たちが徒弟を安価な補助労働力としてしかみていないことの現れではないかと。そして，他方で親方は，労働時間の延長によって，職人や徒弟がツンフトから独立した教育機関に通うのを妨害していると非難している。そのほか，ツンフトによる資金の管理・運用について無駄と退廃が指摘され，とりわけ賭けごとの横行が問題視された。さらに，遍歴職人のための「職人宿」における，とくに飲酒をめぐる道徳的退廃が批判されている (Breuilly, Sachse 1984 : 162-173 ; Martens 1846 : 7-13)。

　草創期の「労働者教育協会」の会員の大部分は，ツンフト制下の手工業部門の職人層であった。彼らは伝統的ツンフト世界のなかで，特有の社会像と上昇願望をもっていた。だが，手工業者としての独立と社会的に尊敬される地位，いやそれどころか生存すら必ずしも保証されなくなってきたなかで，マルテンスおよび彼の問題意識を共有する人々にとって，機能不全に陥ったツンフトは，すなわち桎梏ないし抑圧機構を意味していたであろう。

(2) 労働者運動の背景・意義とツンフト制批判

　ハンブルクでは18世紀末葉，物価の高騰，親方と職人との対立などを背景に，労賃や労働条件，また職人の権利をめぐって手工業職人層（船大工，錠前工，製靴工，仕立工，大工，左官，鍛冶屋など）によるストライキやデモなどの抗議行動が頻発した。またツンフト制の外にあるマニュファクチャー労働者（たとえば製糖工場労働者）や日雇い労働者（たとえば日給制仕立工）なども，困窮状態が深刻化すると，賃上げなどを求めて抗議行動に打って出ていた (Herzig 1983 : 95-108 ; Voss-Louis 1987 : 5-21)。

　このような組織的抗議行動のさい，ツンフト制のもとでの手工業職人の強い絆は，確かに効果を発揮した。そうした伝統を欠くマニュファクチャー労働者などが運動の組織基盤を創り出そうとするとき，職人たちの組織はモデルとされた。だが，19世紀に入ってから散発的に発生した抗議行動の場合も含めて，そうした運動において個別の職業集団等を横断するような水平的な連帯や組織的結合の成立は困難であった[11]。職業間に，ツンフト制下の職

人層とマニュファクチャー労働者などそのほかの民衆各層との間に,あるいはまた地元出身者と外来者との間に,とさまざまに存在する境界線が,「下から」の抗議行動における幅広い連帯およびそれを通じた共通意識の成立を妨げていたのである(Herzig 1983：95-108)。

それに対し,第1節で触れたドイツ外部における諸協会,諸同盟は職業横断的に構成されていた。そして,そうした組織での経験をもとに結成された「労働者教育協会」には,第2節(3)でみたように,多様な職業の手工業職人のみならず,少数ではあったが,非熟練のマニュファクチャー労働者等々,ツンフト制下の職人層以外の階層からの参加者もいた。当時,このような構成をもつ協会が成立したこと自体,画期的なことだったと言えよう。

この社会的構成の点を含む「労働者教育協会」の組織上の特徴,教育活動,マルテンスらによる社会・経済領域での状況改善の試みの背景や意義について考えると,本節(1)でみたツンフト批判とも密接に関連していることがわかる。以下,このことについてツンフト批判の各論点を手がかりに整理してみよう。

第1に,ツンフト制が職人を親方・市民へと養成する機能を十分に果たさず,親方支配の側面ばかりを強めるのならばと,その職業別・閉鎖的編成とは組織原理を異にする,職業横断的構成をもつ開放型アソシエーションとして「労働者教育協会」が構想されたことは,それ自体,ツンフト制批判の意味をもつものと言えよう。実際,上述のように協会は,入会規定において職業を条件とすることを明確に否定していた。また,会員の多くが頻繁に移動を余儀なくされ,長期滞在が困難なケースが多かったことから,協会は,「外来者」(Fremde)がゲストとして参加することを可能にしたり,ハンブルクを立ち去った会員が,1年以内であれば今度は入会金なしで再入会できるようにしたりしていた(Revidirte Ordnung 1845)。

第2に,ツンフト制下での職業教育に対する不満が「教育協会」結成の背景の一部をなしていることは,上述のことから明らかであろう。また,協会の活動のなかで一般教育科目の授業が実施されたことも,ツンフト制批判の現れと考えることも可能であろう。つまり協会が職業横断的に構成される以

上，その教育活動もまた，職業横断的＝一般的な（allgemein）意義をもたねばならないだろうから[12]）。

第3に，ツンフトによる基金管理における無駄や退廃の指摘は，そのまま新たな高齢労働者扶助施設や健康保険組合の構想に直結する。マルテンスはツンフト制を批判し，その廃止を訴えた。だが，その結果が「分裂した無慈悲な競争社会」であってはならなかった。そのために新たな相互扶助＝社会的自助のための制度が模索されはじめたのである[13]）。

以上のこと，さらには「職人宿」における道徳的退廃への批判をも考え合せると，「労働者教育協会」は，職人・労働者のおかれた状況の改善を目指し，ツンフト制のもとでの職人の交流・結合のあり方に替わるものを求めて，ドイツ内外を行き交う多様な職人・労働者と彼らがもたらす情報の結節点，討議と自己陶冶の場たるべきものとして構想され，結成されたのだとも言えよう。

そのさい協会は教育活動の目的の一つとして，上述のとおり，労働者が市民層との同権化を目指すにあたり，みずからを有用な公民へと陶冶し，社会において承認を得られるようになることを挙げていた。言わば地位の向上，発言権獲得の前提をつくりだすということになろうか。だが，では協会の活動は陶冶と討議，マルテンスらによる社会・経済領域での状況改善の試みに尽きるのであろうか。実は，図らずも結成後数年でわき起こった，ハンブルク市政改革へ向けてのうねりのなかに「労働者教育協会」も加わり，みずから具体的に公共圏への参加，発言権を求めていくのである。

5　市政民主化運動と「労働者教育協会」（1848-49年）

ハンブルクの1848-49年の政治状況について，本章の紙幅では詳述はできないが，労働者運動との関係を中心に筆者なりに分類を試みれば，次の七つの側面に整理できるのではないかと思われる。すなわち①市政治体制の民主化を目指す市民と労働者の運動，②手工業職人層の職業別の運動（ストライキ，扶助基金設立），③タバコ労働者の運動（扶助組合の結成，生産協同組合設

立），④非熟練労働者の組織形成，⑤組織によらない民衆の抗議行動，⑥「ドイツ国民議会」（フランクフルト）の選挙との関係，⑦「労働者中央委員会」（ベルリン），「全ドイツ労働者友愛会」（ライプツィヒ）による職業横断型・地域横断型労働者運動構築の試みとの関係，である。うち本章では，①の経過とそのなかでの「労働者教育協会」とほかの労働者協会や市民層の諸協会との関係について取り上げる[14]。

この民主化運動は，第2節(2)でも触れたように1842年の大火を直接のきっかけとしていたが，背景には，市政における意思決定がきわめて限定された層の間で行われていたという構造上の問題があった。すなわち政府を構成する市長と3人の副市長および24人の参事会員（Senator）はすべて終身で，欠員が生じた場合のみ「内輪」での互選によって補充された。有資格者は法曹と一部の大商人層のみであった。代議制の議会は存在しなかった。市議会（Erbgesessene Bürgerschaft）の制度はあったが，その審議集会（Konvent）に参加する権利をもつのは，教区の代表者，ツンフトの長，判事，一部の行政専門官，市民軍の将校といった特別な人々を除けば，地元出身で土地を所有し，市内に居住し，一定以上の収入を有する男性市民に限られていた。そして，この条件を充たす住民は3000人から4000人，当時の成人人口のわずか3-4％にすぎなかったのである（Eckardt 1980：10-18）。

こうした背景のもと，民主化運動においては，数多の要求項目とならんで，何より男性普通選挙による憲法制定議会の設置が争点となった。では，1848-49年の運動の経過を略述してみよう。

1848年に入ると，さまざまな市民層の結社がいっそう公然と市政治体制の民主化を要求するようになっていたが，2月末にフランスから二月革命のニュースが届くと，民主化運動はさらに活発になった。3月3日には「市民協会」（Bürgerverein）[15] が民主主義者グループの総会を開き，それを受けて政府に対し，「地元出身で市内に定住する土地所有者」という条件を充たさない市民も，市議会に代表を送ることができるよう求める請願を提出した。さらに3月10日から11日にかけて民主主義者の集会が開かれ，市参事会員の終身制の廃止，代議制議会の設置，国家と教会の分離等々の要求がとりま

とめられた。要求の集約にあたったのは民主主義的傾向の法律家，商人，地主たちであった。さらに，民主主義者陣営内の急進派の求めによって，新設さるべき市議会の議決に対する住民の拒否権など3点が要求項目に加えられた。一連の動きを受けて市政府は13日，政府と市議会の任命する計20人からなる委員会を設置し，寄せられた改革プログラムについての審議を委託した。だが，全員が「地元出身で市内に定住する土地所有者」で，民主主義陣営からは3人しか選ばれなかったため，住民の間から激しい抗議がわき起こった。

7月から8月にかけて，上記の政府委嘱の委員会の緩慢な仕事ぶりに業を煮やした民主主義者たちは，新たに民主主義諸協会からなる中央委員会を組織し，8月7日の示威集会において，男性普通選挙にもとづく憲法制定議会の設置を政府に求めることを決議した。政府は，この要求が市民軍の多数派にも支持されていること，民衆の騒乱が――それ自体必ずしも具体的な要求を明示しているとは受け止められなかったものの――断続的に発生していることに鑑み，17日に制憲議会の選挙に同意した。選挙権・被選挙権は生活扶助を受けている者と禁固刑服役者とを除く成年男性住民全員に与えられた。これに該当するのは約3万8000人であった。

選挙は10月5日から12月4日にかけて行われた。投票率は約50％であった。民主主義者が大同団結して形成したグループが圧勝したが，穏健派が最大勢力となった。急進派からは「市民協会」会長（弁護士），「営業身分向上協会」(Verein zur Hebung des Gewerbestandes)[16]会長（著述家）などが代議員に選出されたほか，「労働者教育協会」からもマルテンス，ヘアクロス織工アウドルフら3人が選ばれた[17]。

ハンブルクの民主化運動は1849年5月から7月にかけてピークを迎える。まず5月7日，急進派が集会を開き，審議中の新憲法の実現を後押しするため人民武装を呼びかけると，これに呼応して多数の志願者が登録に応じた。その後，「教育協会」の一部の会員は市壁の外側で射撃演習まで実施している。28日には「聖霊降臨祭の行進」に4000人を超える人々が参加し，同年3月27日に成立した，フランクフルト国民議会によるドイツ帝国憲法への

支持を表明した。そして7月11日，ハンブルクの制憲議会は新憲法草案を可決する。このなかで市参事会員は任期6年とされ，民主的選挙にもとづく市議会が指名することとされた。民主主義者たちは草案に感激し，平和的デモ行進を行ったが，これには1万人以上が参加したのである。

だが，市政府はこの草案の承認を拒否する。すでに6月以後，プロイセンほかドイツの多くの領邦で反民主主義勢力が優勢となり，7月にはプロイセンによるハンブルクへの軍事介入が迫っているという噂が流れた。同じ頃，ドイツの他地域の政治状勢についての考慮と武器の不足とから，労働者たちの射撃演習も停止された。不安が現実のものとなったのは8月13日だった。この日，プロイセン軍がハンブルクに進軍し，市民軍の兵士などが抵抗したものの，17日には8000人を超えるプロイセン兵によってハンブルクは占領された。こうして，ハンブルクにおける1848-49年の市政民主化運動をはじめとする政治的活性化は，終わりを告げることとなった。

以上みてきたように，「労働者教育協会」は市政民主化運動に参加し，「市民協会」ほかの諸協会と連帯した[18]。だが，そもそも「市民」が「参政権」を求めるとは，どういうことを意味するのだろうか？　市議会の審議に参加する権利をもつ者の範囲については，上述のとおりである。一方，当時のハンブルクにおける市民権に関する規定によれば，まず市民権取得は，土地所有や独立営業，結婚などにとっての必要前提条件とされていたが，取得のためには，成人（22歳以上）の男性キリスト教徒であることが前提とされ（Breuilly, Sachse 1984：78），さらに最低40マルクの費用が必要であった。これらの条件を充たす市民権取得者は，当時の成人人口の30％弱に相当する約2万7000人であった（Eckardt 1980：18）。以上のことから，市民権と参政権とがイコールではなかった事情や「市民協会」の立場が理解されるであろう。

1840年代に多様な市民層の協会が次々に結成され，市政府批判を強めていったことは，政治的意思決定へ向けての開かれた議論の場という意味での公共圏の形成の動きと言えるだろう。そして，1848-49年における一連の要求は，公共圏の制度的確立を求めたものだとも言えよう。一方，形成途上の

公共圏になんの足場ももたなかった労働者層にとっては，そこへのアクセスと参加も，重要なテーマの一つだったのである。

おわりに

(1) インターローカルな社会主義運動ないし労働者運動とハンブルク「労働者教育協会」との関係について

　以上，本章では，ハンブルクを例に草創期の労働者組織の諸活動について取り上げ，その特徴を明らかにしてきた。最後に，改めてその意義と限界についてまとめてみよう。

　本章では，ハンブルクの労働者運動を中心に描きつつも，インターローカルな初期社会主義運動ないし労働者運動との関係についても視野に入れてきたので，ここでインターローカルな運動とローカルな運動との関係について，おおまかに整理してみたい。

　パリの「義人同盟」は陰謀的集権型秘密結社として出発したが，1839年にメンバーの一部が武装蜂起に加わり，官憲当局による弾圧を受けた。その結果，「同盟」の組織は解体し，以後パリ，ロンドン，スイスに分かれる。そのうちロンドンに逃れたシャッパーらが次第に組織的主導権を握り，「同盟」は1840年以後，平和的労働者教育へと活動の重点を移していった。一方，スイスに移動したヴァイトリングは，「財産共同体」実現へ向けて直接的武装蜂起路線を志向しつつも，労働者（教育）協会の活動を通じて支持者を獲得することを重視していたとされる（良知編 1974：3；加藤 1989：57-60；石塚 1983：201-204，213-223）。

　「労働者教育協会」が基本的には開放型組織として結成されたことは，第4節で触れたツンフト批判のほか，結成に関与した人々がドイツ外で陰謀的集権型秘密結社と開放型労働者教育協会との両方を経験したうえで，1839年の「義人同盟」に対する弾圧の報に接し，ハンブルクでも40年代初頭に「同盟」班に対する警察の摘発を経験したこととも関係していると考えられるが，「同盟」自体の上記の路線転換とも照応しているとみることもできよ

う。一方,「教育協会」内部にはヴァイトリングの信奉者が多く,非公然活動も行われていたとはいえ,協会の公然活動を,非公然活動のためのカムフラージュとみるのは無理であることは,第2節の最後で述べたとおりである。

その後1846年秋には,「義人同盟」の中央委員会（人民本部）もパリからロンドンへ移されたが,この間にロンドン地区は1840年以来の,労働者教育協会による平和的啓蒙路線からふたたび非合法組織による暴力革命路線へと転換しようとしていた。一方,同盟内部では運動路線をめぐる意見の不統一が拡大しており,意見の相違を克服し,組織固めを図ることが緊急の課題だとされた。第2節(4)で触れた「義人同盟中央委員会の同盟員への呼びかけ」（1847年2月）はそうした背景のもとで発せられたのである。「社会主義とは何か？」,「共産主義とは何か？」は,「同盟」の「中央」がハンブルクを含む各地の同盟員に対し,討議と速やかな結果報告を求めた議題のうちの二つなのであった。また,この「呼びかけ」のなかではヴァイトリングが,スイスでキリスト教的共産主義者と無神論者との対立をたきつけ,「同盟」の組織を崩壊させたとして非難されている（良知編 1974：3, 105, 110-115）。そして1847年6月,「義人同盟」は「共産主義者同盟」へと改称し,同年12月には第2回大会において,ブルジョワジーの打倒,プロレタリアート支配の樹立,階級も私的所有もない新しい社会の建設を謳う「規約」が定められた（加藤 1989：70）。

これに対し,ハンブルク班は同年9月,そもそも「同盟」の改称に反対し,ロンドンの「中央」から叱責を受ける。そのさい,その「自制」路線や「愚直なお人好しぶり」（Micheltum）が批判された（Der Bund der Kommunisten 1970：532-533, 581）。また,「労働者教育協会」の活動をみても,少なくともロンドンの「中央」の指導のもとに共産主義革命を目指そうとした形跡はうかがえない。

一方で「労働者教育協会」の主要なメンバーは,1848年に地域横断型労働者運動の構築に積極的に乗り出す。そして,地元の諸々の労働者協会および同年4月にベルリンで結成された「労働者中央委員会」と連携を深め,8月から9月にかけてベルリンで開催された全ドイツ労働者大会の準備に尽力

した。また，大会の過程で労働者協会の初のナショナルな連合体である「全ドイツ労働者友愛会」(Allgemeine deutsche Arbeiterverbrüderung) が結成されると，ハンブルクの諸労働者協会の代表者は「友愛会」ハンブルク地区委員会を構成して加盟した。だが，その構成員をめぐって，「共産主義者同盟」の同盟員とヴァイトリング支持派との間に勢力争いが起きる (Voss-Louis 1987：22-33)。

「共産主義者同盟」はハンブルクにおけるヴァイトリングの影響の強さに困惑し，それを正そうとしていたが，ではヴァイトリングは全面的に支持されていたのであろうか。たとえばヴァイトリングの「人類，その現状と未来像」は，貨幣や所有にもとづく不平等分配を批判しつつ，全人類的規模で構想された「財産共同体」の特長と組織形態を実に克明に描写している。また，人々の精神を十分に満足させる活動や娯楽についても詳しく言及されており，この「共同体」のもつユートピア性は確かに当時の手工業職人・労働者たちにアピールするところが大きかったであろう。だが，これを実現するためにヴァイトリングは，社会革命を呼びかけはするものの，具体的な実現の方法や過程については明示していない（良知編 1974：32-62）。とくにマルテンスのようにハンブルクの手工業および職人層の直面する具体的な日常の諸問題に取り組もうとした者にとっては，いかに「財産共同体」が魅力的に描かれていたとしても，それだけでは満足できなかったであろう (Breuilly, Sachse 1984：172-173)。

「労働者教育協会」を中心とするハンブルクの初期労働者運動は，「義人同盟」や「共産主義者同盟」，あるいはヴァイトリングの構想や運動に同調する面を示しつつも，それらの手足となって動いたのではなく，眼前にある地域の個別の諸問題に堅実に取り組むことによって，独自の意義を示したと言えよう。

(2) ハンブルクの初期労働者運動の特長と限界

以上，本章では，「追放者同盟」・「義人同盟」・「共産主義者同盟」という系譜の運動をより革命的とし，ハンブルクの初期労働者運動を改良主義的と

みる，というように整理するのではなく，後者が前者から一定の影響を受けつつも，独自にローカルな問題に取り組み，そのさい孤立化・純化の方向をとるのではなく，局面に応じて，問題ごとに市民層との連帯をも模索したこと，また新たな地域横断型の労働者運動の構築にも積極的に取り組んだこと，総じて運動の柔軟さや開放性，多面性を，示唆に富む特長ととらえてみた。

　他方，運動の限界もさまざまに指摘できるであろう。たとえば，マルテンスによる社会・経済領域での状況改善の試みにおいては，有産市民層への連帯の呼びかけは明確な拒絶にあっている。一連の貴重な試みに対して酷な言い方かもしれないが，そこに市民層の厚意に対する見通しの甘さをみることは可能であろう。また，ツンフト批判の裏返しとして，国家の機能への直接的な委任ないし依存もうかがえる（注13を参照）。つまり，一方で言わば新たな社会的自助のネットワークを構築しようとしながら，社会と国家との関係について掘り下げを欠いていると言えるかもしれない。さらに，職業・階層横断型の運動を追求しようとする一方で，組織によらない下層民の蜂起との連帯が成立することはなかった（Herzig 1983：103）。

　「ドイツ社会民主党」（通略称：SPD）は組織的には，1863年創立の「全ドイツ労働者協会」（Allgemeiner Deutscher Arbeiterverein）と「ドイツ労働者協会連盟」（Vereinstag Deutscher Arbeitervereine）に発しているとする見方が有力だが，さらに歴史をさかのぼり，「中央政党」成立以前の各地域の運動をつぶさにみていくと，それは星雲状態とも，また思想的には未整理の混沌状態とも言いうるかもしれないが，上述のような限界にもかかわらず，なおさまざまな可能性もみえてくるであろう。

■注
1）　フランス革命・ナポレオン戦争後のヨーロッパの秩序再建を目的として，1814-15年に開かれたウィーン会議によって1815年に創設された，神聖ローマ帝国にかわるドイツ人の諸国家連合。独立した主権を有する35の君主国と4自由市とからなる。大国オーストリアとプロイセンの協調にもとづき，君主主権体制の維持をはじめ現状

維持を目指した。なお本章で，たんに「ドイツ」というとき，この連邦を指すこととする。
2) 以下本章では，混同を避けるため組織の固有名詞には「　」を付けることとする。したがって，たとえばハンブルクの労働者教育協会は「労働者教育協会」ないし「教育協会」と表記する。ただし文脈上紛れがない場合には，煩雑を避けるため「　」を付けずにたんに協会，同盟などと記すこともある。
3) オッファーマンの調査によれば，1848-52 年の時期にドイツで労働者教育協会が存在した場所は，少なくとも 335 箇所にのぼる（Offermann 1987：428）のに対し，1848 年 3 月以前のドイツでは，諸研究の記述から推計して，15 前後の協会が結成されていたにすぎなかった。この点については，さしあたり今井（1993：13）を参照。
4) 本章が対象とする時期のドイツ内外のドイツ人諸結社，1848-49 年革命期のドイツ労働者運動に限定しても，内外に多くの研究蓄積があるが，紙幅の関係で，ここで研究史について具体的に言及することはできない。さしあたり章末の「参考文献」を——これも網羅的とはいかないが——参照されたい。
5) ハンブルクでも発効したドイツ連邦決議については，Voss-Louis（1987：10-11）。
6) ドイツから外国への移動・遍歴の増加とその背景，手工業職人をとりまく当時の状況と外国での組織化との関連，また職人層と知識層との結合の背景については，さしあたり Schieder（1963：82-118）を参照。
7) 以下の「教育協会」創設に参加した人々のプロフィールについては，さしあたり今井（1999：41-50，55-60）を参照されたい。
8) シャッパーや J. モルらによって 1840 年にロンドンで創設された。ドイツ人労働者の教育と啓蒙を旨とする。1846 年に「共産主義的労働者教育協会」と改称される。
9) ジュネーヴの読書協会に関するマルテンスの証言については，さしあたり今井（1999：64-68）を参照。
10) 1842 年 5 月 5 日から 8 日にかけて市内のほぼ 3 分の 1 を焼いたこの火災で，4000 を超える住居が焼失し，2 万人が住む所を失ったとされる。
11) 唯一の例外と言えるのは，1791 年 8 月に 5 日間にわたり市内のほぼ全ツンフトで，計約 6000 人もの職人がストライキを打ち，デモ行進を行ったケースである。この抗議行動については Herzig（1983：95-98）を参照。
12) ただし「教育協会」結成の背景や意義を考えるさいには，くわえて，本来基礎教育や一般教育を担うべき学校制度の不備についても，考慮すべきであろう。ここでは詳述できないが，当時のハンブルクにおいては，たとえば公的な就学義務制は導入されていなかった。これらの点については，さしあたり *Industriekultur in Hamburg*（1984：218-222）を参照。
13) もっともマルテンスは同時に，ツンフト制が廃止された場合も，資格認定をつうじた親方の地位の制限，職業教育に対する監督，外部からの労働力流入による手工業労働力の過剰への対応等々，手工業に対するなんらかの公的なコントロールは必要だと考えており，その役割を国家に対して要請している（Breuilly, Sachse 1984：168）。

14) 以下で言及する1848-49年の政治的事実関係についてはSchmidt (1983), Langewiesche (1989), Voss-Louis (1987：22-41) を参照。
15) 「市民協会」は1846年に結成された「非＝地主協会」が48年に改称されたもので，新旧の名称が示すとおり，土地を所有していない市民を結集し，公共のことがらについて討議し，政府の恣意的な措置に対抗する可能性を創りだすことを目的としていた (Voss-Louis 1987：14)。
16) 「営業身分向上協会」は強制ツンフト制の廃止を求めて1844年に結成され，ツンフト制下の手工業部門の職人層（家具工，製靴工，左官など），ツンフトの存在しない工業のマニュファクチャー労働者（タバコ労働者，金属工業労働者など），ツンフトの欠陥を認識していた親方層の一部などによって構成されていた。マルテンスとはすでに1846年には協力関係にあった (Breuilly, Sachse 1984：252-260)。
17) ほかに「市民軍協会」，「ハンブルク葉巻労働者協会」なども急進派に属していた。
18) 一方，「教育協会」が政治的機能をもつことを許さなかった「パトリオート協会」との関係は緊張の度合いを強め，両者の関係は1848年10月に最終的に破綻した。とくに「教育協会」も加わった48年8月7日の集会決議が問題とされたのである。

■参考文献

石塚正英（1983）『三月前期の急進主義——青年ヘーゲル派と義人同盟に関する社会思想史的研究』長崎出版。
今井晋哉（1993）「労働者教育協会の結成と会員の社会的構成（ハンブルク1844/46年）——その多業種横断型構成について」『経済系』（関東学院大学経済学会）第174集。
今井晋哉（1999）「ドイツ初期労働者運動における『一般教育』(1)——ハンブルク『労働者教育協会』の結成目的と初期の活動内容について」『帯広畜産大学学術研究報告 人文社会科学論集』第10巻第2号。
加藤哲郎（1989）『社会主義と組織原理Ⅰ』窓社。
川越修（1988）『ベルリン 王都の近代——初期工業化・1848年革命』ミネルヴァ書房。
田中洋子（1998）「「手工業職人」と『プロレタリアート』の間で——ドイツ社会民主主義の歴史的アイデンティティ」増谷英樹・伊藤定良編『越境する文化と国民統合』東京大学出版会。
谷口健治（1987）「1848年革命期の手工業者運動」『社会科学』（同志社大学人文科学研究所）第38号。
藤田幸一郎（1988）『都市と市民社会——近代ドイツ都市史』青木書店。
増谷英樹（1978a）「『三月革命』期における労働者運動の一側面——ベルリン『労働者中央委員会』の成立をめぐって」『思想』第645号。
増谷英樹（1978b）「ドイツ『三月革命』期の労働者運動」『歴史学研究』第452号。
山井敏章（1993）『ドイツ初期労働者運動史研究——協同組合の時代』未来社。
山根徹也（2008）「結社のネットワーク 一八四〇年代ベルリンの貯蓄協会運動をめぐって」近藤和彦編『歴史的ヨーロッパの政治社会』山川出版社。
良知力（1971）『マルクスと批判者群像』平凡社。

良知力編（1974）『資料　ドイツ初期社会主義――義人同盟とヘーゲル左派』平凡社。
良知力編（1979）『〔共同研究〕1848 年革命』大月書店。

Ahrens, Gerhard (1982) "Von der Franzosenzeit bis zur Verabschiedung der neuen Verfassung 1806-1860", in *Hamburg. Geschichte der Stadt und ihrer Bewohner*, hrsg. von W. Jochmann, H.-D. Loose, Bd. I : Hans-Dieter Loose (Hrsg.), *Von den Anfängen bis zur Reichsgründung*. Hoffmann und Campe Verlag.
Barnikol, Ernst (1929) *Weitling der Gefangene und seine „Gerechtigkeit". Eine kritische Untersuchung über Werk und Wesen des frühsozialistischen Messias*. Walter G. Mühlau Verlag.
Breuilly, John (1983) "Kontinuität in der hamburgischen Arbeiterbewegung von 1844 bis 1863?", in A. Herzig, D. Langewiesche, und A. Sywottek (Hrsg.), *Arbeiter in Hamburg. Unterschichten, Arbeiter und Arbeiterbewegung seit dem ausgehenden 18. Jahrhundert*. Verlag Erziehung und Wissenschaft.
Breuilly, J., W. Sachse (1984) *Joachim Friedrich Martens (1806-1877) und die Deutsche Arbeiterbewegung*. Verlag Otto Schwartz & Co.
Der Bund der Kommunisten. Dokumente und Materialien, Bd. 1 : *1836-1849* (1970), hrsg. vom Institut für Marxismus-Leninismus beim Zentralkomitee der SED und vom Institut für Marxismus-Leninismus beim Zentralkomitee der KPdSU. Dietz Verlag.
Eckardt, Hans Wilhelm (1980) *Privilegien und Parlament. Die Auseinandersetzungen um das allgemeine und gleiche Wahlrecht in Hamburg*. Landeszentrale für politische Bildung, Hamburg.
Erstes Stiftungsfest des Bildungsvereins für Arbeiter in Hamburg. Am 22. Februar 1846 (1846).
Freudenthal, Herbert (1968) *Vereine in Hamburg. Ein Beitrag zur Geschichte und Volkskunde der Geselligkeit*. Hamburger Museumsverein e. V.
Herzig, Arno (1983) "Organisationsformen und Bewußtseinsprozesse Hamburger Handwerker und Arbeiter in der Zeit 1790-1848", in A. Herzig, D. Langewiesche, und A. Sywottek (Hrsg.), *Arbeiter in Hamburg. Unterschichten, Arbeiter und Arbeiterbewegung seit dem ausgehenden 18. Jahrhundert*. Verlag Erziehung und Wissenschaft.
Herzig, Arno (1984) "Kontinuität und Wandel der politischen und sozialen Vorstellungen Hamburger Handwerker 1790-1870", in Ulrich Engelhardt (Hrsg.), *Handwerker in der Industrialisierung. Lage, Kultur und Politik vom späten 18. bis ins frühe 20. Jahrhundert*. Klett-Cotta.
Industriekultur in Hamburg. Des Deutschen Reiches Tor zur Welt (1984), unter Mitwirkung zahlreicher Autoren hrsg. von Volker Plagemann. Verlag C. H. Beck.
Kocka, Jürgen (1983) *Lohnarbeit und Klassenbildung. Arbeiter und Arbeiterbewegung in Deutschland 1800-1875*. J. H. W. Dietz.

Kopitzsch, Franklin (1989) "Aufklärung, freie Assoziation und Reform : Das Vereinswesen in Hamburg im 18. und frühen 19. Jahrhundert", in Arno Herzig (Hrsg.), *Das alte Hamburg (1500-1848/49). Vergleiche, Beziehungen*. Dietrich Reimer Verlag.

Kraus, Antje (1965) *Die Unterschichten Hamburgs in der ersten Hälfte des 19. Jahrhunderts. Entstehung, Struktur und Lebensverhältnisse. - Eine historisch-statistische Untersuchung -*. Gustav Fischer Verlag.

Langewiesche, Dieter (1989) "1848/49 : Die Revolution in Hamburg - eine vergleichende Skizze", in Arno Herzig (Hrsg.), *Das alte Hamburg (1500-1848/49). Vergleiche, Beziehungen*. Dietrich Reimer Verlag.

Laufenberg, Heinrich (1911. Nachdruck ; 1977) *Geschichte der Arbeiterbewegung in Hamburg, Altona und Umgegend*, Erster Band. Verlag J. H. W. Dietz Nachf.

Lessner, Frederick (1907. Reprint ; 1976) *Sixty Years in the Social-Democratic Movement. Before 1848 and after : Recollections of an old communist*. Carl Slienger.

Martens, Joachim Friedrich (1846) *Das Zunftwesen in Hamburg im Conflict mit der Gesellschaft*. Hoffmann und Campe.

Offermann, Toni (1987) "Die regionale Ausbreitung der frühen deutschen Arbeiterbewegung 1848/49-1860/1864", *Geschichte und Gesellschaft* Heft 4.

Ordnung der Bildungsgesellschaft für Arbeiter in Hamburg (1845).

Ordnung des Bildungsvereins für Arbeiter in Hamburg (1846).

Revidirte Ordnung der Bildungsgesellschaft für Arbeiter in Hamburg (1845).

Schieder, Wolfgang (1963) *Anfänge der deutschen Arbeiterbewegung. Die Auslandsvereine im Jahrzehnt nach der Julirevolution von 1830*. Ernst Klett Verlag.

Schmidt, Wolfgang (1983) "Arbeiter und Bürger in der Revolution von 1848/49 in Hamburg", in A. Herzig, D. Langewiesche, und A. Sywottek (Hrsg.), *Arbeiter in Hamburg. Unterschichten, Arbeiter und Arbeiterbewegung seit dem ausgehenden 18. Jahrhundert*. Verlag Erziehung und Wissenschaft.

Schraepler, Ernst (1972) *Handwerkerbünde und Arbeitervereine 1830-1853. Die politische Tätigkeit deutscher Sozialisten von Wilhelm Weitling bis Karl Marx*. Walter de Gruyter.

Der Tagwächter (1845).

Voss-Louis, Angelika (1987) *Hamburgs Arbeiterbewegung im Wandel der Gesellschaft. Eine Chronik*, Bd. I : *1842-1890*. Hans Christians Verlag.

Welskopp, Thomas (2000) *Das Banner der Brüderlichkeit. Die deutsche Sozialdemokratie vom Vormärz bis zum Sozialistengesetz*. Verlag J. H. W. Dietz Nachf.

Die Werkstatt. Eine Monatsschrift für Handwerker. Erster Band (1845).

Zweiter Jahresbericht des Bildungs-Vereins für Arbeiter in Hamburg. Verlesen am Stiftungsfeste, den 14. Februar 1847 (1847).

第8章

ルディー・ベイカーの秘密の活動
――ユーゴスラヴィア出身のアメリカ共産党員を追って

岡本　和彦

はじめに

　ソ連崩壊とそれにともなう新資料の公開は，ソビエト体制や共産主義陣営の活動に関する研究に新しい局面をもたらした。従来よく知られていなかったアメリカ共産党の活動，とりわけ1920-40年代にコミンテルン（共産主義インターナショナル 1919-1943）を通じてソ連とも密接につながったその秘密活動については，クレア，ヘインズ，フィルソフといった研究者による精力的な研究によって次第に明らかにされてきた。その代表的な著作の最初のものは，1995年に出版された，イェール大学から出されている「共産主義の記録（Annals of Communism）」シリーズのなかの一冊でもある *The Secret World of American Communism*．（邦訳『アメリカ共産党とコミンテルン――地下活動の記録』）であった[1]。

　同書のなかにたびたび登場したことではじめて注目を集めた人物がいた。ユーゴスラヴィア出身のアメリカ共産党員ルディー・ベイカーである。これまでユーゴ現代史やコミンテルン研究ではもちろんのこと，アメリカ共産党に関する回想録や研究においてさえも，そこでルディー・ベイカーの名を目にすることはほとんどなかった[2]。その分野ではきわめてマイナーな存在でしかないベイカーだが，アメリカ共産党がソ連，コミンテルンと結びついて行っていた諜報活動においてきわめて重要な役回りを担っていたことは，同書をはじめとしたヘインズやクレアなどの研究によって明らかになった。ベイカーが無名であったのは，党書記長のような最高幹部ではなかったこと，

第二次大戦後間もなくアメリカ共産党から離脱したこと，故郷ユーゴに帰った後も閣僚のような重職につくこともなく，また著作出版などの目立った活動もなかったことなどのためである。ともすれば著名なリーダーにばかり焦点があてられるが，はたしてリーダーの活動は彼ら自身の力だけで行われたのか，というと必ずしもそうとは言えないだろう。彼らを支え補助するサブ・リーダー的な幹部活動家や，活動の実行部隊あるいは下働きをするより下級の活動家たちの存在もまた必要であった。そうした活動家たちが，1920-40年代の戦間期～第二次大戦期～冷戦初期の激動の時代に行った国境を越える活動がいかなるものであったのか，どのように情報の移動をもたらし，それは各地域の状況に，また彼ら自身の行動にどのような影響を及ぼすことになったのか，といったことは非常に興味深いテーマである。

1929年アメリカに発する世界大恐慌は，コミンテルンによって資本主義の全般的危機と把握され，一方でファシズムの台頭と新たな世界戦争の到来を予感させ，他方で各国における労働運動の盛り上がりと国際共産主義運動の展開に拍車をかけた。1930年代後半に生じたスペイン内戦はそうした状況をまさに象徴する出来事であった。コミンテルンを通じた国際共産主義運動の展開の点では，この時期はスターリンによる大粛清と重なる。スペイン内戦で組織された国際旅団に派遣された義勇兵の多くは共産主義者であり，彼らはコミンテルンのコントロールを受けたが，そこでもスパイやトロツキストといった汚名による粛清は生じた。コミンテルン，スペイン内戦，スターリンによる大粛清が結びついたことによる各国共産党のスターリン主義化の進展，そしてそれを背景として第二次大戦後に生じたソ連による東欧支配といった出来事は，冷戦史および社会主義体制史の再検討を行ううえできわめて重要な論点となる[3]。

しかし，歴史の見直しを行うにあたり，そうした論点とは別の示唆もまた得られるのではないか。すなわち，コミンテルンの活動であれ，スペイン内戦への義勇兵としての参加であれ，世界各地の民衆，とくに労働運動に加わった労働者や左翼的な思想に共鳴する人々が，平等（＝労働者を搾取する資本主義への反対）や平和（＝自由を抑圧するファシズムへの反対）といったある

種の普遍的な理念・情報に突き動かされ国境を越える活動を繰り広げるなかで，そうした理念への懐疑やナショナルな意識との葛藤を体験するといった状況がどこにおいてもみられたのではないかという点である。世界中からさまざまな民族が移民として移動してくる国において，彼らがそこで労働運動に関わりひいては国際共産主義運動の活動家となった場合にどのようなアイデンティティ，国民意識をもつようになっていくのかという点を考えるとき，アメリカは格好の素材を提供してくれるだろう。

　たとえば，歴史資料によってコミンテルンと深く結びついていたことが明らかとなったユーゴ人アメリカ共産党活動家ルディー・ベイカーとは，どのような人物でありどのような活動をしていたのか。20世紀初頭に移民として家族とともにアメリカへ渡ったルディー・ベイカーのその後の活動は，国際共産主義運動に心血を注ぐ党専従活動家のそれとして，その時代の一つの典型をなすようなものであったかもしれない。19世紀後半から20世紀初頭にみられた"初期グローバリゼーション"の延長線上にありまたその帰結でもある，いわゆる"短い20世紀"＝"国民国家化の時代"の前半部において，彼の活動は，国際共産主義運動が元来指向していたグローバルな性質に由来した国境を越える活動の展開であったと同時に，またそれは，その時々において彼の活動の足場となった国民国家（アメリカそしてユーゴ）のための活動でもあった。

　では，この両方の活動は互いにどのような関係にあり，それぞれがどのような影響を及ぼしあっていたのか。ベイカーの活動を追うことによってその一端を明らかにすることができるのではないか。とくに謎めいていたのが第二次世界大戦後の彼の動向であった。彼の上司であったアメリカ共産党書記長アール・ブラウダーは1945年夏に解任され翌年には党から追放されたが，ベイカーはどうなったのか。『アメリカ共産党とコミンテルン』のなかに，戦後ベイカーが母国ユーゴに戻り国家機関で仕事をしていたという記述があるが（クレア，ヘインズ，フィルソフ 2000：322），彼の活動の詳細は不明である。そこで，本章では，アメリカ共産党の地下活動に関する先行研究に依拠しながら，これまでわかっているベイカーの活動についての全体像をできる

かぎり明らかにしていく。また，ブラウダーに関するマイクロフィルム資料である The Earl Browder papers 1891-1975. に含まれているブラウダーとベイカーの間の往復書簡資料を用いて，これまでほとんど描かれることのなかった戦後のベイカーの消息の一端にも触れることにする。

本章では，まず第1節において，アメリカ移住後1910-20年代に労働組合活動に熱心に関わり，やがてアメリカ共産党員となったベイカーが，モスクワに派遣され国際レーニン学校でコミンテルン要員となるまでを描く。第2節では，アメリカに戻り党の専従として非合法活動をはじめ，次第に秘密活動のリーダー的存在になっていく様子を描く。第3節では，秘密活動が直接ソビエト諜報機関とつながり秘密のネットワークを構成し，合衆国政府に浸透していった様子を描く。そして第4節では，これまで詳細のわかっていないベイカーの戦後の消息にスポットをあて，新資料をもとに党と袂を分かち母国ユーゴに渡りソ連とも対立するチトー主義者へと変貌したベイカーの様子を描く。最後にグローバル・ヒストリーの点から本章でベイカーの活動に焦点をあてた意義を考える。

1 アメリカ共産党員として
──労働組合活動から国際共産主義運動へ（1910-1920年代）

(1) アメリカへの移住とネーション意識

コミンテルンの経歴書[4]によると，ルディー・ベイカーは，1898年クロアチアのヴコヴァル（ボスニア・ヘルツェゴビナの北，クロアチアとセルビアの境界近くに位置する町）で生まれ，1909年に母親とともにアメリカに渡った。父親は5，6歳のころに亡くしていた。二人の兄がいたが一人は渡米前に亡くなり，もう一人の兄は別の町に奉公に出されていたため，ベイカーらに1年遅れてアメリカに渡ってきた。母の名前はメアリー・ブルム，兄はジョンといった。父親はドイツ系でハンガリー出身だった。コミンテルンの経歴書では，氏名がルディー（レイモンド）・ベイカーと書かれていて，その横にルドルフ・ブルムと記されている。本名とは記されていないが，母親の姓から考えてそれが本名であろう。名のルドルフも父親がドイツ系であったという

ことから理解できる。アメリカに渡ってルディー・ベイカーを名乗るようになったと思われる。ただし，彼は偽名としてはルディー，レイモンドのほかにもベトフォードやブラッドフォード，ジョン・テイラーという名前も使っている。

　当時のクロアチアはまだオーストリア・ハンガリー帝国の支配下にあった。ユーゴが独立するのは第一次世界大戦後のことであり，彼のネーション意識に"ユーゴスラヴィア"が入ってくるのはまだ後のことであろう。そもそも彼のネーション意識がどのようなものであったかは，ここでは不明である。きわめて興味深いことは，彼が経歴書などで"ユーゴスラヴィア"という名称をいつも使っている点である。ユーゴは第一次大戦後に独立を果たすがそのさいの国名は「セルビア人クロアチア人スロヴェニア人王国」であり，「ユーゴスラヴィア王国」と改称するのは国王独裁体制となった1929年のことである。しかし共産主義運動の場面ではもっと早くから"ユーゴスラヴィア"が使われていた。1919年の設立時の党名は「ユーゴスラヴィア社会主義労働者党（共産主義派）」であり，1920年に「ユーゴスラヴィア共産党」と改称した。以来コミンテルンにおいて"ユーゴスラヴィア"という用語は本家の国名がそれを使う前からすでに定着していた。

　では，ユーゴ独立以前の1909年に渡米した，それゆえ国家としてのユーゴとは何の関係ももたなかったベイカーのユーゴスラヴィア意識はどこからくるのだろうか。ところで，クロアチア生まれとはいえ，父系がドイツ系ということをみてもどの程度クロアチア人意識があったかもまた不明である。以下に記すように，ベイカーはアメリカ各地で働きながらアメリカ市民権を取得し，労働運動に深く関わっていくが，そのためクロアチア・コミュニティに閉じこもるわけでもなくクロアチア人意識に固執する状況にはなかったであろう[5]。むしろ，労働者としての階級意識のほうが重要ではなかったか。とりわけ彼の活動の転機となるのは，1927-30年のモスクワ生活とコミンテルンでの仕事であった。そこでは彼は，アメリカ人党員でありながら，ヨーロッパからの移民として"出身"を問われることが多々あったであろう。当時すでに生まれ故郷にユーゴ共産党が成立している状況下で，それを身近に

感じ，階級的な連帯の点からも，自分がユーゴスラヴィア"出身"であるという意識をもつに至った，あるいは経歴書のような党の公文書に「出身：ユーゴスラヴィア」と書かされるうちにそのように意識づけられていったのかもしれない。

(2) 労働組合活動への参加

ベイカーはきわめて短い初等教育しか受けずに，すでに1910年12歳頃からガラス工場で労働者として働きはじめ，その後アメリカ東部，主にペンシルバニア州を中心にさまざまな職場で働きながら労働運動に加わった。母親の影響から彼は1914年に社会党に加入し，1916年には大規模ストライキを指導したとして逮捕され18ヶ月間服役，さらに1918年には反戦活動のために3ヶ月間投獄されている。次第に党内左派のリーダー的存在となるが，1919年9月の社会党大会後，左派がまとまってアメリカ共産党設立に合流することになり，ベイカーもアメリカ共産党のメンバーとなった。党は非合法化され，ベイカーも逮捕を逃れるように転々と仕事場を変えているが，常に労働組合活動に従事し，IWW（世界産業労働組合）と国際機械工協会のメンバーでもあった。その後共産党の専従となり，1924-26年はフィラデルフィアの党地区委員会メンバー，26-27年はデトロイトの党地区組織担当として働いた。そして，1927-30年までソ連にわたり，モスクワの国際レーニン学校で学び，ここでソ連およびコミンテルンとの関係が生まれることになるのである。

(3) 国際レーニン学校

この時期ベイカーは全連邦共産党（ボ）（後のソ連共産党）の党員にもなっていたが，これは当時国際レーニン学校で学ぶ外国人には党員資格が与えられていたためであった。このモスクワ時代に，ベイカーの分派傾向に関する記録が残されている。彼の家族および彼自身が一時期社会党員であったこと，彼が当初アメリカ共産党内でフォスター派に属していて，マイノリティ政策を擁護する立場に立っていたことが問題視されていた。そのため彼は全連邦

共産党（ボ）の統制委員会により懲戒処分を受けているが，皮肉にも彼がアメリカに戻ったあとに属するのはアメリカ共産党の中央統制委員会であり，党内の分派活動に対する警戒と排除（すなわちそれは粛清を意味した）を担当した。しかし，国際レーニン学校でのベイカーに対する成績・評価はきわめて高く，彼に対する評定書において，非常に活動的，理論と実践を結びつける優れた能力，規律ある集団活動能力，国際的任務への参加，イデオロギー的に信頼でき堅固，党内の各種活動に積極的に参加，党の任務を規律に従い十分に実行，ソ連共産党・コミンテルン・アメリカ共産党の問題に対して正しい方向性を示す，本校の活動を実行するうえで特別な能力を示した，と記されていた（РГАСПИ, Ф. 495, Оп. 261, Д. 4551, Л. 22)。国際レーニン学校で学ぶ外国人党員はいわばエリートであった。彼は帰国後すぐアメリカ共産党の幹部として活動をはじめ，次第に頭角を現し重要な役割を果たすようになる。モスクワ体験が彼のその後の進路を大きく方向づけたと言えるだろう。

2　コミンテルン要員として (1930-30年代後半)

(1)　秘密活動の開始

　1930年にモスクワから戻るとアメリカ共産党の組織部門の幹部となり，1931年には中央委員会メンバーとなった。『アメリカ共産党とコミンテルン』のなかの資料では，このころに「非合法活動に若干関与（朝鮮，イギリス，カナダ）」（クレア，ヘインズ，フィルソフ 2000：189）という記述があるが詳細は不明であった。ベイカー自身は，経歴書において，レーニン学校滞在中であった1929年6月にコミンテルン極東部により朝鮮共産党との連絡における特別活動のために朝鮮に送られ，11月末にモスクワに戻りレーニン学校の学習を再開したと記している（РГАСПИ, Ф. 495, Оп. 261, Д. 4551, Л. 11)。そして，特別な非合法活動として，1929年の朝鮮，1930年のイギリス，1931年のカナダでの活動を挙げている（РГАСПИ, Ф. 495, Оп. 261, Д. 4551, Л. 17)。この記述だけからは実際に何をしたかは明らかではないが，コミンテルンの指示によりレーニン学校滞在中から国際的な非合法活動に参加するよ

うになった様子がうかがえる。

(2) 汎太平洋労働組合書記局リーダーとして——中国・日本での秘密活動を支援

ベイカーの名前がはじめて資料で大きく見出されるのは，1935年に汎太平洋労働組合書記局の指導者に任命された時であった。サンフランシスコや上海に拠点を置く汎太平洋労働組合書記局は西海岸における移民の組織化やカリフォルニアと中国，日本などアジア各地を就航する船員のリクルートなどさまざまな表の活動を行うと同時に，コミンテルンの「情報戦」を担うアメリカ共産党の秘密活動・諜報活動のための組織でもあった。アメリカ共産党書記長アール・ブラウダー自身1920年代後半に汎太平洋労働組合の初代書記長だったが，30年代前半にはハリソン・ジョージが指導し，その後を継いだのがベイカーであった。この時期のベイカーの活動が，直接ではないにしろ日本における「ゾルゲ事件」とも関わりがあったことはほとんど知られていない。加藤が鋭く指摘しているように（加藤 2007：191），当時のアメリカ共産党は，アメリカ国内では革命勢力としては「とるにたらない弱小党」でしかなかったが，ソ連を「防衛し拡大する国際情報ネットワーク」としてのコミンテルンの「世界各地の活動にさまざまな人材を提供しうる」存在だった。それは，「アメリカ共産党には，世界中のあらゆる人種・民族の，現地語と英語の両方を話せる亡命者・移民共産主義者が集まっていた」からだった。

モスクワの文書館で見つかった資料（35年9月のブラウダーからコミンテルン書記長ディミトロフ宛ての手紙）のなかで，日本共産党支援計画と連動させた汎太平洋労働組合書記局の仕事について，プロフィンテルン（コミンテルンの労働組合部門），コミンテルン東洋書記局，日本共産党の同志岡野（野坂参三〈元日本共産党名誉議長。92年除名処分〉の偽名），ブラウダーの一致した意見としてベトフォード（ベイカーの偽名の一つ）にその計画を指揮させることに同意した，とある（クレア，ヘインズ，フィルソフ 2000：106-107）。また，同じ手紙のなかで，ドイツ共産党員ゲアハルト・アイスラーを引き続きコミンテルン・アメリカ代表として要請すること，上海にいるアグネス・ス

メドレー (著名なアメリカ人ジャーナリスト) が現地で発行する反帝国主義の英字新聞への資金援助を要請することを記している。アイスラーもスメドレーもゾルゲとは上海時代に交流があった。ゾルゲの日本入国はアメリカ経由であった。またハリソン・ジョージ指揮下の30年代前半に、アメリカ共産党日本人部の矢野勉が諜報活動のための工作員リクルートを行うなかで宮城与徳を獲得し、その後33年に宮城を日本に帰国させた後、彼がゾルゲ・スパイ網の一員となったことはすでに知られている。こうした一連のことをみても、汎太平洋労働組合書記局、ひいてはアメリカ共産党が、コミンテルンおよびソ連諜報部とともに、アジアにおける工作・諜報活動に大きな役割を担っていたことがわかる。ゾルゲ事件もそのような工作の一つのプロジェクトであった。ブラウダーの信頼の厚いベイカーは、ジョージのあとを継いでその任務を指揮・実行していたことになる。実際、ベイカーはその後上海に渡り中国での工作・諜報活動にあたったが、そこではスメドレーの無防備な行動が同志の党員や現地の中立的な友人たちを危険にさらしているという警告を再三にわたって報告するなど、活発な活動を展開した。スメドレー自身は、戦後もずっと自身の共産党との関わりを否定してきたが、歴史文書はその嘘を明らかにしたと言えよう。

(3) アメリカ共産党秘密組織の責任者として

その後、ベイカーは1938年6月にジョセフ・ピーターズの後任としてアメリカ共産党秘密組織の責任者に任命された。このことは、コミンテルンに提出されたベイカー自身による「アメリカ共産党の秘密組織の活動について」という報告書によってはじめて明らかになった (クレア, ヘインズ, フィルソフ 2000 : 141-152)。その活動の中身は、党・政府間の関係の確保、各地における非合法組織の建設、秘密文書の保管、党内連絡方法の確立、党内の敵[6]の暴露であった。後にアルジャー・ヒス (ローズヴェルト政権の高級官僚) を共産党員でありソビエトのスパイであったと告発するウィテカー・チェンバースがアメリカ共産党から離脱したのが38年4月であり、そのころすでにチェンバースはピーターズのもとで非合法活動をしていたことを公言

しはじめていた。同じころ，ロビンソン=ルーベンス事件として知られるアメリカ旅券偽造事件が明るみに出て，アメリカ共産党の関与が部分的に明らかになった。ベイカーは報告書のなかで，「この活動の問題点は，これがピーターズによって指導されていることが広く知られるに至ったことである」（クレア，ヘインズ，フィルソフ 2000：141-152）と記しているが，それはピーターズ解任の大きな理由となった。こうした背景から，ベイカーの活動には，チェンバースのような党内の規律を乱す敵の暴露と排除が重大な課題として課せられることになったのである。また秘密活動がベイカーに引き継がれるさいに，それが一般党員には知られないようにするために，彼は党の表の仕事に就く必要があり，中央統制委員会の委員となって幹部党員の経歴調査，素行審査などを担当した。これにより文書防衛，党内連絡，党の敵の摘発と排除といった問題を提起することを不審に思われることなく行うことができたという。こうしたことは，秘密活動が党内でも秘密にされており，それはコミンテルンとの関わりのなかで実行されていたことを示している。

3 秘密活動の拡大と深化

(1) イデオロギー的偏向分子との戦い

ベイカーの主たる仕事は党内の敵の排除であった。中央統制委員会は，アメリカ各地で，時には盗聴や盗み，敵組織への潜入といった手段で仲間内の裏切り者，イデオロギー的偏向分子を摘発し，そして追放していった。もちろん，そもそも絶対数としてアメリカの共産主義者の数は少ないうえに国家権力とは無縁であり，したがってアメリカ国内で処刑や強制労働のような形での人命に関わる事態になることはなかったという点ではソ連におけるスターリン大粛清とは比べることはできないが，それでも同時期に進行中だった大粛清の影響を受けて，イデオロギー的偏向を容赦しない姿勢は全面に打ち出されていた。モスクワなどソ連にいるアメリカ人およびロシア人などに関する偏向分子情報をソ連当局に通報した場合，彼らの運命がどのようなものとなったかは容易に推測できよう。

また，この時期はスペイン内戦が行われていた時でもあった。スペイン内戦には3000人近いアメリカ人義勇兵が参加して国際旅団とともに戦ったが，そのなかには多くのアメリカ共産党員がいた。アメリカ共産党は義勇兵の徴募とスペインへの移送を組織したが，コミンテルン資料によると，37年10月時点で任務に就いていたアメリカ人義勇兵のうちおよそ8割近くが共産主義者であった（クレア，ヘインズ，フィルソン 2000：229）。そして，スペインに渡った義勇兵の間でも同様に敵の排除は行われた。ラブストーン派の著名な党員バートラム・ウルフがスペインに渡ったことを警告するアメリカ共産党によるコミンテルンへの通知，およびウルフに関する監視報告書がコミンテルン資料に残っている（クレア，ヘインズ，フィルソン 2000：230-231）。一方，無名の一義勇兵アルバート・ワラックはスパイ容疑のために処刑された。帰国した元義勇兵の証言から，ワラックはアメリカに戻るためバルセロナのアメリカ領事と接触をもったが，それがスパイの証拠とされたという。コミンテルン資料にワラックに関する報告書が残されているが，そこでは，部隊からの逃亡，CNT（労働全国連合：共産党に敵対的なアナルコ・サンディカリスト組織であるスペイン最大の労働組合連合）とのつながり，アメリカ領事館での身分証の偽造といった告発が記されていた（クレア，ヘインズ，フィルソフ 2000：239, 258）。

　しかし，そうした告発が事実であったかどうかは定かではない。スペイン内戦に関して，自由と平和の理想をもった義勇兵の勇敢な戦いという見方に対して，国際旅団の義勇兵にみられた士気の低下や逃亡，イデオロギー対立とそれに対する粛清といった側面を資料は明らかにしている。そうしたスペインでのイデオロギー的偏向分子の粛清はコミンテルンによって持ち込まれたものであり，それはスターリンの大粛清の一環とみなしうるものであった。それゆえ，そこでみられたのと同種の無実の罪や汚名を着せられての粛清もあったであろう。ベイカーらがアメリカ国内で行っていた敵の摘発と排除は，スペインでのアメリカ人義勇兵粛清とは直接は関係ない。しかし，アメリカ共産党幹部でベイカーと同じクロアチア出身のスティーヴ・ネルソン（本章注5を参照）が，政治コミッサール[7]としてスペインに従軍していたことを

みても，スペイン内戦に加わったアメリカ人義勇兵の動向に関する情報がアメリカ共産党に伝わっていた可能性は高い。スペインからの帰還者の復帰やリクルートのさいには，アメリカ共産党はコミンテルンの作成した資料を参照することができた。当時の状況では，それはきわめて強力な情報源となってその後のアメリカ共産党の活動に影響を与えたことは間違いない。

(2) 政府機関への浸透

アメリカ共産党の秘密活動は，すでに30年代半ばからワシントンの政府機関に浸透していたことをコミンテルン資料が示している。ローズヴェルト大統領によるニューディール政策のもとにあった農業調整局内に，アメリカ共産党員ハロルド・ウェアを中心としたウェア・グループが存在していた。このグループの党員たちはその後，上院の教育・労働委員会（ラフォレット委員会）や全国労働関係委員会といった政府機関に専門職員として加わった。そして，労働組合の組織拡大に有利になるように，また共産党が肩入れするCIO（産業別労働組合会議）がAFL（アメリカ労働総同盟）より優位になるべく委員会の運営を導こうとした。ベイカーはコミンテルンに送った報告書のなかで，「ローズヴェルト大統領はサンフランシスコに連邦委員会を置き労働運動に対する敵対行為について調査を進めている。この委員会は，労働運動における何千人ものスパイを摘発した。共産主義者はこの委員会の活動に参加している。ローズヴェルトはこれに気付いていない」（クレア，ヘインズ，フィルソフ 2000：161）と報告している。

ベイカー自身は政府機関に入り込んだわけではない。ベイカーはコミンテルンとつながった存在であり，アメリカ共産党の秘密活動をコミンテルンと結びつける役割を果たしていた。委員会に共産主義者が入り込んでいるという非難に応えてローズヴェルトは40年にその排除を実行するが，それは十分なものではなかった。第二次大戦が本格化し，OSS（戦略情報局）が組織されると，そこには共産主義者も重用されるようになった。やがてはアルジャー・ヒス事件や，後に述べるローゼンバーグ事件といった，スパイ活動によるソ連への情報流出が公になり，それは反共主義が猛然と吹き荒れる事態

を引き起こすまでに至るのである。こうしたアメリカ共産党，コミンテルン，ソ連諜報機関によるスパイ活動のネットワークは，「ブラザー・サン・ネットワーク」として組織化され，そこにおいてベイカーは「サン」として，秘密情報のコミンテルンひいてはソ連諜報部への伝達に大きな役割を果たすようになる。

(3) 第二次世界大戦中の秘密活動——ブラザー・サン・ネットワーク

　第二次世界大戦の時期になると，ベイカーの地下活動は「ブラザー・サン・ネットワーク」として現れる。「ブラザー」がディミトロフ（コミンテルン書記長），「サン」がベイカーであり，「ファーザー」がブラウダーであった。このネットワークは，コミンテルン解散（1943年）後は直接ソ連諜報機関（NKVD：内務人民委員部）と結びつくようになった。そしてそれは，アメリカの原子爆弾開発計画の機密を盗むことを目的とするソ連原爆スパイ計画に関わっていた。コミンテルン資料のなかから「サン」がルディーであることを示す文書がみつかった。NKVDのフィチン将軍がディミトロフに宛てた文書のなかで，「サン」とサインのある文書について，ニューヨークのルディーからのメッセージを転送すると記していた（クレア，ヘインズ，フィルソフ 2000：298）。また，「サン」から「ブラザー」へ宛てたこのネットワークの42年度末報告書では，「我々の組織は以前と同様党からは厳格に隔離されている。[……] 定期的にすべての問題をサンとファーザーとで討議，検討している。[……] 党は戦争遂行に公然面で協力し，これまで以上に法的自由を得ているが，その一方で，FBIや軍の情報機関は監視活動を止めてはいない [……]。われわれはファーザーおよびその他の中核的な同志との接触にあたって，最大限の注意を払う必要がある」と記している（クレア，ヘインズ，フィルソフ 2000：302-303）。すなわち，「ファーザー」は党の最重要人物である書記長ブラウダーであった。

　同じ文書のなかで「サン」は，クーパーという人物との密接な関係について述べている。また，ルイスという人物の活動に「ファーザー」が強い関心を示しており，ルイスとの連絡が困難であるということを記している。とり

わけ，クーパーは「サン」と「ブラザー」の連絡に際して効果的な援助を行っていると書いた（クレア，ヘインズ，フィルソフ 2000：302-303）。このクーパーとは，表向きは当時のソ連大使館三等書記官で，裏の顔は NKVD の高級将校であったヴァシリー・ズビリンであった。そして，ズビリンこそソ連原爆スパイ活動の指揮者であった。ズビリンがクーパーであることは，彼がスティーヴ・ネルソン（ネルソンはスペインから戻ると西海岸で日本人問題を担当しつつ党の敵の暴露と排除活動に従事していた）とカリフォルニアで43年に会った時の会話を FBI が録音したことでわかった（クレア，ヘインズ，フィルソフ 2000：306-307）。そしてルイスとは，モーリス・コーエンというアメリカ人で，スペイン内戦帰りのアメリカ共産党員であった。コーエンは，スペインでソ連諜報部員としてスカウトされていた。彼は，原爆スパイ活動の中心人物であり，原爆開発計画に参加している物理学者から情報を手に入れそれをソ連に渡していた，まさにソ連側の主要な情報源であった[8]。そうした人物が，「サン」ことベイカーが「ブラザー」に提出した報告書のなかに記されていたということは，アメリカ共産党の秘密組織がソ連の諜報活動と密接に関わっていたことを示している。ベイカー自身が原爆スパイの諜報活動をしていたわけではなかったが，秘密活動の責任者として，そうした活動に関わる情報や資金の管理・移送などに関わっていたことが明らかになった。

　1950年に発覚したローゼンバーグ事件によって，第二次大戦中以来の原爆スパイ活動により原爆開発計画がソ連に流れていたことが明らかになったが，それはそのときすでに生じていた反共主義（マッカーシズム）の嵐をいっそう大きく吹き荒れさせる要因となった。一方，ローゼンバーグ夫妻の死刑判決に対する国際的な反対活動が起こり，そうしたスパイ活動はなかった，冤罪であるという言説も巻き起こったが，今日それは否定される。ソ連の暗号を解読するヴェノナ作戦に関する機密が1995年に解除され，その結果ソ連による原爆スパイ活動の証拠が明らかになったためである。しかし，そうした左右両派による騒乱をよそに，ベイカー自身は戦後ブラウダーのあとを追うようにアメリカ共産党を離れ，さらにアメリカを後にし，故郷ユーゴへと戻った。

4 アメリカ共産党からの離脱とユーゴへの帰国
―― コミンテルン・ソ連との決別とチトー主義の受容

(1) ユーゴへの帰国と新たな希望

　ユーゴに戻った後のベイカーの消息の詳細は不明である。ただ，50年代にブラウダーとの間に手紙のやり取りがあったことが資料として残っている。数少ない手がかりとしてこの手紙のやり取りから，戦後ベイカーがどのような立場，状況にあったかを考察したい。

　マイクロフィルム化されたアール・ブラウダー文書と呼ばれる資料のなかに二人の間の往復書簡が含まれているが，その最初のものは，1951年11月3日付のベイカーからブラウダー宛ての手紙である[9]。手紙の末尾に手書きでRudyと署名があり，その下にベオグラードの住所，そしてルドルフ・ブルムと名前がタイプされていた。ここからも，ベイカーの本名がルドルフ・ブルムであったことがわかる。

　その手紙のなかでベイカーは，「あなたは，ソビエト体制の過去35年間をファシズムやテロルと結びつけること以上にありえないことだと，ここ［ユーゴ：引用者注，以下同様］にファシズムやテロルなどないと信じてくれていることと思います。もっとも，ファシズムやテロルはソ連にその源があるのですが」と皮肉をこめて書いてソ連体制を批判する一方でユーゴを擁護している[10]。続けて，ベイカーは，「労働生産性がアメリカ植民地とたいして変わらない経済的に発展していない国でそうであるように，ここユーゴでも物事は簡単ではありません。しかし，物事を進める新しいやり方を見つけようとする柔軟な姿勢と民主主義の真のはじまりが見られるのです」と書いて，ユーゴが48年にソ連陣営から追放されて以後歩みはじめた独自の道（労働者自主管理）に期待を寄せていることがわかる。

　53年3月6日付のブラウダーからルディー宛ての手紙では，スターリンの死に関連してブラウダーが受けたインタビューのさいのエピソードについて書いている。ニューヨーク・ポスト紙に載ったブラウダーのインタビュー記事のために，ソ連陣営からはコミンフォルム機関誌でブラウダーを「戦争

挑発屋でウォール街の手先」と非難するキャンペーンを受けることになったが、一方でアメリカ政府もまたこの記事のあとすぐにブラウダーと妻に対する新たな攻撃をはじめてきたという。これについてブラウダーは、「秘密の"モスクワの手先"がこの動きに嚙んでいるのではと思わせるようだ」とジョークを述べている。マッカーシズムが吹き荒れる50年代のアメリカで、共産党を離れたとはいえブラウダーは政府の要注意リストに載る人物であることに変わりなく、出版など難しい状況にあった。ベイカーとの文通においてしばしばブラウダーの論文や記事の出版の話が出てくるが、これは旧知のベイカーを通じてユーゴでの出版を模索したのであろう。モスクワとアメリカの双方から同じタイミングで圧力を受けたことについて、アメリカ政府内にモスクワの手先がいるからではというジョークは、30年代後半にアメリカ共産党員をアメリカ政府に浸透させるという地下活動を率いたブラザー・サン・ネットワークの当事者であったベイカーとブラウダーにとっては身近なネタであったと言えるかもしれない。

　53年9月17日付のベイカーからブラウダー宛ての手紙は、ベイカーのユーゴ社会主義体制に対する思い、そしてアメリカに対する見方が読み取れる手紙であり非常に興味深い。1948年6月のコミンフォルム決議はユーゴを社会主義への道から逸脱したと断罪しソ連陣営から追放することになったが、彼は、このことが契機となって、それまで社会主義建設において絶対的とみなされていたすべてのものの再評価が促されることになったとし、ブラウダーに対して次のように言う。「あなたがもはや一般に受けとられている意味での共産主義者ではないというのは正しいと思います。ただし、あなたの見解が変わったわけではなく、逆に［現実の］共産主義が変わってしまったのです。しかし共産主義が本来もっていた内容は変わらずあり続けているはずです。共産主義や共産主義者であることの中身は、現在それを受け継いでいる人々とその政策、すなわち共産主義諸国の現実によって99％判断を下されねばならないのです」。そしてユーゴについて、「ユーゴでは共産主義者という言葉の本来の意味は日常的に使われるなかで保持されているし、党名［ユーゴ共産主義者同盟］はマルクスの共産主義者同盟と結びつけられてい

ます。ユーゴにおける党の役割は他とはまったく違っているのです」と記す。さらにアメリカとアメリカ共産党，そしてまたユーゴについて以下のように述べている（要約）。

　　労働組合はもっとも進歩的な勢力であるが，それだけでなくニューディールを実行したローズヴェルト大統領の役割，彼のたくさんの同僚たち，支持者，また聖職者や一部の資本家の役割も無視できない。あなたは党にアメリカニズムを持ち込むことでレーニン主義の一側面の修正を行い，プロレタリア独裁から改良主義へと移行した。失業者救済，失業保険，社会保険，ニューディールなどを行って，今の時代にではなく遠い将来に社会主義をおいた。
　　アメリカ共産党の党名変更はたんなる名前の変更でしかなかったが，ユーゴでは党名だけでなく党の任務も変えてしまった[11]。それはより一層の民主主義を意味していた。もしあなたの路線を維持し続けられていれば，アメリカ共産党のプログラムは今どうなっていただろうか。民主的なシステムと民主的な伝統をもつ工業国での社会主義への道はいかなるものか？それに対してコミンテルンは一つの答えしかもたなかった。プロレタリアートの独裁をともなう革命。これを実現しようとするとき，唯一の前例しかなかった。ソ連という唯一の現実，労働者の祖国。ソ連のやり方とソ連の利益が他のすべてのものの上に立つ。それ以外のものは改良主義で裏切りとされた。民主的権利のための戦いを主張したディミトロフも，唯一の真の民主主義はソ連邦の社会主義的民主主義であると主張した。ブルジョワ民主主義は，単にブルジョワ独裁の一形式でしかなく，搾取の道具であるとされるが果たしてそうか。それは社会主義のもとでも追求・拡大され続ける永遠の価値をもつものとして，人民の政治的獲得物を含むのではないか。私は後者のほうが正しいと思う。ここ［ユーゴ］では，民主的権利が導入されているが，それらの多くは，合衆国において，より成熟した形で私が享受していたものと比べればまだ初歩的な形式でしかない。しかし真に工場を管理する労働者評議会という方法は社会主義的民主主義の要素

をもっている。しかし，そのユニークさと労働者の経験不足のために，政治的民主主義の点でも，組織的，経営的，技術的な点でも，それはまだ不完全である。

(2) コミンテルンと国境を越える活動——意識と価値観の変容

最後に，同じ手紙のなかでコミンテルンについて書いている部分を紹介したい（要約）。

　あなたはコミンテルンとコミンフォルムの違いを過度に強調しすぎていると思う。コミンテルンの形態は民主的ではあったが，その中身はロシアによって支配されていた。彼らの支配は満場一致で自発的に受容されていた。それは単一支配と意見の相違に対する乱暴な排除を意味していた。世界革命の統合参謀というのがコミンテルンの本質であり，各党のボルシェビキ化はその必然であった。そしてそれは，コミンテルンによって承認されない見解および人物の乱暴な仕方での排除を必要とした。ソ連とコミンテルンは完璧であり，それに対するいかなる批判も反革命とされる。ソ連とコミンテルン指導者だけが批判を実行できる存在であり，他の者はそれを繰り返すだけ，しかも次の瞬間にはその批判はひっくり返るかもしれないから，その時限りのことである。公式に承認されたものについて決められた範囲を超えて思考しないよう教えられるのがコミンテルンの伝統である。

ベイカーとブラウダーの文通は，ベイカーの戦後の消息の一断面を示すに過ぎない。ベイカーが，いつ，なぜ母国ユーゴに戻ったのかは明らかではない。ユーゴへ戻ったベイカーは，政府関連の出版局や政府研究機関で通訳として働き，1948年に生じたチトーとスターリンの衝突のさいにはチトーを支持した（クレア，ヘインズ，フィルソフ 2000：322）。スターリン粛清期にアメリカ共産党内のイデオロギー偏向分子排除の責任者であったベイカーがチトー主義者となった背景に何があったのか。クロアチア出身移民のベイカー

が，アメリカ市民権を手にいれ労働運動に没頭し，コミンテルンと関わりをもつようになるなかで"ユーゴスラヴィア出身でアメリカ市民権をもつ党専従の活動家"という立場で太平洋をまたにかけた活動を展開し，さらにはコミンテルン，ソ連のための情報活動のネットワークの調整役として重要なポジションを占めるに至った。そうした人物がかくも容易にソ連と対立したユーゴの側に立つようになった背景にどのような心境の変化があったのか。ユーゴスラヴィアという概念はユーゴのなかでは，セルビア，クロアチアといった民族性を超えた連邦主義的で普遍的な意味をもった。ベイカーはそうしたユーゴスラヴィアに期待する一方，ソ連との対決においてはソ連が"民族"共産主義と非難するチトー主義の立場を支持した。こうしたベイカーのネーション意識と階級意識の関係をどう理解すればよいのか。これらの疑問すべてに明解に答えることはきわめて困難である。しかし，一見矛盾し錯綜した活動を示すベイカーの生涯に現れるのは，グローバル化と国民国家化のはざまで翻弄された歴史，すなわちグローバル・ヒストリーの一つの側面であったと言えるのではないだろうか。

　ベイカーの国境を越えるグローバルな活動において彼が最後に到達したのは，民主主義，民主的権利の拡大の重要性ではなかったか。1943年にコミンテルンは解散した。アメリカ共産党も同時期に党名を変更した。そうした第二次世界大戦のさなかに，アメリカ政府への浸透を通じた党の活動にアメリカの社会主義化の可能性を夢見ていたのかもしれない。ベイカー自身，アメリカの労働者が享受するさまざまな恩恵，生活水準の高さ，たくさんの余暇時間，文化の発展と民主的権利の機会を評価し，アメリカの労働者はどこよりも社会主義的内容を享受しているとみていた（前掲53年9月17日付のブラウダー宛ての手紙）。しかしモスクワの指令によりブラウダーは解任された。戦後，アメリカではマッカーシズムが吹き荒れる。アメリカにおける夢の実現への期待はしぼんでいったかもしれない。そしてモスクワへの不信と反発もまた生じたかもしれない。そうしたなかで，コミンフォルム決議とチトー対スターリンの衝突が生じ，そこでチトーのユーゴへの共感をもつにいたったのではないか。ユーゴの労働者自主管理は，スターリンからは民族共産主

義と非難されたけれども，その中身は多民族からなるユーゴを連邦制で束ね，労働者階級の民主的権利の拡大を実現させようとするものと映ったであろう。それは，ベイカーがずっとそのために活動してきた労働者階級の権利の拡大と同時に，孤立する母国ユーゴの独立を守る戦いへの参加という点で彼のネーション意識をも満足させるものであったのかもしれない。

おわりに

　国際共産主義運動は，初期グローバル化の時代にそれへの対抗手段として生じた。それゆえそれ自体，グローバルな思想と運動を体現するものであった。だが，グローバル化の進展自体は今日に至るまで決して止むことなく続いているものの，初期グローバル化がその後国民国家化という変容を被った（20世紀の大半は"国民国家化"として象徴できる）なかで，国際共産主義運動もまた変容せざるをえなくなった。とりわけソ連においてスターリンの一国社会主義路線が採用された結果，国家の強化＝国民国家化は国際共産主義運動においても顕著な特徴を現すようになった。したがって各国において活動する国際共産主義運動の活動家たちの活動もそれに応じて多元的な意味合いをもつようになる。すなわち，グローバルな指向とそれぞれの民族や国家がもつナショナルな指向の双方を追求するものとならざるをえなくなるが，そのグローバルな指向の内実が「ソ連の強化とソ連方式の盲目的受容」であったとき，グローバルな活動のそうした矛盾した性質とナショナルな指向との対立という多元性のなかで個々の活動は揺れ動くことになった。ベイカーの活動は，そうした国際共産主義運動の揺らぎと変容を象徴するものとしてきわめて興味深い事例を提供してくれる。それはまた，国民国家化の時代の前半部にあたる20世紀前半の歴史において，グローバルな動きと国民国家化の相克という時代の流れのなかで国際共産主義運動に関わった人物の活動をグローバル・ヒストリーの観点から描き出す作業としても興味深い事例であろう。

■注
1) Klehr, Haynes, Firsov (1995)。その第二弾として出版されたものが次である。Klehr, Haynes, Anderson (1998)。1995年にアメリカ政府がいわゆるヴェノナ（米英によって1943-80年まで続けられたソ連の暗号通信を解読するプロジェクト）文書の公開をはじめたことにより，さらにこの面からの研究が進んだ。ヴェノナに関しては次を参照。Haynes, Klehr (2000); Haynes, Klehr (2003); Romerstein, Breindel (2001)。また，フィルソフは，コミンテルンの暗号通信に関する著作をロシア語で出版した。Фирсов (2007)。
2) たとえば，ブデンツやジョー・コイデの回想録などで名前がわずかに出てくることがあるものの，そこで彼の重要な役割に言及されることはまったくない（ブデンツ1950；コイデ 1967）。
3) 一例として，スペイン内戦へのユーゴ人義勇兵派遣と粛清，およびユーゴ共産党指導部内の関係について考察したのが次の拙稿である。岡本（2007），岡本（2008）。スペイン内戦とコミンテルンの関係，戦後東欧支配への影響については次も参照。カー (1985)。
4) コミンテルンは，各国の共産主義者に関する経歴書を作成していた。現在，モスクワにあるロシア国立社会政治史アルヒーフ（略称ルガスピ РГАСПИ。1950年代前半までのソ連共産党および国際共産主義運動に関わる膨大な量の資料を収蔵）で，それらの一部を見ることができる。ベイカーの個人ファイルも，アメリカ共産党員個人ファイルのなかに残されていた。わずか20枚ほどの資料だが，ベイカー自身の手書きによる経歴書も含まれる（РГАСПИ, ф. 495, Оп. 261, Д. 4551, Л. 1-23）。ここでは，その経歴書とヘインズ，クレアらによる著書で用いられたコミンテルン資料にもとづく記述とを合わせながら彼の活動の変遷をみていく。
5) ベイカー同様にクロアチア出身の移民でアメリカ共産党員となり，同じく秘密活動に従事した人物がスティーヴ・ネルソンである。ネルソンは1903年生まれで，1920年にアメリカに渡った。17歳での移民でもあり，当初英語もできなかった。ネルソンは回想録（Nelson, Barrett, Ruck 1981）を出版しているが，ニューヨークでは東欧移民の多い地区に暮らし，さまざまな職を転々とするなか，クロアチア人，セルビア人，スロヴェニア人，ハンガリー人，ポーランド人らと交流したことについて記述している。労働者として組合運動にも関わるようになるが，学もなく英語も不自由だったこともあり，共産党のなかのセルボ・クロアチア語による勉強会などに参加して次第に党の活動に加わっていった。ネルソンは，ベイカーとも知り合い，一時同じアパートに暮らしていたときもあったという。ここからは，確かに同郷のクロアチア人との深い付き合いは認められるものの，むしろそれと同じかそれ以上に同じ東欧出身移民との相互交流もみられるのであり，過剰なクロアチア人ネーション意識といったものはネルソンにもみて取ることはできない。もっと早くに渡米し，すでに組合活動でリーダーシップを発揮していたベイカーはなおさらそうであったかもしれない。なお，ネルソンは，ベイカーの推薦を受けて31-33年の2年間をモスクワの国際レーニン学校に学び，その後アメリカに戻り党の幹部として活動する。スペイン内戦期には政治コミッサールとしてスペインに向かった。帰国後は，主に西海岸で党の組織担

当として活動し，日本人共産主義者とも一緒に仕事をした。しかし，回想録では，ベイカーに関しては20年代のところでわずかに登場するだけであり，ネルソン自身の30年代後半の秘密活動に関してはほとんど語っていない。
6)　主としてトロツキスト（スターリンと袂を分かったレフ・トロツキー〈メキシコに亡命するも1940年にスターリンの刺客によって暗殺〉の名に由来するが，それとは直接関係なくとも共産党の指導に従わない者，裏切り者の代名詞として用いられた）とラブストーン派（ジェイ・ラブストーンは1927-29年の間アメリカ共産党書記長をしていたが，ブハーリン〈ソ連共産党の理論家，スターリンと対立し右翼偏向を批判され粛清された〉とのつながりを疑われてスターリンによって追放された）。
7)　政治コミッサールはコミンテルンと国際旅団各部隊との連絡，監督役として各国共産党から派遣されていた。『アメリカ共産党とコミンテルン』に描かれるような義勇兵に対する粛清に関する話はネルソンの回想録には出てこず，逆に彼がいた間にリンカーン大隊でも第15旅団でも連れ出され処刑されたものは一人もいなかったと記している（Nelson, Barrett, Ruck 1981：237）。前述のように，ベイカーとの関係に関する記述が極端に少なく，また自身の秘密活動についてほとんど語っていないネルソンの回想録は，新資料によってその不十分さが明らかにされたと言えよう。
8)　ソ連が崩壊した後の90年代初めに，ロシア対外情報局はソビエト退職将校の情報を一部公開し，過去の諜報活動の成功例の一つとして原爆開発計画への浸透工作の一端を公表した。そのなかでズビリンやコーエンが果たした役割について明らかにした（クレア，ヘインズ，フィルソフ 2000：306-308, 312-315）。
9)　以下，本章で参照した手紙は次の資料による。The Earl Browder papers 1891-1975 (1976).
10)　周知のようにユーゴでは，第二次世界大戦においてチトー率いるパルチザンがほぼ独力で占領軍から国土を解放し，戦後はいち早く社会主義国家の建設をスタートさせていた。にもかかわらず48年6月のコミンフォルム（共産党情報局 1947-1956）第2回会議においてユーゴの社会主義への道は民族共産主義と断罪され，ソ連陣営から追放されるにいたった。49年11月のコミンフォルム第3回会議では，さらにひどいユーゴ非難の決議が出された。イタリア代表トリアッティは「チトーらスパイ一味はアメリカ帝国主義者の意志を遂行する最悪の分裂主義者である」と述べ，ハンガリー代表デジは報告のなかで「ユーゴはブルジョワ民族主義からさらに進んでファシズムへ転化した」と規定した。ベイカーの記述は当時のユーゴに対するそうした見方を踏まえたものだった。コミンフォルム会議については，次を参照。Procacci (ed.) (1994).
11)　1943年コミンテルン解散を受けてアメリカ共産党はアメリカ共産主義者協会に改名したが，ブラウダー失脚後アメリカ共産党に戻った。ユーゴでは，1952年にユーゴ共産党からユーゴ共産主義者同盟に改名したが，これはソ連との対立を受けてソ連社会主義を批判するなかでマルクスらによる共産主義者同盟への回帰を意図的に示すためのものであった。

■参考文献

岡本和彦（2007）「スペイン内戦とユーゴ人義勇兵」川成洋・坂東省次・小林雅夫・渡部哲郎・渡辺雅哉編『スペイン内戦とガルシア・ロルカ』南雲堂フェニックス。

岡本和彦（2008）「スペイン内戦期のユーゴスラヴィア共産党──チトー指導部確立との関連で」『東京成徳大学人文学部研究紀要』第 15 号。

カー，E. H.（1985）『コミンテルンとスペイン内戦』（富田武訳）岩波書店。

加藤哲郎（2007）『情報戦と現代史』花伝社。

コイデ，ジョー（1967）『ある在米日本人の記録　上　レーニン学校から日米開戦まで』有信堂。

ブデンツ，ルイス・フランシス（1950）『顔のない男達』（村山節訳）ジープ社。

The Earl Browder papers 1891-1975, series 1-11, reel 1 (1976) Microfilming Corporation of America.

Фирсов, Ф. (2007), *Секретные коды истории Коминтерна. 1919-1943*. АИРО-XXI.

Haynes, J. E., H. Klehr (2000) *VENONA: Decoding Soviet Espionage in America*. Yale University Press.

Haynes, J. E., H. Klehr (2003) *In Denial : Historians, Communism, & Espionage*. Encounter Books.

Klehr, H., J. E. Haynes, and F. I. Firsov, Russian documents translated by Timothy D. Sergey (1995) *The Secret World of American Communism*. Yale University Press.『アメリカ共産党とコミンテルン──地下活動の記録』（渡辺雅男・岡本和彦訳）五月書房，2000 年。

Klehr, H., J. E. Haynes, and K. M. Anderson (1998) *The Soviet World of American Communism*. Yale University Press.

Nelson, S., J. R. Barrett, and R. Ruck (1981) *Steve Nelson, American Radical*. University of Pittsburgh Press.

РГАСПИ, ф. 495, Оп. 261, Д. 4551, Л. 1-23.

Procacci, G. (ed.); Adibekov, G., et al. (co-eds.) (1994) *The Cominform : minutes of the three conferences 1947/1948/1949*. Feltrinelli.

Romerstein, H., E. Breindel (2001) *The Venona Secrets : Exposing Soviet Espionage and America's Traitors*. Regnery Pub.

第 9 章

60 年安保闘争と「沖縄問題」
—— 「沖縄問題」の不在を再考する

小野　百合子

はじめに

　1952 年 4 月 28 日，サンフランシスコ講和条約の発効によって日本は米軍占領下から独立した。しかし，講和条約と同時に結ばれた日米安全保障条約によって，日本には独立後も引き続き米軍が駐留することとなった。一方，日本本土が独立した後も米軍占領下に留め置かれたのが，奄美と沖縄である。このうち奄美諸島は翌 53 年 12 月 25 日に日本に復帰したが，沖縄は 1972 年 5 月 15 日まで米軍統治下に置かれ続けた。その間，沖縄には広大な軍事基地が建設され，アメリカは極東軍事政策の要としてこれを使用した。沖縄住民が生活や生産活動を営んでいた平地や農地を，ときに強制的に接収しながら基地建設が進められた結果，人々の生活圏と軍事基地とが複雑に交錯する基地社会が形成された。住宅地に近接する普天間飛行場の存在は，そうした状況を端的に物語るものである。

　講和条約と安保条約の発効から 60 年近くが経とうとしている現在，日本にはなお米軍が駐留を続けており，在日米軍基地の約 75 ％が沖縄県に集中している。これは，沖縄が長期にわたって米軍統治下に置かれ，そのもとで基地建設が進められたことに直接的には起因する。しかし，戦争放棄や戦力の不保持を定めた日本国憲法第 9 条が，沖縄の軍事化を前提にもたらされたように（古関 2002；明田川 2008），また 1950 年代半ばの基地反対闘争の盛り上がりを受けて整理・縮小された日本本土の米軍基地の一部が沖縄に移駐したように（林 2006），米軍統治下における沖縄の基地化は，日本本土に

「平和」が成立していく過程と表裏一体の関係にあった。

　米軍統治下に置かれた沖縄住民にとって，日本国憲法によって「平和」な生活が保障された日本は憧れの的であった。1950年代後半に米軍による土地接収が激しさを増すと，日本に復帰することで軍事基地に脅かされる状況を脱しようと日本復帰運動が盛り上がりをみせた。しかし，1972年の沖縄返還は，基地の縮小を実現しなかったばかりか，沖縄への在日米軍基地の集中は，むしろ復帰後に加速していった。日本復帰によって手に入ると思われた基地社会からの脱却は，1972年の「復帰」によってもたらされることはなかったのである。

　基地社会・沖縄が抱えるさまざまな問題は，しばしば「沖縄問題」と形容される。この言葉は，在日米軍の存在に起因する問題を，あたかも沖縄という一地域の問題であるかのように感じさせる。本来，日米安保条約によって駐留が規定された在日米軍がもたらす負担をどのように考えるのかという問題は，日本社会全体で共有されるべき課題であろう。にもかかわらず，「沖縄問題」と称される沖縄の在日米軍基地の問題を，みずからの生活の「安全」に関わる問題ととらえている人々は少ないのではないだろうか。その一方で，沖縄現地で在日米軍に対する異議申し立ての声があがると，その行為は，「友好」な日米関係にひびを入れるものであるかのようにとらえられがちである。日本国家全体の「安全保障」の名のもとに一部の人々の生活が危険に晒される一方で，多くの人々はそのことに無関心なまま「安全」を享受しているのである。

　こうした現状を批判的に再考していくためには，日本社会全体の「安全保障」のあり方と，「沖縄問題」と称される基地社会・沖縄が抱える問題との関係性を，あらためて問うてみる必要があるだろう。本章で取り上げる60年安保闘争と「沖縄問題」という主題は，そのための重要な素材である。1950年代末から60年にかけての日米安保条約の改定交渉をめぐって，日米軍事同盟に依拠する安保体制を疑問視し，新安保条約の成立を阻止しようとする運動が盛り上がりをみせた。これが日本戦後史においてもっとも大きな大衆運動とされている60年安保闘争である。安保闘争は，新安保条約それ

自体を阻止するにはいたらなかったものの，事前協議制の導入などによって米軍の行動に一定の枠をはめることに成功した。しかし，そのことは沖縄の軍事基地の利用価値を高め，米軍による沖縄統治の長期化をもたらす方向に作用した（河野 1994）。この意味で，新安保条約は沖縄の基地化と密接な関わりをもっていたのである。

　従来，60年安保闘争ではこうした点が十分に認識されていなかったと指摘されてきたが，その理由は，当時の日本社会および本土の運動において「沖縄問題」に対する認識が不十分であったことに求められてきた。こうした見解においては，60年安保闘争は「沖縄問題」をその視野に含みえなかったものの，日本社会における「沖縄問題」に対する認識は徐々に「深化」し，その結果，沖縄返還を控えた1970年前後には沖縄返還運動が盛り上がりをみせたのだとする発展論的な図式が前提とされている。しかし，1972年の沖縄返還によって米軍基地の縮小が実現しなかったにもかかわらず，在沖米軍基地問題への関心が沈静化した事実が端的に示すように，日本社会における在沖米軍基地に対する関心は，日本全体の「安全保障」を脅かすものとして争点化されるさいには大きな関心を集めるものの，その懸念がある程度払しょくされると，再び「沖縄問題」という個別問題に矮小化されるというサイクルが繰り返されてきた。

　日米軍事同盟への反対運動として展開された60年安保闘争において，なぜ「沖縄問題」が不在であったのかをいまいちど検討することは，沖縄への米軍基地の極端な集中と，日本（本土）社会における米軍基地問題の不可視化とが並存する現状を省みる契機となるだろう。

1　60年安保闘争における「沖縄問題」の不在という論点をめぐって

(1)　「沖縄問題」は不在だったのか？

　沖縄戦後（運動）史研究の代表的論者である新崎盛暉は，60年安保闘争が「沖縄問題」を視野に入れていなかったことを示す具体例として，沖縄にメースBミサイル基地を建設するというアメリカの計画が，安保闘争にお

いて問題化されなかったことをあげている。1960年5月，アメリカ議会が同計画を承認すると，琉球立法院はただちにメースB持ち込み反対決議を行ったが，このとき急激に盛り上がりつつあった60年安保闘争はこれに対して明確な反応を示しえなかった。「日米軍事同盟（日米安保体制）の再編強化に反対するはずの60年安保闘争は，沖縄への公然たる核持ち込みに対決することもなく，核持ち込みに反対する住民の意思表示（立法院決議）と連帯することもできなかった」と新崎は述べている（新崎 1976：6）。

　60年安保闘争における「沖縄問題」の不在という論点が，沖縄戦後史の枠を超えて広く自覚されるようになったのは，70年安保闘争を契機としている。沖縄に存在する広大な米軍基地の撤去・縮小をともなわないまま施政権が返還されることで，日本全体が軍事化することが懸念され，軍事基地（とりわけ核基地）の撤去を求める沖縄返還運動が日本本土でも盛り上がりをみせた。基地のない沖縄返還を求める運動と不可分に展開された70年安保闘争のなかで，60年安保闘争時に「沖縄問題」が抜け落ちていたことが省みられるようになったのである。

　先述のように，60年安保闘争における「沖縄問題」の不在を指摘するこうした文脈においては，当時の日本社会および革新運動において「沖縄問題」の認識が不十分であったことにその理由が求められてきた。しかし，1950年代後半の日本社会において，基地化が進む沖縄の情勢への関心や，「沖縄問題」に対する運動の経験がまったくなかったわけではなかった。わずか数年前の1956年夏には，沖縄軍用地問題が本土で大きな反響を巻き起こし，これを機に沖縄現地の復帰運動の盛り上がりとそれに対する米軍の圧力という一連の情勢が，日本本土の新聞でも報じられていた。また，日本労働組合総評議会（総評）が沖縄現地の運動に対する支援を開始するなど，1950年代後半の日本社会において，「沖縄（問題）」は決して不可視の事象ではなかった。だとすれば，安保闘争における「沖縄問題」の不在の理由を，当時の日本社会や革新運動が「沖縄問題」を視野に含みえていなかった点に求めるだけでは不十分だといえよう。

(2) 「沖縄問題」の不在を再考する二つの視角

　よって，安保闘争における「沖縄問題」の不在という主題を，二つの視角から再考してみたい。一つ目は，1950 年代後半と 1960 年代前半の「沖縄問題」をめぐる論調の変化に着目し，この転換をもたらした分岐点として，安保闘争および安保条約改定論議を検討する視角である。

　1950 年代後半の「沖縄問題」に対する論調は，沖縄住民は「日本人」であり，暫定的な統治者である米軍に沖縄住民の意向を十分尊重するよう要望するとともに，施政権返還への期待を表明していた。これに対し，60 年代前半には，米日両政府の対沖縄援助の増額による沖縄住民の生活向上が求められるようになり，沖縄返還の主張は影をひそめるようになる。この変化を考えるさいに重要な考察対象となるのが，安保条約改定論議における新安保条約の適用範囲に沖縄を含むかどうかという議論である。沖縄は，アメリカが韓国，台湾などとそれぞれ締結していた安全保障条約の適用範囲となっており，もし新安保条約の適用範囲に含まれるとなれば，日本がこれらの地域で起こる紛争——当時とりわけ懸念されていたのは朝鮮半島や台湾海峡の紛争であった——に巻き込まれるのではないかと懸念されたのである。

　新安保条約の適用範囲に沖縄を含めるかどうかという議論は，本土における「沖縄問題」認識に大きな転換をもたらしたといえる。この議論を通じて，アメリカが東アジアに張り巡らした軍事同盟の要に沖縄が位置づけられている事実が浮き彫りとなり，沖縄の施政権返還を要望することは，日本本土の「平和」を危険にさらすことと表裏一体であることが認識されるようになったためである。このことが 1960 年代前半の論調において沖縄の施政権返還の主張が影をひそめる要因になったのではないだろうか。こうした観点から，安保闘争における「沖縄問題」の不在を再検討してみたい。

　二つ目の視角は，沖縄返還運動史において安保闘争と沖縄闘争との「結合」を示す例としてしばしば言及がなされる，1960 年 1 月に鹿児島市で開かれた「ナイキ発射演習，日本の核武装化反対，沖縄返還要求国民総決起大会」（以下「鹿児島大会」）の性格を再検討することである。鹿児島大会は，「沖縄返還要求」がスローガンの一つに掲げられ，2000 余名が参加した大規

模な大会であった。また。大会翌日に鹿児島市を出発した「沖縄返還要求国民大行進」（以下「沖縄行進」）は、その第3条で沖縄の分離が定められている講和条約が発効した日であり、後に沖縄返還運動の行動日とされる4月28日に東京に到着している。安保闘争総体において「沖縄問題」が等閑視されていたとすれば、なぜ鹿児島という地方都市で「沖縄返還要求」を掲げた大規模な大会が実現したのだろうか。

　この取り組みについて、前出の新崎盛暉は、沖縄返還集会としては大規模で、「沖縄返還のカンパニアを国民大行進という形式によって試みた」ことを評価しながらも、「さまざまな組織や団体のなかに、沖縄闘争［……］を安保闘争と結びつけなければならないと考える人びとが少数ながらいたということの証左ではあっても、60年安保闘争と沖縄闘争が結びついたことを意味するものではない」と述べている（新崎 1976：209）。他方で、『沖縄返還運動』を著した牧瀬恒二は、「沖縄行進」の意義を、「あくまでも沖縄返還の独自の旗をかかげながら、しかも沖縄返還を安保条約反対、批准阻止の要求としっかり結合させて、行進を起こした」と評価し、安保闘争と「結合」した取り組みととらえている（牧瀬 1967：117）。このように、鹿児島大会および沖縄行進については、安保闘争と「沖縄返還要求」との関係をめぐって見解が対立している。

　さらに、1960年代前半の本土における沖縄返還運動の展開においても、鹿児島大会は突出した位置を占めている。1962年以降、「沖縄問題」への関心を有する団体の主導によって4月28日が沖縄デーに設定され、この日を中心に運動が起こされるようになるものの、1962年の第1回沖縄デーに東京で開かれた中央大会の参加者は、2000名の動員目標に対して約500名、翌63年の沖縄デーの大会の参加者も1000名程度であった。1960年代前半の沖縄デーの不振と比較しても、鹿児島市という地方都市で2000余名が参加した鹿児島大会は飛び石のような存在なのである。よって、鹿児島大会開催の経緯を明らかにし、この取り組みと安保闘争との関係、および沖縄返還運動における位置づけを再考してみたい。

2 60年安保闘争における「沖縄問題」の後景化

(1) 60年安保闘争以前の日本社会における「沖縄問題」

1950年代後半までの本土において,「沖縄問題」は決して不可視であったわけではなかった。米軍政下にある沖縄の状況をはじめてまともに伝えたとされる1955年1月の朝日報道[1]を経て,1956年夏には沖縄軍用地問題に対して日本社会に大きな反響が巻き起こった。軍用地問題とは,米軍基地建設のための強制的な土地接収に対し,沖縄住民が「島ぐるみ」の反対運動を繰り広げたものである[2]。このとき,軍用地問題解決のための手段として,日本政府に断固とした対米折衝を要求するという方法がとられ,1956年6月27日,沖縄から代表団が上京してきた。

地方紙も含めた各新聞は,連日この問題を大きく報道し,各紙の社説は日本政府が強硬な対米折衝で沖縄の土地問題を解決すべきだと主張した。7月27日に『北海道新聞』に掲載された世論調査では,沖縄の土地問題を知っていると答えた人は約8割にのぼり,そのうち7割以上が政府はアメリカともっと強く交渉すべきだと考えていた[3]。折しも,7月8日に参議院選挙を控えていたこの時期,世論の強い関心を受けて沖縄軍用地問題は選挙戦における争点の一つに押し上げられた。そうしたなか,社会党や自民党などの政党および多様な団体による超党派の国民大会が開催され(7月4日),6月末から7月にかけて全国各地でも沖縄軍用地問題の解決を求める集会が開催された(小野 2010)。

また,1950年代半ばの日本社会では,憲法擁護運動や原水爆禁止運動,基地反対闘争といった平和運動が盛り上がりをみせており,軍用地問題を契機にこれらの平和運動において「沖縄問題」への関心が喚起された。1956年の第2回原水爆禁止世界大会では,特別分科会として「沖縄問題」が設けられることとなり,はじめて沖縄代表の参加を得て,「沖縄問題の平和解決に関する決議」が挙げられた(日本平和委員会 1969:342, 346)。また,憲法擁護国民連合から沖縄に贈られた激励文では,沖縄住民の要求を「全面的に

支持し」,「闘いが完全に勝利し,さらに日本復帰の実現するまで,そのさいごまで相たずさえてともに闘う決意」が述べられていた(中野編 1969：224-225)。

とりわけ,基地反対闘争においては,「沖縄の問題は日本の問題である」,本土の基地闘争と沖縄の土地闘争は「一体の闘い」であるととらえられ(『総評』第304号),砂川闘争との「結合」が試みられた。1956年9月2日に開かれた「沖縄・砂川をむすぶ青婦人の集い」には沖縄人民党の瀬長亀次郎が参加して闘争体験の交流を行ったほか(『総評』第314号),10月に第二次測量をめぐって砂川が再び緊迫すると,「砂川沖縄1億円カンパ運動」が展開された。このように,1956年夏の軍用地問題に対して,日本社会は敏感に反応し,解決を求める具体的な運動も展開されていた。

その後,「沖縄問題」への関心は世論のレベルでは沈静化したが,『朝日新聞』や雑誌『世界』などは沖縄現地の情勢を引き続き取り上げていた。『朝日新聞』は,1957年11月27日付社説「沖縄の米当局の措置を遺憾とす」で,沖縄人民党の瀬長亀次郎が米軍の圧力によって那覇市長の座を追われたことを批判的に論じ,翌58年1月14日付社説「那覇市長選挙に現れた民意」では,瀬長と同じ革新派に属する兼次佐一の当選を「那覇市民の多数の意志が米民政当局の措置を不当としたことを実証している」ものととらえた。雑誌『世界』もまた,瀬長亀次郎「祖国に訴える」(第145号),「私達は必ず勝利する――市長を追われて」(第146号)をはじめとして,中野好夫「民の声の審判」,宮良寛才「われわれはかく闘った」(第147号),兼次佐一「那覇市長に当選して」(第148号)など,この問題を継続的に取り上げている。

革新運動においても,1957年2月23日に約1万人の参加者を得て「沖縄施政権返還要求国民大会」が日比谷野外音楽堂で開催されたり(『総評』第340号),同年10月には財政を凍結された那覇市政に総評が市民会館の建築資材(関連費あわせ263万円余り)を送ったりしている(『総評』第371号)。1956年から58年にかけての時期,メディアにおいても革新運動においても,「沖縄問題」は取り上げられていたのである。

(2) 安保条約改定反対の論理と「沖縄問題」

それでは，安保闘争において「沖縄問題」が不在であった要因はどこに求められるのだろうか。それは，安保条約改定反対の論理それ自体のうちに含まれていたと考えられる。1959年3月，安保闘争において中心的な役割を果たす安保条約改定阻止国民会議が結成された。ここでは同国民会議の「結成のよびかけ」（以下「よびかけ」）における安保条約改定反対の論理を素材に，この点を検討してみたい。

「よびかけ」では，まず，「守ってもらうための軍事基地が，実は攻めてゆくための基地になっている」事実が指摘される。日本は，安保条約などによって米軍の駐留を認め，軍事基地を提供してきたが，その間に朝鮮や台湾海峡で紛争が起こり，これらの基地はアメリカの前線基地となった。このことは，「国民の間に重苦しい不安をまきおこし」，「『日本の独立が制限され，国民が知らない間に戦争の当事国となっている』という厳しい現実が，日米安保条約によって義務づけられていることを身をもって理解し，その廃止を要求してきた」。しかし，安保条約の改定は，その廃止ではなく強化の方向で行われており，「日本が共同防衛の義務を負い，それによって自衛隊の増強や核武装が要求される」，「韓国や台湾と同盟して，中国やソ連を攻撃する基地を進んでひきうける」，「憲法が否定されて民主主義と平和の基調が崩される」など，「日本の運命，民族の将来のために由々しい重大事」となっている。

よって，「日本の平和と民主主義を危機にさらし，国民生活を破壊する安保条約の改定に対しては絶対に反対」であり，「日本の安全保障はいかなる軍事ブロックにも加入せず，自主独立の立場を堅持し，積極的な中立外交を貫くことによってこそ確保される」と，「よびかけ」は述べている。安保条約の改定は，「日本の平和と民主主義を危機にさらし，国民生活を破壊する」ものであるとして，反対されたのである。先述のように，このとき沖縄はすでに米韓，米比，米台防衛条約の適用地域になっていたため，「日本の平和と民主主義」を守るために安保条約改定に反対するという主張は，沖縄を「日本」から除外することではじめて成り立つものである。安保条約改定阻

止によって守られるべき「日本の平和と民主主義」というその「日本」から，沖縄は除外されていた。

　それでは，沖縄がアメリカの東北アジア防衛体制の要となっている事実は，当時の日本（本土）において知られていなかったのかといえば，そうではない。次にみるように，この点は初期の安保条約改定論議におけるもっとも重要な論点の一つであった。この議論を経たことで，安保闘争から「沖縄問題」が後景化することになったと考えられるのである。

(3) 安保闘争の盛り上がりと「沖縄問題」の後景化

　安保条約の改定にあたって，岸信介内閣は，新安保条約の適用範囲に沖縄を含めることによって，安保条約の改定が沖縄の施政権返還への一つの布石であると印象づけようとした。これに対して，革新勢力を中心に強い反発が起きたのである。

　ここでは，1958年11月2日付『朝日新聞』社説「安保条約の適用範囲」において，沖縄・小笠原を新安保条約に含むことに反対する論理と，沖縄の施政権返還の要求とがどのような関係にあるのかを検討してみたい[4]。同社説は，反対理由として以下の3点を主張している。

　第1点目は，安保条約改定と沖縄の施政権返還要求とは，それぞれ別の問題として取り扱うべきだという点である。「岸首相は沖縄，小笠原に対する潜在主権の問題を，日米安保条約改定の問題に結びつけようとしているが，これは却って潜在主権の問題を混乱させる危険があ」り，「潜在主権の問題は，あくまで施政権の返還そのものによって解決すべきものであり，共同防衛の問題にすり替えられるべきものではない」。

　第2点目は，沖縄・小笠原を共同防衛地域に含めば，「米華，米韓，日米の防衛地域が，ここに三重にかさなり合って，沖縄，小笠原はもちろん，国府，韓国のいずれかをまき込む国際武力紛争が，日本をもまき込むことが，大いに憂えられる」点である。そもそも，国民が安保条約改定交渉を歓迎したのは，「在日アメリカ軍の"移動の自由"に制限を加え，当時心配されていた台湾海峡をめぐる国際紛争にまき込まれまいとする，その真剣な願いか

ら」であったのに，まったく逆の方向に交渉を進める岸首相の態度には「大きな不満と不安と疑念とを持たざるを得ない」。

　第3点目として，岸首相が，沖縄・小笠原は国内に核兵器の持ち込みはしない方針の範囲外だと言明していることである。「この"核兵器の持込み"を押えるということが，安保条約改定のもう一つの強い要求だった」にもかかわらず，沖縄を含めれば「さなくともボカされる心配のあるこの"国内への核兵器持込み"禁止問題に，またしても混乱が加えられること」になり，「国民として到底耐えられない」。

　以上の議論から明らかなように，安保条約改定によって望まれたのは，米軍の移動の自由の制限，装備の重大変更について日本側との事前協議を課すといった枠をはめることで，日本が戦争に巻き込まれる危険を極力回避することだった。しかし，防衛地域が「三重にかさなり合って」いる沖縄の存在は，日本が戦争に巻き込まれる危険性を増大させるものであり，沖縄を新安保条約の適用範囲に含むことは，安保闘争の原動力であった「戦争に巻き込まれたくない」，「日本の平和と民主主義を守る」願望と根本的に対立するものであった。この意味で，安保闘争の盛り上がりとともに沖縄の問題が後景に退いたのは，必然的であったともいえる。

　そして，新安保条約の適用範囲に沖縄を含めるか否かという議論を通じて，沖縄の米軍基地が軍事体制の要として機能しており，それは日本本土をも戦争に巻き込む可能性があるという認識が生じたことは，本土側の「沖縄問題」認識における大きな分岐点であったように思われる。わずか数年前の沖縄軍用地問題のさいには，米軍に土地を接収されて生活に困窮する沖縄の「同胞」に大きな同情が寄せられ，日本政府の強い対米折衝によって解決すべきだと主張されていた。1956年6月29日付『朝日新聞』の社説「政府は米国と直接交渉せよ」は，「沖縄住民が日本国籍をもっており，日本人であることは，一点の疑いもない」との立場から，「アメリカが暫定的施政権を握っているとするなら，善良なる管理者の注意をもって，島民の生活の確保，向上をはかってもらいたい」と要望するとともに，「将来，日本に返還の可能性のあることは，奄美大島返還の前例からしても，われわれの期待してい

るところである」と述べていた。

　しかし，安保条約改定論議を経て以降，沖縄の施政権返還について簡単に語ることはもはやできなくなっていた。沖縄の施政権返還を要求することは，みずからが戦争に巻き込まれる危険性を増大させることと表裏一体のものであることが明らかになったためである。結局，沖縄は新安保条約の適用範囲から除外されたが，それでは先の社説で第一に指摘されていたように，沖縄の「施政権の返還そのもの」を求める動きが起こったかといえば，そうではなかった。

　1960年代前半の同紙の社説は一貫して，施政権返還の兆しがみられないという「現実的観点」に立ち，米日両政府の対沖縄援助の増額によって沖縄住民の生活向上がはかられるべきだという経済的枠組みで「沖縄問題」を論じており，日本復帰や基地反対を唱える沖縄現地の革新勢力に対して批判的でさえある[5]。新安保条約の適用範囲に沖縄を含めることとは別のかたちで，「施政権の返還そのもの」を求めることが主張されていたにもかかわらず，実際には施政権返還を求める論調は影をひそめ，米軍統治下で基地化されていく沖縄の情勢にどのように向き合うのかという議論は尽くされないままであった。

　以上で述べてきたように，安保条約改定によって望まれたのは，米軍の行動に枠をはめることで日本が戦争に巻き込まれる危険を回避することであった。沖縄を新安保条約の適用範囲に含めることは，そうした要望と根本的に矛盾するものだったのである。ここに，安保闘争において「沖縄問題」が後景化した要因が存在したといえる。

3　鹿児島大会と安保闘争／沖縄返還運動との関係

(1)　ナイキ発射演習に対する抗議運動

　こうして，日米軍事同盟のあり方を再考するという歴史的契機であった安保闘争において，日本本土の「平和」を成り立たせている沖縄の軍事基地化という情勢をどのように考えるのかという論点は深められないままに終わっ

た。1960年代前半のメディアにおける沖縄の施政権返還要求の後景化と軌を一にするように，革新運動においても，1950年代後半に行われていたような沖縄現地への具体的な支援行動はみられなくなり，先述したように1960年代前半を通して沖縄デーの取り組みも不振であった。

　こうした安保闘争における「沖縄問題」の後景化と，沖縄返還運動の推移のなかで突出した位置を占めるのが，鹿児島大会である。第1節で述べたように，この大会については，開催にいたるまでの経緯が十分に明らかにされないまま，安保闘争と「沖縄返還要求」とが「結合」していたかどうかという観点からとらえられてきた。ここでは，大会開催の経緯を明らかにし，さまざまな要求をもつ複数のアクターの意図が交差した地点に成立した大会として，鹿児島大会を検討していく。

　鹿児島大会の名称は，「ナイキ発射演習（反対）」，「日本の核武装化反対」，「沖縄返還要求」という三つの要求を併記したものとなっているが，その最初に掲げられているのがナイキ演習反対である。先に引用したように，安保闘争と沖縄闘争とが「結合」しなかった理由として，新崎は，メースB基地建設計画に対する本土側の無反応を指摘していたが，ナイキ・ハーキュリーズ発射演習の場合，これに直接の被害を受ける人々が本土側にも存在した。それが沖縄近海で漁を行っていた鹿児島と宮崎の漁民たちである。ナイキ演習への漁民たちの抗議行動は，鹿児島大会開催の直接の原動力となったものである。

　鹿児島県，全国漁連，全国カツオ・マグロ漁業連などは，米軍によるナイキ発射演習の発表に強く反対し，沖縄周辺海域における演習場の撤廃とナイキミサイル発射演習の停止を米軍と折衝するよう外務省および水産庁に3回にわたって陳情した。しかし，外務省は，公海上の軍事演習は自由に行われるものであり，ミサイル発射演習が漁業に及ぼす影響はさほど大きいものではないとして，反対陳情を米軍側に伝達しないまま，1959年10月31日に第1回目のナイキ発射演習が予定どおり行われた。反対運動を無視して演習が実施されたことを受け，11月4日に鹿児島県庁で開かれた対策協議会では，政府に対し抗議文を出すなど強力な反対運動を続けることが決議された

(『沖縄連』第19号，1959年11月25日)。

　次に，中央においてナイキ演習反対運動を起こした団体をみていきたい。まず，1956年の沖縄軍用地問題を機に発足した沖縄問題解決国民運動連絡会議（以下「沖縄連」）は，10月29日，現地団体への激励，地方議会および国会への働きかけ，あらゆる集会で「沖縄のナイキ実験阻止」のスローガンを掲げ特別決議を行うなどの方針を決定し（『沖縄連』第19号），ナイキ演習への抗議行動を開始した。以後，沖縄連は，11月18日にナイキ演習に対する抗議集会を主催するなど，中央での運動において中心的な役割を果たしていくが，鹿児島大会について「沖縄の復帰，ハーキュリーズの実験阻止問題を中心に取り扱う」との立場をとるなど（『沖縄連』第19号），ナイキ演習反対に合わせて「沖縄復帰」の要求を掲げて行動していく。

　日本原水爆禁止協議会（以下「日本原水協」）には，ナイキ演習に対する抗議運動を要望する沖縄現地の声が寄せられた。11月7日，米軍は第2回目のナイキ発射演習を公開で行ったが，その3日後，「鹿児島，枕崎における，ナイキ演習反対抗議国民大会をぜひ，11月中に開いてもらいたい」という沖縄原水協の電話を受けたのである。沖縄原水協は，抗議大会が11月より遅れるとアメリカの介入と弾圧が激しくなること，「第1回の演習の時，船が入って来て演習を中止した例」があるため，現地への抗議船団の派遣をぜひとも実現するよう訴えた。そのさい，「祖国における各民主団体，平和団体は沖縄の闘いを孤立させないように，安保改定阻止の闘争と歩調をあわせて，広汎な抗議運動を展開してもらいたい」と述べていた（『沖縄事情』第24号，1959年11月15日）。

　加えて，日本原水協には，鹿児島・宮崎の漁民たちによってもこの問題が提起された。12月7，8両日に開かれた日本原水協第13回全国理事会では，ナイキ演習によって大きな損失を被っており，鹿児島・宮崎両県では強い反対運動が起こっていることが報告された。これを受けて，7日の九州ブロック会議では12月19日に鹿児島県枕崎市でナイキ演習反対集会を開くことが提案され，8日の会議で採択された（『沖縄連』第20号，1959年12月25日）。

　このようにナイキ演習に対しては，鹿児島・宮崎の漁民たちによる地元で

の抗議運動と中央組織への働きかけ，沖縄現地からの抗議行動の要請，そして沖縄連や日本原水協による抗議などがなされた。なかでも，演習によって直接被害を受ける漁民たちの抗議行動が展開され，かつ沖縄現地から抗議大会の開催が要望された地が鹿児島であった。沖縄原水協による鹿児島での抗議大会開催の要望は，11月18日に東京で開かれた沖縄連主催によるナイキ演習への抗議集会で討議された結果，「11月中は不可能でも極力現地の要請を入れるよう考慮する」，大会への動員数は1500名，「広い大衆運動として浸透させる」ために全国各地から参加者を集めるといった骨子が決定された（『沖縄連』第19号）。

こうした動きに対して，米国の沖縄統治の不法性とそれを容認する日本政府の責任追及を前面に押し出し，沖縄返還要求と安保闘争との「交流」を打ち出したのが日本平和委員会である。11月21日から23日にかけて開かれた日本平和大会の第二分科会「沖縄・基地にかんする分科会」では，「沖縄におけるミサイル演習，ミサイル基地化，死刑法計画，ドル切り替えなどが行われている事実」，「日本政府がこれを容認している事実」，「米国が沖縄を占領しつづける権利のないこと」，日本政府は「自主独立」を守ろうとせず，「米軍と改定安保という形の軍事同盟を結ぼうとしていること」を宣伝することが決定された。そして，「ミサイル演習反対運動」「調査団派遣」「日本政府，米国政府に沖縄復帰要求」に加えて提起されたのが，「安保闘争との交流」であった（『沖縄事情』第25号，1959年11月25日）。

(2) 鹿児島大会「成功」の諸要因

1959年11月，総評九州ブロック，日本原水協，共産党などからなる「ナイキ演習阻止国民総決起大会」実行委員会が結成され，鹿児島市で最初の会議がもたれた。ここでは，共産党が，ナイキ演習阻止のみならず「民族独立の政治的中心目標である『沖縄返還をめざす大会を組織すべきである』という点を強調」し，実行委員会としてもこの主張を取り入れることを決定した。ただし，社会党は，沖縄返還を掲げることは同党の決定に反するとしてこれに反対し，実行委員会の幹事団体選出のさいにも，共産党と肩を並べること

はできないと主張した。この結果，幹事団体から社会党と共産党は除外され，総評，原水協，そして沖縄連，沖縄問題懇談会，沖縄県人会という沖縄関係団体が選ばれることとなった（高安 1975：511）。

共産党の主張によって，「ナイキ演習阻止国民総決起大会」に「沖縄返還要求」が加えられることとなったが，さらに，12月2日の実行委員会の段階における大会名は，「沖縄の日本復帰，ナイキ発射反対，安保改定反対総決起大会」となっており[6]，「安保改定反対」が掲げられていた。しかし，最終的な大会名は「沖縄のナイキ演習，日本の核武装化反対，沖縄返還要求国民総決起大会」となっており，「安保改定反対」が「日本の核武装化反対」へと変更されている。この間の議論は不明だが，「安保改定反対」を大会名に冠することに対する異議が出されたゆえの変更であったことは確かだろう。こうして，当初「ナイキ演習阻止国民総決起大会」として計画された鹿児島大会は，「日本の核武装化反対」「沖縄返還要求」の2つのスローガンが加えられての開催となったのである。

続けて，鹿児島大会を特徴づけている参加者数の多さについて検討してみよう。参加者の動員に重要な役割を果たしたのが，九州地区および鹿児島現地の活動家や団体である。まず，九州地方の活動家たちは，原水協全国理事会や日本平和大会といった中央での集まりにおいて，地元での運動を盛り上げるための具体策を独自に討議している。日本平和大会では，九州地方の平和活動家による緊急会議が開かれ，同地の原水協および平和組織の代表者でナイキ阻止対策会議を結成すること，沖縄闘争の拠点として九州での闘いを強めることなどを確認した（『沖縄事情』第25号）。また，先述のように，原水協全国理事会における九州ブロック会議では，枕崎での「ナイキ演習反対総決起大会」が計画された。

これに加えて，鹿児島大会が2000余名という多くの参加者を得られた最大の理由は，鹿児島現地で実行委員会が結成され，県下の幅広い団体に参加を呼びかける行動が精力的に展開されたところに求められる。1960年1月6日の幹事会では，すべての鹿児島県民をこの大会に結集しようと，県原水協，県漁連，かつおまぐろ漁協，県青年団体，婦人団体その他諸団体に幅広く参

加を呼びかけることとなり，各種団体に1500枚もの「よびかけ」が送付された。さらに，県実行委員会と地区労，原水協を中心に各地区においても地区実行委員会がつくられ，大会ポスターやステッカーが街中にはりめぐらされたという。とりわけ，枕崎串木町，笠沙といった漁港都市では，地区労と漁業関係者との提携が進み，婦人会，青年団などをも含めた運動が大きな盛り上がりをみせようとしていると伝えられた（『総評』第487号）。

1960年1月23日付『南日本新聞』によれば，大会前日の22日夜までに鹿児島に集まった全国各地からの代表は約200人であり，ここから2300余人という鹿児島大会の参加者の大部分は地元住民であったことがわかる。鹿児島県実行委員会が，「すべての鹿児島県民をこの大会に結集しよう」と取り組みを進めたことが，大きな効果を生んだのである。

こうして開催された鹿児島大会では，江田三郎（社会党），須藤五郎（共産党）のメッセージ，平瀬実武鹿児島市長の歓迎挨拶の後，全国から寄せられた祝電と宮崎市長からのメッセージが披露された。次いで，「沖縄返還，日本核武装反対，平和達成」を訴える「鹿児島アピール」の採択，沖縄代表による米軍統治下の沖縄の実情についての訴えがなされた。同大会では，「ナイキ演習反対」「沖縄返還要求」「核武装反対」「安保改定反対」など6項目が決議され，終了後には平野薄鹿児島県総評副議長の総指揮によるデモ行進が行われた。「2300人のデモは鹿児島で初めてのことで，通りはやく100本の赤旗でうまった。なかに地元串木野漁民がかかげる大漁旗が一きはははなやかな色をそえていた」と地元新聞が伝えたように（『南日本新聞』1960年1月24日），鹿児島大会は，現地の人々にとってもはじめて経験する大規模な大会であった。

(3) 鹿児島大会と安保闘争／沖縄返還運動

ここまでみてきたように，鹿児島大会は，もともと「ナイキ演習反対」のための大会として計画されたものであった。鹿児島現地においても，『南日本新聞』が，枕崎からは自転車隊，串木野からは漁民代表約50人がバスを借り切って大会に駆けつけると伝え，大会当日の様子を「怒る岡の大漁旗

——全世界に訴える，ナイキ反対国民大会，町をねる最大のデモ」の見出しで報じたように，もっぱらナイキ演習反対の大会としてとらえられている。よって，鹿児島大会の開催は，安保闘争と「結合」した取り組みであったか否かという観点からのみ位置づけられるものではなく，生活擁護の面からナイキ演習へ反対した漁民たちをはじめとするさまざまな利害関係や主張をもった複数の人々の意図が交差した結果，実現したものであった。

さらに，1960年代前半の沖縄返還運動の不振に照らしたとき，鹿児島大会のように突出して大規模な大会・デモ行進が成立したのは，鹿児島および宮崎の漁民たちによるナイキ発射演習への抗議，沖縄現地から本土への抗議運動の要請，沖縄連や日本原水協，日本平和委員会といった中央団体の取り組みに加え，九州地区の活動家，および鹿児島現地の団体の積極的な協力といった要素によって可能となったものだった。鹿児島大会は，これらのさまざまな要因が重なったところに「成功」したといえるが，この取り組みが単発的なものに終わった理由もまた，そこに存在していた。

鹿児島大会について，後に鹿児島現地では，「NEATO構想への反対は，必然的にアメリカの統治下にある沖縄の危険な地位からの解放＝施政権返還要求の闘いと結び付くものであった」にもかかわらず，「日本本土での安保闘争では沖縄のこのような位置づけに対する認識が薄く」，「安保闘争との意識的な結合ははかられなかった」と省みられている[7]。しかし，本章で検討してきたように，「NEATO構想への反対」と沖縄の施政権返還要求とは，決して「必然的」に「結び付く」ものではなかった。アメリカの防衛体制の要となっている沖縄の「危険な地位」についての認識が生じたがゆえに，「平和」を守ろうとする志向に支えられた60年安保闘争において，日本本土の「平和」と根本的に対立する沖縄の施政権返還要求は後景化することになったのである。

おわりに

本章では，安保闘争における「沖縄問題」の不在について，安保闘争前後

の「沖縄問題」をめぐる論調の変化への着目，および鹿児島大会の経過の再検討という二つの視角から論じてきた。安保条約改定論議においては，沖縄の米軍基地が日本本土をも戦争に巻き込む危険をはらんでいるという現状認識が生じたことが，安保闘争における「沖縄問題」のみならず，1960年代前半を通じて「沖縄問題」への関心が後景化する要因として働いたといえる。また，「沖縄返還要求」を掲げ，かつ多くの参加者を得た点で沖縄返還運動の展開において突出した位置を占める鹿児島大会も，安保改定反対や「沖縄返還要求」に限らないさまざまな主張をもつ団体がうまく結集しえた結果実現した，単発的な取り組みであった。

　日本社会において「沖縄問題」が再び顕在化するのは，佐藤栄作首相の沖縄訪問をはじめ，日米両政府が沖縄の施政権返還に向けて舵をきって以降である。その意味では，新安保条約の適用範囲に沖縄を含むことで施政権返還への布石と印象づけようとした60年安保改定時と同様に，沖縄返還構想は，日米軍事体制の維持と両立しうるかたちで政府側から打ち出されてきた。これに対し，とりわけ核基地のない沖縄返還を求める運動が展開されるものの，施政権返還という既成事実の後には，本土社会における「沖縄問題」への関心は再び沈静化した。そして，現在においても，沖縄に米軍基地が極端に集中している事実は依然として変わっていない。

　60年安保闘争における「沖縄問題」の不在を省みるさい，「NEATO構想への反対は，必然的にアメリカの統治下にある沖縄の危険な地位からの解放＝施政権返還要求の闘いと結び付くものであった」（が，そうならなかった）とする語りは，一つの定型句となっている。しかし，日本社会を戦争に巻き込む危険を増大させる「NEATO構想への反対」それ自体が，「沖縄の危険な地位からの解放＝施政権返還要求」を後景化させてしまったと言いかえてみることは，現在の日本社会における「沖縄問題」への無関心さを省みる一つの糸口となるのではないだろうか。

■注
1) 朝日報道とは，1955年1月13日付『朝日新聞』に掲載された「米軍の『沖縄民政』を衝く」と題された記事を指す。この記事は，日本自由人権協会が米軍統治下の沖縄における土地接収や人権侵害の実態を調査した報告書をもとにしたものである。
2) 沖縄戦後史においては通常「島ぐるみ闘争」と呼ばれ，米軍支配にはじめて明確に抵抗した運動として沖縄戦後史における画期とされている。新崎（1976），中野・新崎（1976）などを参照。
3) この世論調査は，北海道新聞社が加盟する新聞世論調査連盟によるもので，全国から無作為に3000名を抽出して面接調査を行ったものである（有効調査数は2499）。
4) 沖縄を新安保条約の適用範囲に含めようとする岸構想については，1958年10月24日および11月2日付『朝日新聞』と10月12日付『読売新聞』は反対し，10月4日付『毎日新聞』はこれを支持していた（渡辺 1970：269）。ここでは岸構想に対する反対の論理をもっともよく示すものとして，11月2日付『朝日新聞』の社説を取り上げる。
5) 『朝日新聞』の場合，1956年の軍用地問題以降，安保条約改定論議がなされた1958年までは5-8本の沖縄関係社説が掲載されたが，1959年には2本，1960年と61年は1本ずつとなっている。1962年には，沖縄新政策の公表とプライス法改正によるアメリカの対沖縄援助の増額などを論じる5本の社説が掲載されているが，これらは対沖縄援助の増額によって沖縄住民の「安寧と福祉」を保障するべきだという経済的な観点からの議論に終始している。また，1962年11月13日付「沖縄総選挙を顧みて」では，前回（1960年）までの選挙が「日本復帰の方法論を大きな争点としていたのに対し，ケネディ大統領の沖縄新政策，とくに日米の援助拡大の問題が前面に押出された」この選挙で保守派が勝利したことに対し，「沖縄住民にいろいろ複雑な感情はあるにせよ，一応，現在の"安定ムード"を肯定する意向が支配的だったことを示す」ものととらえ，革新勢力の「伸び悩み」については，「基地撤廃にせよ日本復帰にせよ，それが現実を大きく飛躍しては，かえって住民の気持をとらえそこなう」と批判的に論じている。
6) 『沖縄連』第20号，1959年12月25日。この実行委員会に参加したのは，社会党，共産党，総評，全労，沖縄県人会，日本原水協，沖縄問題懇談会，人権を守る婦人協議会，全日農などの代表約20名であった（同）。
7) 鹿児島県教職員組合編（1994）『鹿教組45年史』，741-742頁。また，大会準備を中心的に担った鹿児島県総評においても，この大会を契機に毎年の運動方針に「沖縄返還のための橋頭保を本県に築く」ことが運動方針に掲げられながら，具体的な動きは展開されなかったとされている（鹿児島県労働組合総評議会編（1994）『鹿児島県総評運動史』，278頁）。

■参考文献
明田川融（2008）『沖縄基地問題の歴史——非武の島，戦の島』みすず書房。
新崎盛暉（1976）『戦後沖縄史』日本評論社。
大江志乃夫（1977）「安保闘争」『岩波講座 日本歴史 23 現代2』岩波書店。

小野百合子（2010）「『沖縄軍用地問題』に対する本土側の反響の考察――日本社会と『沖縄問題』の出会い／出会い損ない」『沖縄文化研究』（法政大学沖縄文化研究所）36号。

河野康子（1994）『沖縄返還をめぐる政治と外交――日米関係史の文脈』東京大学出版会。

古関彰一（2002）『「平和国家」日本の再検討』岩波書店。

佐々木隆爾（1990）「安保反対闘争」歴史学研究会編『日本同時代史3　五五年体制と安保闘争』青木書店。

高安重正（1975）『沖縄奄美返還運動史（上）』沖縄奄美史調査会。

中野好夫編（1969）『戦後資料　沖縄』日本評論社。

中野好夫・新崎盛暉（1976）『沖縄戦後史』岩波書店。

日本平和委員会（1969）『平和運動二〇年資料集』大月書店。

林博史（2006）「基地論――日本本土・沖縄・韓国・フィリピン」『岩波講座　アジア・太平洋戦争　7　支配と暴力』岩波書店。

日高六郎編（1960）『1960年5月19日』岩波書店。

牧瀬恒二（1967）『沖縄返還運動――その歴史と課題』労働旬報社。

渡辺昭夫（1970）『戦後日本の政治と外交――沖縄問題をめぐる政治過程』福村出版。

第10章
「1968」をグローバルに語るということ

中川　圭

はじめに——「1968」の画期性？

　1968年前後にさまざまな政治的，社会的，文化的な運動がさまざまな地域で集中的に生じた。そうした現象を総称して「1968」と呼ぶ。それでは，なぜこの「1968」という現象が歴史的に重要な現象として位置づけられるのであろうか。まずそれは「1968」の「密度」にあるという。たとえば，1960年代の文化を国際比較の視点から調査したアーサー・マーウィックはこの時期に生じたすべての現象が新しかったわけではないにしても，「一度に多くのことが起きたということが新しい」と主張した（Marwick 1998：803）。日本においては，全共闘（全学共闘会議）に代表される大学紛争，ベ平連（ベトナムに平和を！ 市民連合）を中心としたベトナム反戦運動，また新左翼セクトによる過激な街頭闘争といった運動が生じ，学生・市民そして政府までを巻き込んだ大規模なものとなった[1]。そして，当時すでに大きく発達したマスメディアがこれらの現象を大々的に報じた。こうした運動の密度と過激さの点で，運動に加わった人々のみならず，それ以降の世代にも歴史的な物語として記憶されるようになる。

　また他方で，その運動の地理的「広がり」の画期性にあるという意見もある。すなわち「1968」という現象は一国内規模のものではなく，さまざまな地域で同時多発的に生じていたというものである。たとえば，先に挙げた日本に加え，西欧先進国のフランス，西ドイツ，イギリス，イタリアそしてアメリカ，東側のチェコスロバキアやポーランド，そしてアジアにおける中国，

またメキシコなどでも生じていた大規模な運動をまとめてグローバルな、あるいは世界の「1968」だとする主張である[2]。

　しかしながら、こうした「密度」と「広がり」に関して異論がないわけではない。たとえば、「密度」に関して言えば、アメリカでは公民権運動が1950年代後半から、ベトナム反戦運動などが1960年代中頃から生じたため、「60年代」という呼称が好まれる場合も少なくない[3]。また「広がり」に関してはより多くの問題をはらんでいる。ジェレミ・スリが「1968年がグローバルに広がっていたということはよく知られているが（それはほとんど決まり文句だと言ってもいい）、社会・政治的に理解するための支配的な枠組みはナショナルな範囲に留まっている」（Suri 2007：xi）と述べるように、これまでの「1968」の研究はもっぱらナショナルヒストリーの枠内で語られてきた。ただし、これまで「1968」がグローバルな視点から分析されることが少なかったのは、グローバルヒストリーの手法の未確立という研究史的な問題に限らないより本質的な問題もはらんでいるからである。日本の「1968」を分析した小熊英二は「1968」が「世界的」な学生叛乱の時期であったという主張に疑念を提起する。学生叛乱が生じた日本、アメリカ、フランス、イタリア、西独「をもって『世界』と呼ぶのは一種の西洋中心主義」だと述べ、またそれが生じた背景や運動の性質も国によって異なると主張した（小熊 2009b：817）。確かに、それぞれの国で生じた叛乱は異なる性質をもっており、それを一枚岩に「グローバル」な現象であったと述べるのはいささか大雑把であることには違いない。しかしながら、それぞれに差異があったとしても「1968」がなおも「グローバル」であったとするならば、より重要な問題は、「グローバル」な「1968」がどのようなものとして語りうるのかということである。本章では、こうした問題を問い直すためにまず、「グローバル」といわれるときに想定されている範囲を確認した後（第1節）、どのようにそのような「密度」と「広がり」が生じたのかを日本の雑誌メディアを素材に検証したうえで（第2節）、「1968」を「グローバル」に語る視点を提供する（第3節）。

1　「1968」の範囲

　これまで「グローバル」な「1968」はどのように語られてきたのだろうか。まず,「1968」を「世界的」視点から分析するアメリカの社会学者イマニュエル・ウォーラーステインの議論からみていこう。ウォーラーステインらによって書かれた『反システム運動』のなかで「1968」は,「1848」に続く二度目の世界革命として位置づけられている（アリギ, ホプキンズ, ウォーラーステイン 1998：109）。そして, その世界革命を「反システム運動」のひとつとし,「世界システムの諸悪に反対する抗議の叫びであると同時に世界システムに対する旧左翼の反対派の戦略に対する根本的な異議申し立てであった」と説明する。（アリギ, ホプキンズ, ウォーラーステイン 1998：112）このようにウォーラーステインらは,「1968」を世界レベルで同時的に生じたシステムに対する抵抗だと位置づける。ただし, そこで述べられている具体的な「反システム運動」は,「米国における学生運動, 黒人運動, 反戦運動, 日本とメキシコにおける学生運動, ヨーロッパにおける労働運動と学生運動, 中国における文化大革命, そして1970年代の女性の運動」（アリギ, ホプキンズ, ウォーラーステイン 1998：43）といったものであり, 個別の運動の中身や運動相互の関連性といった細かい分析は加えられていない。

　それでは, 歴史家による「1968」論は, どうだろうか。アメリカの歴史家, ジェレミ・スリは『1968のグローバル・レヴォリューション』（*The Global Revolution of 1968*）のなかで「この年［1968年：引用者注］が『グローバル・レヴォルーション』の時期であったのは, 世界規模での異議申し立ての累積的な影響が, 支配するのは誰かという基本的な前提を覆した」（Suri 2007：xiii）からであると述べ, アメリカ, フランス, 西ドイツ, メキシコの学生叛乱に加え, アメリカにおける公民権運動, チェコの「プラハの春」, 中国の文化大革命, チェ・ゲバラによるキューバ革命までを射程に, 叛乱の主体だけではなく権力者の視点を加えてこの時代を描き出そうとしている。また, ジョージ・カチアフィカスは,『ニューレフトの想像力——1968のグ

ローバルな視点からの分析』(*The Imagination of the New Left : A Global Analysis of 1968*)の冒頭において「1968は政治権力を奪わずに大きく世界を変えた新たな社会運動の世界的な勃発」(Katsiaficas 1987 : xiii)と説明したうえで，アジアでは中国，日本に加え，パキスタンを，アメリカ大陸では，アメリカ，メキシコに加え，南米のブラジルやアルゼンチンなどに関しても言及している。またヨーロッパにおいてもフランス，西ドイツ，イタリア，チェコスロバキアのほかにスペインやユーゴスラビア，ポーランドなどを加え，アフリカにおいても大きな叛乱があったと主張する[4]。

　日本語で編纂されている「1968」に関する論考にも同様の傾向がみられる。たとえば絓秀実によって編纂された『1968』では，「日本の68年」と「世界の68年」が分けられ，後者においては，アメリカ，フランス，西ドイツ，イタリア，イギリス，東欧・ロシア，中国・台湾，メキシコ，アルゼンチン，中米が取り上げられている（絓編 2005）。また，雑誌『環』2008年春号の特集「世界史のなかの68年」においても同様に，フランス，アメリカ，メキシコ，ソ連・東欧圏，中国などこれまでのグローバルな「1968」論で語られることの多い地域に加え，アフリカ，中東，朝鮮半島などに関する論考も扱われ，「1968」の範囲が拡大されている。

　このような傾向に対してここで問題にしたいのは，範囲が拡大する傾向があるものの，全体的にその議論の多くは，アメリカ，フランスを中心とした西欧の「1968」に割かれており，その他の地域に関する議論があったとしても極めて限定的であるし，また西欧の研究者によって語られるにすぎない。だが，むしろ本質的な問題は，それが「グローバル」あるいは「世界的」であったとされるときの意味そのものである。先に挙げた著者たちは，それぞれの地域の現象を並列的に扱う傾向があり，したがってここで使われている「グローバル」とは「似たような」（とはいっても性質の異なる）現象がある時期に「世界中」で（とはいってもその地域は，はなはだ曖昧）生じたという意味に過ぎない。すなわち，これまでの議論では，「『1968』は『グローバル』である」という認識を前提として議論が進められてしまっており，いかにして「1968」が「グローバルな現象」になっていったのかというその過程への

関心は薄かったように思われる。そこで,「世界規模の社会的な相互依存と交流を増殖し,拡大し,強化すると同時に,ローカルな出来事と遠隔地の出来事との連関が深まっているという人々の認識の高まりを促進する,一連の多次元的な社会的過程」(Steger 2005：17) をグローバリゼーションとするならば,問われるべきは,相互の関係性,すなわち「1968」において国境を越えたどのような相互依存が生じていたのか,そしてその結果,ある地域の「1968」に関わる人々が他の地域におけるそれをどのように認識するようになったのかという問題なのではないだろうか。

次節では,こうした試みの一環として,日本の「1968」において,他国で生じた政治,社会運動に関する情報や思想がどのように輸入され,そして日本の運動を含めてそれらがどのように結び付けられていくプロセスを出版メディアのなかからみていきたい[5]。

2　「1968」メディア空間における「広がり」と「密度」

1960年代後半の日本においては,情報化社会が到来していた[6]。テレビ放送開始から10年あまりが経ち,新聞もいまだ強い影響力を保持しており,また他方で,雑誌メディアも隆盛をむかえていた。総合雑誌においては『文藝春秋』『中央公論』『世界』といった代表的なメディアが多くの読者を惹き付けており,くわえて1961年には『現代の眼』が創刊,1964年には一時期休刊していた『展望』が復刊される。週刊誌メディアも同様に,1950年代後半に相次いで『週刊新潮』『週刊文春』『週刊現代』『朝日ジャーナル』などが創刊され,1960年代後半までにはそれぞれ軌道に乗り,多くの読者を獲得していた。とりわけ時事問題に関心をもつ読者はこうした雑誌に接触する可能性が高かった。したがって,社会運動に関心をもつ学生や市民は,これらのメディアのうちとくにリベラルあるいはラディカルと目されていた『世界』『中央公論』『展望』『現代の眼』『朝日ジャーナル』から多くの情報を得ていたと考えられる。

本節では,こうした認識のもとに以上の雑誌メディアにおいて海外の社会

運動の情報が紹介され，輸入されていった流れを「広がり」と「密度」の観点から概観する。そのさいには，前節で取り上げた「1968」の範囲に含まれるいくつかの国の現象を項目別に分けて論じ，それらに関連する記事が雑誌メディアのなかでいつから，どのようにして掲載されていったのかを分析する。

〈ベトナムと反戦運動〉

　1960年に生じた日米安全保障条約改定への反対闘争である60年安保闘争において総合雑誌は大きな役割を果たした。その代表例として挙げられるのは1945年に創刊された『世界』である。同誌は，条約改定に反対する研究者やジャーナリストの評論記事や座談会を多く掲載し，また安保闘争がそのピークをむかえる直前の1960年5月号には学生活動家からの人気も高かった知識人，清水幾太郎の「いまこそ国会へ」という直接行動を呼びかける文章を掲載し，大きな反響を呼んだ。このように，『世界』などの総合雑誌は，戦後日本における最大の国民運動と呼べる安保闘争において大きな役割を果たした。

　安保条約が成立し闘争が終結してからは，安保闘争のような多くの人々の関心を惹き付ける社会運動が停滞したため，『世界』も安保問題が盛り上がる以前と同じようにさまざまなテーマの時事評論を掲載する誌面構成へと戻った。しかしながら『世界』は，1960年代後半に高揚する二つの社会・政治問題に1960年代初頭からいち早く関心を抱き，評論を開始していた。それは第1にベトナム問題であり，第2にアメリカにおける人種問題である。

　周知のとおり，ベトナム戦争およびベトナム反戦運動は，1960年代後半において盛り上がった社会運動のなかでもっとも国境を越えた広がりをもちえたイシューであり，さまざまな運動を人的に結び付ける中心的な役割を果たしたものであった。『世界』は，1955年のベトナム共和国成立からその動向に関心を寄せ，1955年6月号に「南ヴェトナムの混乱」という記事を，1956年1月号には「南ヴェトナム共和国の成立」を掲載する。『中央公論』など他誌がベトナム問題への関心を払うようになるのは1960年代に入って

からであり，こうしたベトナム問題への早くからの高い関心は，創刊当初から世界の動きにつねに注目し続けていた『世界』ならではのことであった。1960年代に入ると南ベトナム解放民族戦線が結成される（1960年12月）。そして，1963年の5月にベトナム共和国のジェム政権による仏教徒弾圧事件が生じ，国内の混乱が露呈してくると『世界』もさらに多くの記事を掲載するようになる。「ベトナム」を題名に掲げる記事も1962年には3本だったものの翌年になると8本に増加し，1964年になると17本となる。この時期になると『中央公論』や『朝日ジャーナル』などの雑誌もベトナムへの関心を示すようになり，『朝日ジャーナル』と『世界』は，ジャーナリストの岡村昭彦によるルポルタージュを掲載し，多くの読者の関心を集めた。

　こうしたようにベトナム戦争開始以前から『世界』などの進歩的な雑誌はベトナム問題に関心をはらっていた。そして1965年2月に北爆が開始されるとベトナム関連記事は一気に増加する。『世界』誌上における「ベトナム」と題する記事は，1965年の1年間でおよそ70本にのぼり，これは平均すると毎月5〜6本の記事が『世界』に掲載されたことになる。こうした記事数の増加は，『世界』にもっとも顕著にみられる傾向であるが，他誌でも同様に1965年のベトナム戦争開始から急増した。これらの多くはベトナム戦争の動向を占う評論的な記事が大半であったが，それらに加えて北爆開始直後に発足したべ平連を中心とする反戦運動にも多くの関心を寄せた。たとえば，『朝日ジャーナル』は，作家でありべ平連のメンバーであった開高健による「東京からの忠告――わが『べ平連』にアピールの力を」という記事を1965年9月19日号に掲載し，『世界』は「ベトナム戦争と反戦の原理――J. P. サルトルとともに」というべ平連主催のシンポジウムの記録を1966年12月号に掲載している。

　このように，それまでは時事評論的な色彩の強かった総合雑誌のベトナム記事も1965年以降，運動の高揚と相まって60年安保の時期と同じように運動を支持する傾向を強めていく。また，この時期に生じたのはたんに日本の社会運動への接近だけではなかった。『朝日ジャーナル』1965年11月7日号の鶴見良行による記事，「アメリカのなかの反戦運動の姿勢」に代表され

るように国外の反戦運動の記事も紹介されるようになった。

　しかしながら『世界』『中央公論』『展望』『現代の眼』『朝日ジャーナル』全体でみてみると，1965年1年間での総記事数は120本ほどであったものの，翌年になると66本と約半数まで減少する。そしてふたたび盛り上がりをみせるのが，テト攻勢が展開される1968年1月からであり，この年には127本ものベトナム関連記事が掲載された。

〈公民権運動〉

　アメリカにおける「1968」のイシューはベトナム戦争であり，また黒人解放運動であった。すでに1950年代半ばからアメリカにおける公民権法案に関する情報は日本にも入っていたが，『世界』とそれを発行する岩波書店は，早くから法案だけでなくその背景となる人種差別に抗する黒人たちの運動に注目する。1959年にはマーティン・ルーサー・キング・ジュニアの処女作『自由への大いなる歩み』が岩波書店から出版され，『世界』1961年8月号に「黒人解放の騎手たち」という短い論考が，同1962年4月号には，キング牧師への自主取材を行ったインタビュー「市民的反抗運動の渦中で」が掲載された。後者のインタビューは，キング牧師がデモにおいて逮捕され釈放された2日後の1961年12月21日に行われたものであり，日本にアメリカの反人種差別運動の現状を知らせる画期的な記事であった。それ以降も，1962年に3回，翌年に2回にわたってアメリカの人種差別を主題とする記事を掲載しており，『世界』は他誌に先駆けて人種問題に関心を抱いていた。

　1960年代半ばになると米国における人種問題に関連する記事は一時期扱われなくなるものの，1966年にSNCC（学生非暴力調査委員会）の指導者であったストークリィー・カーマイケルが「ブラック・パワー」というスローガンを唱え，運動が拡大するにともない，ふたたび日本の雑誌メディア空間でも注目を集めるようになる。『世界』1967年10月号には「アメリカ黒人問題」と題する特集が組まれ，カーマイケルの「不能からの脱出」，キングの「ベトナムを超えて」といった翻訳記事をはじめ社会学者の高橋徹による「ブラック・パワーの思想と行動」が掲載された。そうした最中に起こった

のがキング牧師暗殺という事件であった。早い時期からキングの活動を支持していた『世界』は，1968年6月号にキングによる「此処より何処に——ブラック・パワーについて」(Where Do We Go from Here : Chaos or Community の一部を邦訳したもの) のほか，グラビア付きの追悼記事を掲載する。このキングの死をきっかけとして，1968年には『朝日ジャーナル』に反人種差別運動を主題とする記事が6本掲載されるなど，日本においてもふたたび議論が盛り上がることになる。

しかしながらベトナム反戦運動に関する記事に比べて「ブラック・パワー」に関する記事は圧倒的に少なかった。その理由の一つとしては，日本における人種的マイノリティ問題への関心の高まりが生じたのは，1970年以降のことであり，アメリカの人種問題を日本にも共通する問題だという認識が1960年代にはもたれることがなかったためである[7]。先に挙げた『世界』誌上のキング牧師追悼文のなかで，政治学者の石田雄が「キングが非暴力直接行動によって実現しようとした普遍的目標は，実はわれわれにとっても日本国憲法における基本的な原理にかかわるものである」(石田 1968：186) と述べている。このように，石田がキング牧師の活動を日本の文脈に結びつけようとするさいに参照するのは「日本国憲法における基本的な原理」の問題であり，日本における人種的マイノリティの問題ではない。1968年の段階でアメリカにおける人種的マイノリティ問題を日本のそれへと応用する土壌ができあがっていなかったのである。

〈文化大革命〉

1968年以前に日本に報じられていた叛乱は，アメリカのそれだけではない。日本のメディアは，非西欧諸国の動きにも敏感に反応した。その代表例が中国における文化大革命 (以下「文革」) である。「文革」がはじまる以前から，『世界』『中央公論』などの総合雑誌は，中国の動向に高い関心を示していた。たとえば，1963年には2誌ともに22本の中国記事を掲載しており，これを一号ごとに平均すると2本近くの中国関連記事が毎月掲載されていたことになる。とりわけ『中央公論』は，1964年3月号に掲載された毛沢東

の初期の論文である「体育の研究」をはじめ 1966 年までに 3 本の毛沢東による論考を紹介している。そして，1966 年 8 月 18 日に紅衛兵の少年少女が街頭に躍り出て，天安門広場で「文革」祝賀百万人集会が開かれると日本においても「文革」への関心が一気に高まった（馬場 2008：119-120）。

　1966 年だけでも『中央公論』『世界』に 6 回ほど，文化大革命，紅衛兵，毛沢東を主題とする記事が掲載された。翌年になるとその数はさらに増え，『中央公論』は 1967 年 3 月に「文革」のみを扱った緊急増刊号を発刊し，1967 年の一年間で前年の 3 倍となる 18 本もの関連記事を掲載した。そして，1966 年に中国で『毛主席語録』が出版されると日本においても早々と同年に河出書房新社などから相次いで翻訳が出され，1967 年になると『現代の眼』や『朝日ジャーナル』も積極的に「文革」記事を掲載するようになる。

　こうした「文革」に関する多くの情報はさまざまな議論を巻き起こし，また大きな反応を呼び起こした。たとえば，総合雑誌のなかで日本における新左翼運動にもっとも接近したと考えられる『現代の眼』は 1966 年 11 月号のなかで映画評論家から武闘派マオイストに転身したとされる斎藤竜鳳による記事「走れ紅衛兵」を掲載したが，本論考は，その後の日本における新左翼系学生活動家の武装路線を過激化する役割を果たしたという（馬場 2008：122）。ただし，知識人の間での「文革」に対する評価は一定ではなく，1966 年の秋に中国での現地取材を行い，「文革」を「ジャリ革命」と形容した大宅壮一をはじめ否定的に評価する知識人に加え，評価を定めることができなかった人々も多かった。たとえば先に挙げた『中央公論』「文革特集」に「文化大革命についての私の感想」と題する記事があるが，ここには作家の石川達三や山口瞳の「何も解りません」や「わからない」といったコメントが掲載されている。それでも，全体的にみれば日本の知識人は「文革」を「ソ連型社会主義や近代合理主義の矛盾を克服し，新しい社会ヴィジョンを提起しているものとして」肯定する傾向が強かった（佐藤 1995：427）。そうしたなかで雑誌空間における「文革」記事は 1967 年にピークを迎え，『世界』『中央公論』『展望』『現代の眼』『朝日ジャーナル』の 5 誌で 50 回以上にわたって「文革」関連記事が掲載された。また，新聞においても同様の傾

向がみられ，1967年に記事数はピークを迎える（福岡 2009：86）。

　東大全共闘が盛り上がった1968年になると東大本郷キャンパスの正門に「造反有理」という紅衛兵が掲げたスローガンが書かれたことはよく知られているが，こうした日本の若者に対する「文革」の強い影響の背景には，これまで述べてきたような知識人の肯定的な評価を含めた膨大な「文革」情報があった。そして，雑誌空間の変容という観点からみてみると，「文革」は，ベトナム問題やアメリカの公民権運動とあわせて，政治・社会運動への接近という誌面構成の変容をもたらす大きな要因の一つとなった。

　〈チェ・ゲバラの活動〉
　1968年という年とキューバ革命あるいはチェ・ゲバラの活動とは，直接的には関係がない。キューバ革命は，一般的に1953年7月26日にフィデロ・カストロらの若者が兵営を攻撃したことからはじまり，1959年1月の革命軍の勝利，革命政権の樹立までとされる。そして，隣国でありつねに緊張関係を孕んでいたアメリカとは異なり，日本においてはキューバ革命がアクチュアルな問題として強く認識されていたわけではなかった。それでもなお，ときとしてチェ・ゲバラと「1968」が結び付けられて論じられる。その理由を探るにはメディアの役割が一つの鍵となる。

　日本の総合雑誌においてキューバ革命が注目されるようになるのは，それが達成された1959年になってからであった。それ以前は一部の専門家以外にその内情は知られていなかったと考えられる。革命成立わずか半年後の1959年7月にゲバラはカストロ首相の特使として日本を訪れ，当時の池田勇人首相との会談後，トヨタ自工（当時）などの工場や広島の平和記念資料館を視察したが，その事実はほとんど報じられなかった[8]。また，1959年から『世界』などでキューバ革命に関する記事が掲載されるが，当初は，ゲバラよりも首相となったカストロへの注目のほうが高かった。『世界』1960年6月号には，シモーヌ・ド・ボーヴォワールがジャン=ポール・サルトルとともにキューバを訪れたさいの出来事を語った「キューバの革命が啓示するもの──まれなる指導者カストロ」が掲載されたが，そのなかでボーヴォワ

ールによって語られているのは,もっぱらカストロに関してのことであり,ゲバラに関する言及は少ない。1962年10月15日からキューバ危機が生じると日本の雑誌もこぞってその内容を報じるが,そこでも注目されていたのは首相であるカストロであった。

　キューバ革命の立役者としてのゲバラが言論雑誌で脚光を浴びるようになるのは,第三世界の政治運動に対する関心が高まりはじめる1960年代半ばを過ぎてからである。周知のとおり,キューバ革命達成後,ゲバラはソ連を非難したことから政府の要職を離れ,アフリカのコンゴ民主共和国,南米のボリビアへと赴き革命を指揮する。そうしたなかで日本では,1967年の間に「ハバナへの遥かなる道」(『中央公論』7月号),「ベトナムと自由のための世界の闘争」(『現代の理論』7月号)といったゲバラの翻訳記事が発表された。

　このように日本においてもゲバラへの注目が徐々に高まりつつあったが,そうしたなかで生じたのが1967年10月8日に起きたゲバラの死であった。そしてゲバラは死をきっかけに英雄視されるようになり,日本の雑誌空間においても関連記事が急増する。『現代の理論』にカストロによる「ゲバラ追悼演説」が掲載され,1968年7月からは『朝日ジャーナル』で「ゲバラの日記」の翻訳の連載が開始された。そして,その『ゲバラ日記』は同年に三一書房,みすず書房,朝日新聞社から次々と出版され,『国境を越える革命』も同年に日本語訳が出版されている。

　1968年はもっともゲバラに関連する雑誌記事や書籍が出版された年であった。その意味で,1968年とチェ・ゲバラは結び付くのである。ただし,そのようなゲバラ関連記事および書籍の大量の掲載・出版を可能にしたのは,出版メディアが,1965年頃からゲバラの死が報じられる1968年までのあいだに,国外で生じている運動への関心を高めたからであった。

〈「ニューレフト」と「スチューデント・パワー」〉

　海外のニューレフトの事情が日本において紹介されはじめたのは,1960年代前半からである。1963年にE. P. トムスンやスチュアート・ホールらによるイギリスのニューレフトの論文集『新左翼——政治的無関心からの脱

却』が政治学者の福田歓一らの翻訳によって出版された。同書は，翻訳以前から丸山真男や清水幾太郎など当時の進歩的知識人によって注目され，イギリスにおける新しい政治の波として肯定的な評価を受けていた。また，1960年代半ばになると構造改革派の論客で，戦後直後の学生運動を牽引した安東仁兵衛が発行人を務める雑誌，『現代の理論』のなかで西欧のニューレフトの事情が紹介されるようになる。1965年7月号では，特集「ヨーロッパの新左翼」が組まれ「イギリスのニューレフト」「イタリアにおける左翼再統合論争」「フランスの新左翼——統一の問題」といった西欧の新しい左翼の動きを紹介する記事が他の雑誌に先駆けて掲載された。

このように，1960年代前半から半ばにかけて日本の知識人のあいだでも，西欧においてニューレフトという新しい潮流が生じていたことは知られていた。ただし，それは一部の知識人のあいだでの認知にとどまっており，広範に知れ渡っていたとはいい難い。くわえて，1950年代後半から日本においても新左翼が台頭してきてはいたものの，これらと海外のニューレフトの動向とが結び付けられて論じられることはなかった。

ニューレフトでなくとも，1960年代の半ばまで西欧の学生運動や若者の動向への関心は概して低く，アメリカの動きでさえも1960年前後にビート族に関する記事が若干掲載された程度であった。しかしながら1965年あたりから状況は変化してくる。この時期は，ちょうど日本においても日韓条約反対運動や慶應義塾大学における学費値上げ反対運動など，60年安保闘争以降停滞していた学生運動がふたたび活気を帯びてくる時期と重なる。海外の新たな学生運動に対する注目もこうした日本のアクチュアルな状況から生じたものだということは想像に難くない。1966年になると『世界』においてアメリカのニューレフトと密接な関連をもった新聞『ナショナル・ガーディアン』（*National Guaridan*）に掲載された記事が「アメリカの新左翼」という名前で翻訳された[9]。この記事の書き出しは「"ニューレフト"という言葉から引用符（クォーテーション・マーク）がはずれるようになった」（ムンク 1966：58）というものであるが，アメリカにおいては1966年頃から学生を中心としたニューレフトの運動が広く認知されるようになる。こうして1960年代半ばから『世

界』をはじめ『朝日ジャーナル』などでも「ニューレフト」という言葉が使われるようになり,「ニューレフト」を表題に掲げる記事は 1968 年にピークを迎える。

　そして,ニューレフトとは別にこの時期に生み出された言葉がもう一つある。それが「スチューデント・パワー」であった。この言葉はもともと 1966 年の公民権運動の渦中で生まれたスローガン「ブラック・パワー」から影響を受けて米国の NSA（全国学生連合）の活動家が作ったものであったが,その後,他国での学生運動の盛り上がりにともない,輸出されていった。たとえば,フランスにおいてもいわゆる「パリの 5 月」のさいに「プーヴァール・エチュディアン（pouvoir d'étudiant）」と訳され,活動家のあいだで多用されたという（高橋他 1968：248）。日本においても 1968 年の春頃から社会学者の高橋徹などによって積極的に使われるようになる。『世界』『中央公論』『展望』『現代の眼』『朝日ジャーナル』において「ニューレフト」と「スチューデント・パワー」が掲げられた記事は,1967 年には 4 つであったが,1968 年になると 46 へと急増した。

　しかしながら,重要なのはこの二つの言葉が 1968 年に多く使われたというだけではない。むしろ,強調されるべきはこれらの言葉がもっていた政治的意味である。『朝日ジャーナル』は 1968 年 6 月 23 日号から同年 12 月 29 日号のおよそ半年間,27 回にわたって「スチューデント・パワー」を題名に掲げる連載記事を掲載した。そこで扱われているのは,日本,アメリカ,西ドイツはもちろんのこと,激動の最中にあったフランス,そしてチェコ,またスペイン,フィリピン,セネガル,エクアドル,インド,スウェーデンなどさまざまな地域での学生による叛乱であった。また 1968 年 7 月には毎日新聞社から『スチューデント・パワー——世界の"全学連" その底流』が,10 月には『叛逆するスチューデント・パワー——世界の学生革命』が高橋徹編によって出版され,それぞれヨーロッパ,北米,南米,日本の学生運動が扱われている。このように,1968 年になると国外のさまざまな地域で生じていた学生による叛乱が認知されていきそれが「スチューデント・パワー」という言葉で相互に結び付けられていった。

「ニューレフト」あるいは「新左翼」という言葉も似たような役割を果たしていた。1967年には高橋徹が『世界』誌上で「アメリカの新左翼とは何か」と題する連載を開始し，アメリカのニューレフトの思想と運動を包括的に論じている。高橋は1966年に2年あまりのアメリカ滞在から帰国してきたばかりであり，アメリカのみならず日本を含めたこの時期の学生運動に強い関心を示した知識人の一人で，それまでもいくどとなくアメリカの社会運動に関する論考を『世界』などで発表してきていた。本連載も7回にわたって学生運動から「ブラック・パワー」まで幅広くアメリカのラディカルな運動の状況を紹介している。ただし，本連載がそれまでの記事と異なる点は，反人種差別闘争や学生運動などの個別の運動が「新左翼」という言葉でまとめられている点にある[10]。

　1968年の春以降，フランスの「パリの5月」やチェコの「プラハの春」などの現象が生じると，運動をまとめあげていこうとする言説は新たな展開をみせる。「ニューレフト」はたんに一国内の運動を包括的に論じる言葉ではなくなり，国境を越えたさまざまな地域で生じている現象をまとめあげる意味をもつようになった。元共産党員でべ平連の活動家であった武藤一羊は，『朝日ジャーナル』1968年6月9日号に掲載された「ニューレフトの精神構造」のなかで日本の事例を中心に，アメリカ，ヨーロッパを含めた「ニューレフト」一般の特徴を分析している。武藤によれば，「ニューレフトは一つの傾向として存在する。そして傾向としてさまざまな国のさまざまな組織主体に横断的に作用する」。そしてその傾向として「直接民主主義への志向」，「行動の自律性と直接性」，「腐敗，不正，矛盾の発見」の三つを挙げる（武藤 1968：49）。この武藤の論考が指し示すもっとも重要な点は，論考が発表された1968年6月になると，アメリカ，フランス，西ドイツ，日本などで生じていた個別の叛乱をそれぞれ別々に論じるのではなく，「ニューレフト」という言葉を通じて共通の要素をつなぎあわせながら国境を越えた統一体を見いだしていこうとする動きが生じるようになったということにある。

図 10-1　項目ごとの記事数の推移

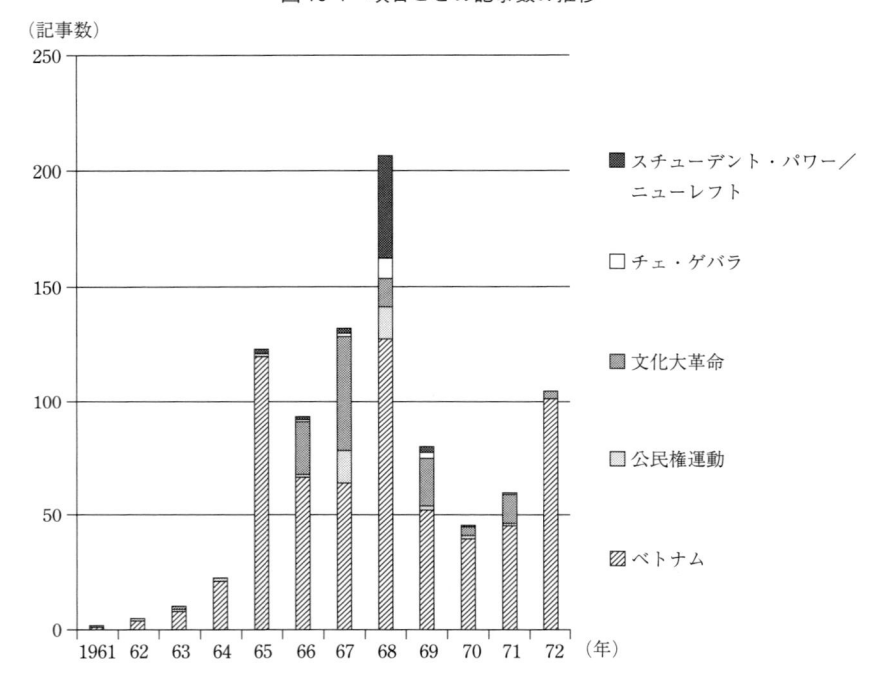

（記事数）

凡例：
- スチューデント・パワー／ニューレフト
- チェ・ゲバラ
- 文化大革命
- 公民権運動
- ベトナム

3　「1968」をグローバルに語るということ

　第2節の議論を通じて見えてきたものをまとめておく。第1に確認できることは，1960年代中頃からリベラルな雑誌が日本の社会運動のほかにベトナム反戦運動，公民権運動，文化大革命，チェ・ゲバラの活動など，海外の政治・社会運動に関心を寄せていったという雑誌メディア空間におけるイシューの「広がり」があったことである。それは，メディアごとの特質に応じて注目されるイシューは異なっていたものの，全体的にみて，雑誌空間においては，国外の問題を含めた社会運動への関心の傾斜が存在していた。

　図10-1は本章で扱った各項目の『世界』『中央公論』『展望』『現代の眼』『朝日ジャーナル』における記事数の推移である。第2節が明らかにした第

2の点は，本グラフが指し示すとおり 1968 年に海外の運動に関する記事数がピークを迎えたということである。このような運動関連記事の「密度」の高まりは，1967 年までのあいだに生じていた雑誌メディア空間の変容と，「パリの5月」や「プラハの春」などの海外における新たな社会運動の発生，ベトナム戦争の新局面，キングやゲバラといった活動家の死が絡み合った結果であった。

そして第3に，1968 年春以降になると「スチューデント・パワー」や「ニューレフト」という言葉が使われるようになり，各国で生じている叛乱を個別に扱う傾向から，国境を越えた運動の統一体を模索する動きが生じたということである。

このように 1968 年において海外の社会運動に関する記事数はピークを迎え，またそれらを結び付ける言説が生じた。まさに，そうした意味で 1968 年とは，第1節で論じた現代の「グローバルな 1968」論につながる言説が誕生した年であった。そして「1968」が指し示すものは，たんなる政治・社会運動の高揚ではなく，運動と呼応する形で言説が生産され，その相互関係を通じて運動が増殖していくような現象だったのである。こうした現象を生みだしたメディアの役割は決して小さいものではないだろう。したがって，たとえこの時期に他国で生じていたさまざまな運動が，日本のそれとは異なる文脈で生じたものであったとしても，それらの情報が日々大量に報じられるなかで，日本において活発に運動を展開していた若者がそうした国外の現象と自分自身との活動を結び付けるような想像力を働かせたとしても不思議ではない。

しかしながら，それと同時に 1960 年代半ばから後半にかけての情報の流れを現代の視点から冷静にみていくと当時の議論が見落としていた「1968」の「グローバル性」を語るための新たな視点がみえてくる。それは，たんに世界が一つになっていたというわけではないということである。確かに，他国で生じていた叛乱に対して当時の知識人やジャーナリストたちは極めて高い関心を示し，それをめぐる多くの議論を生み出した。しかしながら，そこには国家の壁があり，また文化的な障壁もあった。たとえば文化大革命の情

報は,極めて限定的であり,それゆえ多くの憶測と誤解を生み出した。また,文化・社会的な側面からいってもアメリカの黒人解放運動が日本に輸入されたさい,ベトナム反戦運動とは異なり即座にマイノリティ運動と結び付くような知的土壌がなかった。くわえて,情報の流れを本章が検証した逆の視点からみた場合,日本の学生叛乱や新左翼運動に関する情報が,どこまで他国に輸出され,国外の運動に影響をおよぼしていたのかに関してはいまだ明らかにされておらず,今後さらに検証を進めていく必要があるだろう。

また,情報は国境を越えていたが,身体の移動はそう容易ではなかった。当時の日本は1964年になってからやっと海外渡航の自由化が実施されたばかりであり,海外旅行は一部の富裕層に限られていた。ビジネスや研究という名目もなく,金銭的な余裕のない学生活動家が実際に中国で生じている事態や戦火のベトナムへ行って確認すること,そして西欧の学生活動家と直接会って実際に「連帯」することも容易ではなかったのである[11]。逆にいえば,1960年代において身体のグローバリゼーションが進んでいなかったからこそ,海外の出来事に関する情報が多く輸入されたといえなくもない。人々は直接確認することのできない海外の状況を,雑誌や新聞に掲載された知識人によるルポルタージュなどの記事を通じて知った。しかしながら,文字で知る海外と実際に現地におもむいて体感する海外とは異なる。1960年代の日本社会には情報のグローバリゼーションの発達と身体のグローバリゼーションの制限という乖離が存在し,この乖離が「グローバルな1968」を形作った要素の一つだったのである。

おわりに

本章で述べたように1968年には,「ニューレフト」や「スチューデント・パワー」といった国境を越えたさまざまな運動をまとめあげるような言説が生じた。そうした言説は,1969年以降どのように展開していったのだろうか。筆者が分析した雑誌空間においては,消滅した。1968年に46回ほど題名に掲げられた「ニューレフト」と「スチューデント・パワー」であったが,

1969年に3回，1970年には1回となり，1971年・72年には0となる。運動の統一体を求めてなされた1960年代後半に生じた言説は，1年あまりの短いあいだに雑誌メディアを賑わせ，そして消えていった。しかしながらその試みから学ぶ点は，ある。1960年後半に比べてグローバル化が一層進み，世界のより細かい部分まで見えてくるようになった現在，差異を強調する議論が盛んになっても，統一を見いだすような言説はなかなか生まれてこない。グローバル化が進展するなかで，差異を含めた統合というのは果たして可能なのだろうか。そのヒントは，「1968」という歴史を紐解いていくなかで見いだすことができるだろう。

■注

1) 日本における「1968」の歴史的事実の詳細に関しては，小熊（2009a；2009b），絓（2006）などを参照。
2) Katsiaficas（1968）など。
3) しかしながら「60年代」（The Sixties）を銘打つアメリカの研究においても，その多くは1968年をピークとして描く傾向が強いため，「1968」の「密度」を否定するというよりも歴史的スパンをより長くとっているにすぎない。
4) カチアフィカスはさまざまな地域でこの時期に生じた叛乱に関して言及しているものの，主な分析が加えられているのは，アメリカ合衆国とフランスであり，それ以外の地域に関する言及は薄く，実証性に乏しい部分も少なくない。
5) 紙幅の関係から歴史的事実に関しては，雑誌メディアにおける海外の社会運動に関する記事数の推移と記事内容の変化を明らかにするための必要最小限にとどめることとする。
6) 奇しくも，林雄二郎の『情報化社会』が出版されたのは1969年であった。
7) 日本の社会運動における人種的マイノリティに対する注目に関しては，絓（2006）および小熊（2009b）の「第14章：1970年のパラダイム転換」を参照。
8) 三好徹によれば，滞在中に二度，ゲバラの会見が行われたものの，それを報じたのは産経新聞の大阪版だけだという（三好 1969：223）。
9) 実際に「1968」において掲載された多くの論考は，こうした海外のニューレフトと近い関係のあった雑誌や新聞に掲載された論考の翻訳記事であることが多かった。こうした国境を越えたメディア間のつながりはまた別に検証される必要があるだろう。
10) ただし，筆者がここで主張しているのは，高橋が「ニューレフト」という言葉を生み出したわけではなく，アメリカにおいて「ニューレフト」という言葉をもって運動全体をまとめあげようとする動きに研究者の高橋が呼応した結果だということであ

11) 廃品回収業をしながらべ平連に参加し，1966年にベトナムに視察に行った阿奈井文彦は，『べ平連と脱走米兵』のなかで，廃品回収業やフリーランサー，べ平連活動家という肩書きではベトナムに入国できないことが予想されたため，貿易会社の臨時の社員になり，「マーケット・リサーチ」を名目に入国したという（阿奈井 2000：165）。

■参考文献
阿奈井文彦（2000）『べ平連と脱走米兵』文藝春秋。
アリギ，ジョヴァンニ／テレンス，ホプキンズ／ウォーラーステイン，イマニュエル（1998）『反システム運動』（太田仁樹訳）大村書店。
石田雄（1968）「キングの思想と行動――それはわれわれに何を意味するか」『世界』1968年6月号。
小熊英二（2009a）『1968（上）――若者たちの叛乱とその背景』新曜社。
小熊英二（2009b）『1968（下）――叛乱の終焉とその遺産』新曜社。
佐藤瑞枝（1995）「中国文化大革命と日本の知識人」岡本宏編『「1968年」時代転換の起点』法律文化社。
絓秀実編（2005）『1968』作品社。
絓秀実（2006）『1968年』筑摩書房。
スティーガー，マンフレッド・B.（2005）『グローバリゼーション』（櫻井公人・櫻井純理・高嶋正晴訳）岩波書店。
高橋徹・大野明男・久野昭・小中陽太郎・佐瀬昌盛・鈴木輝二・高橋武智・田中勇・中川文雄（1968）「座談会　世界を揺るがす叛逆の世代」高橋徹編『叛逆するスチューデント・パワー――世界の学生革命』講談社。
トムソン，エドワード・P.（1963）『新しい左翼――政治的無関心からの脱却』（福田歓一・河合秀和・前田康博訳）岩波書店。
馬場公彦（2008）「文化大革命在日本――その衝撃と余波（上編）」『アジア太平洋研究』No. 10。
馬場公彦（2009）「文化大革命在日本――その衝撃と余波（下編）」『アジア太平洋研究』No. 12。
福岡愛子（2009）「日本にとっての『文革』体験――『朝日新聞』『産経新聞』の報道比較を通して見る日本への影響」岩崎稔・上野千鶴子・北田暁大・小森陽一・成田龍一編著『戦後日本スタディーズ② 60・70年代』紀伊国屋書店。
毎日新聞社編（1968）『スチューデント・パワー――世界の"全学連"その底流』毎日新聞社。
三好徹（1969）「チェ・ゲバラ日本を行く」『文藝春秋』1969年5月号。
武藤一羊（1968）「ニューレフトの精神構造」『朝日ジャーナル』1968年6月9日号。
ムンク，マイケル（1966）「アメリカの新左翼」『世界』1966年2月号。

Katsiaficas, George (1987) *The Imagination of the New Left: A Global Analysis of*

1968. South End Press.

Marwick, Arthur (1998) *The Sixies : Cultural Revolution in Britain, France, Italy and the United States*. Oxford University Press.

Suri, Jeremi (2007) *The Global Revolution of 1968*. W. W. Norton.

あとがき

　「政治を問い直す」第2巻は，近代国民国家型の政治の原理となっているデモクラシー（民主主義）に焦点をあてて，「差異の承認・解放」がこの原理のもとでいかに展開しうるのか，あるいはこの原理が「差異の承認・解放」の制約となっているのではないかを問い直すものである。このために，本書では，現代におけるデモクラシーの基盤であるメディアと市民参加がどのような状況にあるのか（第Ⅰ部），そもそもデモクラシーが思想的にどのようにとらえられるべきなのか（第Ⅱ部），さらにそのデモクラシーを有効に機能させる社会運動が歴史的になにを教えるのか（第Ⅲ部），という視点で，デモクラシーをめぐる現代的，思想的，歴史的な問題状況を総体的に検討するものとなった。このように，本書の構成は，学問としてオーソドックスに，現状分析をふまえながら理論と歴史を検討してデモクラシーの理解に迫るものとした。

*

　序章では，加藤哲郎が，近代国民国家の境界を越える亡命の実際に焦点をあて，交通・通信手段の今日的な発達にもかかわらず移動と越境の不自由と困難が残存すること，亡命自身が国民国家の枠組みを超えていくものでありながら異国でのそれに絡め取られるものであったこと，そして，こうしたことを見越して国家を自由の抑圧装置とみてコスモポリタンとして生きる道が模索されたことを示した。このことから，国民国家がなおたそがれていない今日においては，政治自身の民主化の切実さが訴えられ，もって「差異の承認・解放」とデモクラシーとの関係を問い直す本書の問題意識を披瀝した。

*

　第Ⅰ部は，現代のデモクラシーの基盤であるメディアと市民参加の状況を分析するなかで，デモクラシーを問い直す。ここでは，メディアによって恐

怖が煽られ差異を排除する政治が進行したりポピュリズムが進行したりするデモクラシーの不在の現状を指摘しつつ，にもかかわらずデモクラシーの過剰への非難に抗しながら，差異が承認されるデモクラシーを構築するためには，信頼のおける新たな市民関係を構築し，手続き的公正，配分的・環境的正義を適切に理解し，メディア自体が熟議を促すものへ変容する必要性を説く。

そのうち，第1章においては，斉藤吉広が，今日の日本のデモクラシーでは，テロへの恐怖，子どもの安全への心配，地球環境についての危機感，健康への不安を煽ることによって，警察による監視強化の社会が作られるという，デモクラシーに反する恐怖の政治の実態があることを明らかにした。その背景には，会社や地域，家族がコミュニティとして崩壊し，メディアによる事件報道の増大によって体感治安が悪化し，地域自身が治安共同体化して，厳罰化が進行していることが指摘される。恐怖の政治を支えるのは，安心して日々を送ることのできる社会的セキュリティの崩壊であり，その反動として雇用・教育・福祉の面で疎外された人々を差別して排除する動きであるとともに，自己監視への脅迫である。こうしたペナル・ポピュリズムは，ネオリベラリズムの所産であるが，既存のコミュニティに依存しない都市型の人間関係が未成熟である点にも要因がある。したがって，テーマに応じて人々がフラットに関わるネットワークが形成されつつあることに今後の足がかりを求め，異質排除や相互不信の心性から脱却し，信頼関係を築きあうことが必要になる。

第2章では，中澤高師により，NIMBY（迷惑施設に対する住民の反対）問題への市民参加が，手続き的公正のみならず，差異に応じた社会的公正や環境的正義を求めるデモクラシーであることが解明される。往々にして地域エゴとみなされるNIMBY問題では，住民参加によると利己的な反対が過剰に表出されるためこれを解決できないといわれるが，立地選定をめぐる手続き的な公正の観点からするとデモクラシーの不足があるともみられ，むしろ住民参加によってこれに対するより適切な政策判断が与えられるとも考えられる。このさい考慮すべきは，迷惑施設が「拡散便益─集中コスト」という非対称な利害構造をもち，抵抗が弱く経済的に貧しい地域に立地する傾向

があり，そこにマイノリティ問題や差別問題も介在していることである。それゆえ，NIMBYは，施設立地の社会的不公正や環境的不正義を訴え，公共性や共通の利害圏といった枠組みを相対化する対抗的な正義の運動ともいえる。ただ，この場合でも，受苦する住民，受益する住民のそれぞれが異なった正義を主張しうるし，環境リスクのトレードオフも考慮しなければならない。

　第3章では，飯島伸彦により，現代の日本の政治が，生活のあり方に関わる政治としてのライフポリティクスへと変容するなか，メディア・ポリティクスを背景としたポピュリズムに傾斜しており，デモクラシーのプロセスと内実を問う熟議・討議デモクラシーの観点が必要であると指摘される。階級・階層間または利害集団間の対立や妥協という近代の政治は，今日の個人化（差異化）の進展によって，合意形成を複線化する方向に転換する必要がでてきた。ところが，パフォーマンスやメディアを重視する政治的リーダーシップのあり方によって，また劇場型の集中豪雨的報道によって，輿論が世論化していき，ポピュリズムが進行し，デモクラシーが不在となっている。比較的小規模グループでなされる熟議・討議デモクラシーが，議会制デモクラシーや参加デモクラシーの場でも望まれている。この観点からすると，イシューを公的な問題として設定する力を有するマス・メディアは，熟議・討議への参加を促し世論を輿論化する可能性を発揮することが望まれる。

＊

　第Ⅱ部は，デモクラシーの根底を思想的に問い直す試みである。デモクラシーのもとで自由が抱え込まざるをえない差異をいかに承認しあうのかを考えるさい，ヘーゲル的に差異を政治的に位置づけて有機的編成をしていく方向が考えうるだろうし，そうした有機的編成を要求しないまでも普遍主義と特殊主義を節合するデモクラシーの構想がありうる。しかし，国家が暴力を独占するかたちでしかデモクラシーが構想できないのであれば，異質なものたちを排除するアポリアをデモクラシーは抱え込まざるをえないのかもしれない。

　そのうち，第4章では，神山伸弘が，ヘーゲルの『法の哲学』の洞察に依

拠しながら，近代政治のもう一つの根本原理である自由というものが人々の差異を生み出さざるをえない以上，デモクラシーが依拠する平等と同権が破綻せざるをえない事態に対応するなかで，デモクラシーは，差異を承認すべく特殊な領域で平等と同権を再興しながらも，全体的にはみずからを廃棄し有機的体制にならざるをえないことを示す。愛の共同体である家族では，個体の恣意が放棄され，自然に基礎をもつ精神的な差異が尊重されて性別役割分業が生ぜざるをえない。市民社会では，人格がみずからの特殊な活動と普遍的なものとを結合していくあり方に差異が生じて，それが職業身分の区別となる。国家では，決定のもつ主観的な無根拠性を考えるとこれを君主として立てざるをえず，その客観的な根拠を求めると，一方で，普遍的なものに関心がある普遍的身分によって政府を組織せざるをえないが，他方で，それに対する民意に従うために，普遍的なものにコミットしうる者が議会を構成する必要がある。こうした有機的編成によって差異を承認する民主主義が具体化されるとする。

　第5章では，鵜飼健史が，自然に存在すると想定される近代政治の普遍主義的な原理——自律的で自己抑制的で合理的な個人という政治主体を前提とするリベラリズム——が今日でも維持しうるかどうかを検討する。今日，そうした政治主体は，差異を排除する権力作用を含み本質的に抑圧的であると批判されている。リベラリズムは，政治の規範化によってアイデンティティと差異がもつ多元的な性質を放逐し，物質的価値の法的再配分に極小化することで，敵対性の次元の政治を消去して非政治化していく。政治の再生は，こうしたリベラリズムから独立し，差異と対立が出現するデモクラシーを再生することにかかっている。今日のグローバリゼーションは，特殊で領域化された国民国家に矛盾し，これを機能でも観念でも弱体化させることで，普遍主義の維持を困難にしている。これに対して，普遍主義をめぐる新たな試みがある。ラディカル・デモクラシーが追求する政治形態は，差異化された諸要求を等しいものとして節合して，普遍主義と特殊主義が結びつくかたちで人民を構想する。新しい普遍主義の可能性は，反規範主義的で多元的なものである。

第6章では，白井聡が，現代デモクラシーの起源が暴力の封じ込めによることをフロイトの議論に依拠しながら解明する。私たちは，デモクラシーの倫理的優越性を常識としながらその本質を確信していないが，デモクラシーの歴史がじつは危機の歴史でもあることの構造的要因を明らかにする必要がある。デモクラシーは，それへの情熱や熱意によってではなく，人民の武装が放棄され闘争の場面が言論に移されることにより成立した。これにより，権力者を選択する選挙が暴力によらない疑似革命となり，暴力革命を志向した左翼が議会主義に回収される。しかし，これによって暴力の蒸発や無化がなされるわけではない。国民国家が均質な住民からなるのは，国家が暴力を独占し国民の分裂を回避しているからである。ここには，支配者が民衆である一方で，民衆による支配がじつは不可能であるという，逆説的状況がある。だが，こうした支配の欲動断念であるデモクラシーは，必然的に不満を喚起する。デモクラシーは，兄弟愛を成り立たせるとしても，兄弟ならざる異質な者たちを排除し，最強の「ならず者」と化してしまう可能性がある。

＊

　第Ⅲ部は，社会運動に着目してデモクラシーを問い直す試みである。デモクラシーの実質が民衆の主体的な運動によって支えられるかぎり，社会運動への着目は，デモクラシーの歴史的現実を見据えることにつながる。デモクラシーを指向する社会運動の実際は，市民的な同質化を求めながらも差異化に苦しむ部分があり，実際にその差別的な取り扱いが市民レベルで当然視される事態もデモクラシーの名のもとで進行している。国民国家のなかでの差別的な取り扱いを廃絶するために，国際的な連帯の動きも模索されるが，実際はその運動の中心への同質化が強いられる面もあり，国民国家の差異性に依拠するほうが運動の担い手としては親和的にならざるをえないところがある。

　そのうち，第7章では，今井晋哉が，1840年代ドイツにおける草創期の労働者運動の動向をハンブルクのケースに即してたどりながら，教育活動，社会的・経済的状況改善の試み，公共圏への参加を目指す運動における組織の開放性，参加者の多様性，問題ごとに連携相手を模索する柔軟性の意義に

ついて考察する。1845年に結成された労働者教育協会は，当時ハンブルクでなお力をもっていたツンフトに代わる自己陶冶と討議の場であろうとし，一方で職人・労働者を，有用な公民として社会的に承認されるべく教育し，もって彼らと市民層や市民社会との同権化を果たそうとした。他方，非公然活動においては，初期社会主義思想をめぐる情報交換と討議の場ともなった。さらに，同協会は，1848-49年の革命期には，ハンブルク市政改革へのうねりに身を投じて市民協会などと連帯して公共圏への参加を求めたり，新たな地域横断型の労働者運動の構築にも積極的に取り組むなど，総じてその運動には柔軟さや開放性，多面性がみられた。また，その運動は，義人同盟や共産主義者同盟などから一定の影響を受けながらも，それらの手足となって動いたのではなく，基本的にハンブルクの状況に軸足を置き，そこで直面する具体的諸問題に取り組もうとしたものであった。

　第8章では，岡本和彦が，ユーゴスラヴィア出身のアメリカ共産党員ルディー・ベイカーの秘密活動を追うことにより，労働運動や左翼思想に共鳴した人々が平等や平和といった普遍的な理念に突き動かされ国境を越える活動を繰り広げる一方で，そうした理念への懐疑やナショナルな意識との葛藤を体験する状況があったことを明らかにする。ベイカーは，アメリカ移住後1910-20年代に労働組合活動に熱心に関わり，やがてアメリカ共産党員となり，モスクワに派遣され国際レーニン学校でコミンテルン要員となる。その後，アメリカで党専従として秘密活動のリーダーとなり，ソビエト諜報機関とつながりながら合衆国政府に浸透していく。だが，戦後は，母国ユーゴに渡り，ソ連とも対立するチトー主義者へと変貌する。ベイカーの活動は，国際共産主義運動というグローバルなものであったと同時に国民国家（アメリカそしてユーゴ）のための活動でもあったが，グローバルな指向の内実が一国社会主義の「ソ連の強化とソ連方式の盲目的受容」であったとき，多元的なナショナルな指向と対立して揺れ動く活動とならざるをえなかった。

　第9章では，小野百合子が，沖縄への米軍基地の極端な集中と，日本（本土）社会における米軍基地問題の不可視化とが並存する現状を省みるために，日米軍事同盟に依拠する安保体制を疑問視し新安保条約の成立を阻止しよう

とした60年安保闘争のさなかにあってすら,「沖縄問題」が見捨てられ不在となっていく事態に照明をあてている。安保条約改定への反対は「日本の平和と民主主義」を守るために主張されていたため,すでに米韓,米比,米台防衛条約の適用地域になっていた沖縄が,新安保条約の適用範囲に含まれるとされたとき,その主張は,日本を戦争に巻き込むかもしれない沖縄を「日本」から除外していくしかなかった。つまり,安保闘争が盛り上がるとともに沖縄の返還を求める声が後景に退いたのである。また,沖縄返還要求を掲げて多くの参加者が得られた1960年の鹿児島大会にしても,安保改定反対や沖縄返還要求以外の利害関心がある漁業団体その他が結集した単発的な取り組みにとどまった。1972年の沖縄返還も,核抜き本土並みが果たされるとみるや,本土社会における「沖縄問題」への関心は沈静化してしまう。

第10章では,中川圭が,「1968」という現象をグローバルなものとしていかに語りうるのかについて問い直す。一般にこれが「グローバル」だとされるとき,諸地域の現象が並列的に扱われ,似たような現象が世界中で生じたとされるだけである。むしろ,本質的な問題は,「1968」が「グローバル」になる過程にあり,「1968」に関わる人々が相互に他の地域の現象をどのように認識するかにある。1960年代後半の日本では,情報化社会が到来しており,社会運動に関心をもつ学生や市民は,リベラルあるいはラディカルと目されていた雑誌から多くの情報を得ていた。そうした雑誌は,日本の社会運動のほかにベトナム反戦運動,公民権運動,文化大革命,チェ・ゲバラの活動など,海外の政治・社会運動に関心を寄せていた。1968年には,海外の運動に関する記事数がピークを迎え,「スチューデント・パワー」や「ニューレフト」という言葉が使われて国境を越えた運動の統一体を模索する動きが生じた。「1968」は,たんなる政治・社会運動の高揚ではなく,運動と呼応する形で言説が生産され,その相互関係を通じて運動が増殖していくような現象だった。

*

我々は,ことの善し悪しはともかく,国民国家のうちに生きている。みずからが抱える差異に対する母国の抑圧を逃れてコスモポリタンとなろうとも,

現住する異国では国境という差異を抱えたものとして差別され抑圧されることもあり，場合によっては抹殺される運命が待ち構えていることもある。これに対して批判的に構えるならば，母国であろうが異国であろうが，国家の原理たるデモクラシーの点で人々の差異を承認し解放する方向で成熟する必要があると要求することになろう。

　このさい，今日のデモクラシーは，メディアを媒介にしてしか機能しえないことに留意する必要がある。そうした間接的な情報知は，民衆の意向を表現するとみられる側面もありながら，恐怖を煽り差異を排除することによってデモクラシーをポピュリズムに転倒してしまいかねない，諸刃の剣である。人々の差異を承認し解放するデモクラシーを構築するためには，正義の観念について合意しあえる信頼のおける市民関係を新たに結びあいながら，メディア自体も政治的課題について熟議を促す姿勢をもたなければならないだろう。

　とはいえ，今日のデモクラシーは，自由を抜きには考えられない。当然ながら，この自由は民衆のなかに不断に差異を生み出すことになるから，こうした差異を承認し解放するためにいかなる市民関係を築いていかなければならないのかが問題になる。一つの見方としては，政治上，差異を正当に位置づけて，それにもとづいて政治を有機的に編成する方向が考えうるが，今日の常識ではおそらく必ずしも受け入れられないだろう。とはいえ，そこまで要求しないまでも，普遍主義と特殊主義を節合する方向にデモクラシーが深化しなければ，そのもとでの差異の承認と解放は望めない。だが，デモクラシーは，所詮が暴力を独占することでしか成り立たない以上，異質なものたちを排除するアポリアを抱え込まざるをえないのかもしれない。

　デモクラシーの実質である民衆の主体的な社会運動が歴史的にどうであったかを検討すると，その運動が市民的な同質化を求めながらも差異化に苦しむ実際が浮かび上がる（「連帯を求めて孤立」に悩む）。しかも，デモクラシーの名のもとで，差別的な取り扱いが市民レベルで当然視される事態も進行することもある。国民国家のなかでの差別的な取り扱いにプロテストして国際的な連帯を求めていっても，実際はその運動の中心へと同質化していかざ

るをえない面もある。よって，差異ある国民国家の独自性に頼ることになるだろうが，よってもって，デモクラシーは，差異の承認と解放をめぐって円環を閉じることになった。

*

　人々に「デモクラシー」のイメージを一言で言い表すよう求めるならば，十中八九端的に「多数決」と答えることだろう。その多数決は，「選良」たる議員を選挙するところから，議会において強行採決するところまで，遺憾なく発揮される。

　ヘーゲルは，役者が議会に進出するフランス革命を嗤ったが，今日では，スポーツ選手が好まれる。けだし，手続き的には，代表制的民主主義は，政治的であろうがなかろうが人気に本質的に依拠するものであって，その人気を政治的資質に自覚的に取り違えるものであり，それ以上でもそれ以下でもない。

　これを直接的民主主義に進めていっても事態は好転しないだろう。むしろ，討議を抜きにした拍手喝采の全員一致となる蓋然性のほうが高い。討議のなかでみずからの意見を吟味することが重要なのではなく，多数を制して議論を抑圧することが「混乱しない政治」だという秩序観があるからである。ここでは，反対者も，抑圧を恐れて表面的に拍手喝采するにちがいない。哀れにも，討議することは，とても面倒くさいことであり，あるいはみずからを脅かすものでしかないのである。

　しかし，世論の拍手喝采による政治は，期待外れになることもほぼ必然である。なぜなら，そうしたやり方は，本質的には，政治的決定が正しく善くなることを目指す仕組みではないからであるが，もともと期待すべきでないものに期待を寄せるからでもある。

　ところで，簡単な道理だが，多数決は，それとは異質な差異ある少数者を徹底的に排除する原理である。こうした多数決がとりわけ自然的な差異や文化・宗教的な差異といった固定的な差異をめぐって極度に抑圧的であることは自明のことであって，デモクラシーが多数決であるかぎり，デモクラシーはそうした差異の否認と抑圧を招くものでしかない。

このため，こうした過酷さを緩和すべくデモクラシーに附帯させる道徳的要請は，少数者の意見の聴取と，少数者も合意できる妥協の形成によって，国民的な多数派を形成すべし，ということになるだろう。この要請は，小学生レベルから教えられるはずのものであるが，あくまで要請にすぎず，重大な国事に際しては，現実的にほとんど機能しない。実際は，有無も言わさず多数（という国民総体からすると少数）が決めるのである。

そうであってみれば，やはり，国民的な多数派を占めるべく地道に活動しなければならない，とするならば，そのナイーブな心意気はよしとしても，そのままではデモクラシーにおける差異の承認と解放の問題を等閑視することにならざるをえないだろう。もっとも，だからといって，逆に一般意志を語る少数者が独裁して権力を掌握したとしても，そのさいデモクラシーの仮象は剝がれるが，差異の承認と解放が達成されないことには変わりがない。

では，どうした突破口があるのだろうか。

今日のデモクラシーの基盤であるメディア環境は，出版・放送といった独占体が営むものからさらに進展して，インターネットを通じて個人がブロードキャストしうる状況へと高度化しているが，いずれにせよ，今日では，それらの行使が差異の承認と解放に寄与しているのか，という規範的な観点を提示せざるをえないだろう。メディア自身が明確に監督官（エフォロイ）的な権力と成り上がっている今日，メディアが差異の承認と解放に向かうべきなのか，あるいはその否認と抑圧に向かうべきなのかは，そのデモクラシー観を問われるものといわざるをえないと思われる。メディア環境を実際に営むものが最終的には現実的な個人でしかないかぎり，その個人自身が差異の承認と解放に向かう思想を育みうるのかどうか，ということが，今日のデモクラシーの根本問題といわなければならない。

さらに，差異の承認と解放が制度上も実現されるべきだというデモクラシー観の転換が果たされる必要がある。子どもと老人といった年齢的な差異，男と女といった性別の差異，育った地域の習俗文化・宗教あるいは歴史・沿革上の差異，さまざまな人が流入する空間での浮動する差異，またそれぞれにおいて中間形態がありうる差異など，そうしたさまざまな差異に対してデ

モクラシーの原理は目下のところまったく親切ではない。それぞれの差異に丁寧につきあおうとすれば，利権を助長するとか差別を固定化するとか，デモクラシーの同権主義は，必ずや横槍を入れることになるだろう。もちろん，そうした不当な利権やいわれのない差別は排除されなければならない。とはいえ，デモクラシーは，そうした差異ある人々によってしか成り立たないという，いかように転んでも変わりえない現実を直視する必要がある。だとすれば，デモクラシーは，そうした差異が正当に表現される道筋を制度的につける必要があるのではないか。

しかしながら，そのような思想や制度が現状で支配的でないかぎりは，それは突破口たりえないだろう，という主張もありうるところだし，もちろんことほど左様であろう。だが，そうした客観主義は，デモクラシーの局外者の主張でないかぎりは，自己矛盾のところがある。デモクラシーは，みずからにとって現実的にならなければならないものを成し遂げるためにつねに民衆の運動を必要とするから，主体性をもって運動に関与し思想や制度を現に支配的なものにしていく以外にない。そして，実際に，デモクラシーを進展させる社会運動は，直面する差異ある勢力と切り結びあるいは折り合いをつけるなかで，みずからの差異を承認させ解放する理念の一端を実現してきたのである。

今日，「多数決」の絶対主義のもとで，その補完としての「少数意見の尊重」という弱い道徳的要請しか認められないなかでは，「差異の承認と解放」こそがデモクラシーの根本問題であり，それを社会運動として制度的に実現しなければならない，という主張は，そうした今日のデモクラシー把握の転覆であり，本書の学知の総括的な結論だとしたい。

＊

さて，学問にはいろいろな探求方法がありうるが，すでに自明視されている事柄をそもそもから「問い直す」探求は，学問の深化のみならずその歴史的なパラダイム転換を惹き起す点で，学問の真髄となる方法である。「多数決」ではなく「差異の承認と解放」こそがデモクラシーの根本問題であるとは，おそらく，今日の国民の（したがってその「選良」たる政治家の）認識

に必ずしものぼっていないものと思われる。本書『差異のデモクラシー』は，そうしたいわばコペルニクス的転換に向けた一石を投ずるものとして企図されたものである。

この石を皆が投げるつもりになったのは，第1巻の編者である田中ひかるさんが，3年前国立にあるロージナ茶房で，政治を問い直す論集を編もう，と神山に持ちかけたことが最初の機縁であった。もっとも，当初は，あてもない計画で，田中さんや堀江孝司さん，丹野清人さん，小野一さんといろいろ討議し，今井晋哉さんからも賛同を得られたものの，なかなか前に進まない。そこで，加藤哲郎先生と共同で進めれば，ということになった。ご相談したところ，編集者魂のある加藤先生のこと，そのご指導のもと，「政治を問い直す」教科書の第2巻として編纂する，という基本方針が定まった。

以後，皆が石の投げ方を工夫することになったが，昨年末，加藤先生を交えて各人の原稿を討議することで，議論をさらに深め，筋を明確にする機会を得た。冒頭に述べたように，現状分析と理論と歴史は，学問のオーソドックスな組み立てであるが，加藤先生は，日ごろ，「理論に問題関心のある人は歴史も学び，歴史に問題関心のある人は理論も学ぼう」と仰っている。本書の構成は，まさしく，そのことの具体化となった。

編者の一翼に加えていただいた私自身は，先生とともに書を出すことがはじめてのことだけに，心に残る貴重な体験をさせていただいた。また，もう一人の編者である今井晋哉さんとは，分野が違うため一緒に仕事をする機会に恵まれなかったが，このような形で関わりあえたことがとても嬉しいことであった。そして，とりわけ，これを機に両巻の執筆者の方々——私にとっては初対面の方が多かった——と政治学上の討議ができ，今後の学問的な展開にむけて縁が結ばれたことをありがたく思う。もちろん，斯学においてこのように多彩な人材を結集しえたのは，ひとえに加藤先生の30年間にわたる教育・研究活動の賜物であることは言うまでもない。執筆者を代表して，その学恩に深く感謝いたします。

本書を出版するにあたって，執筆者間の連絡や原稿の整理といった根気の要る事務仕事のためには，執筆者の一人である鵜飼健史さんの手を煩わせた。

鵜飼さんの精励抜きには、ここまでたどりつかなかったと思う。そして、なによりも、きわめて厳しい出版事情のなか、このような冒険的な教科書を出版する機会を与えていただいた日本経済評論社に心からお礼を申し上げたい。とくに、出版部の吉田真也さんには、原稿を熟読していただき不明箇所を糾していただいたことに深く感謝いたします。

　なお、「政治を問い直す」全2巻の刊行の年、加藤先生は、一橋大学大学院社会学研究科教授を定年で退職された。執筆者一同、本書をもってその記念とさせていただきます。

　　2010年5月5日こどもの日、立川にて

　　　　　　　　　　　　　　　　　　　　　　　　　　　神山伸弘記す

【編者・執筆者紹介】

加藤 哲郎（かとう てつろう）編者代表，序章執筆
　1947年生まれ。東京大学法学部卒業。博士（法学）。名古屋大学助手，一橋大学教授，英エセックス大学，米スタンフォード大学，ハーバード大学，独ベルリン・フンボルト大学客員研究員，インド・デリー大学，メキシコ大学院大学客員教授等を経て，2010年から一橋大学名誉教授，早稲田大学大学院客員教授。専門は政治学，比較政治，現代史。インターネット上で「ネチズン・カレッジ」http://www.ff.iij4u.or.jp/~katote/Home.html 主宰。
　著書に『社会と国家』岩波書店，『国境を越えるユートピア』平凡社，『情報戦の時代』花伝社，『情報戦と現代史』花伝社，『ワイマール期ベルリンの日本人』岩波書店，など多数。

斉藤 吉広（さいとう よしひろ）第1章執筆
　1960年生まれ。一橋大学大学院社会学研究科博士後期課程退学。社会学修士。現在，稚内北星学園大学教授。専門はメディア論。
　著書に『21世紀への透視図』青木書店（共著），『社会の窓』梓出版社（共著），『労働と生活』世界書院（共著），など。

中澤 高師（なかざわ たかし）第2章執筆
　1981年生まれ。一橋大学大学院社会学研究科博士後期課程および豪ジェームズ・クック大学 Ph. D. コース在学。社会学修士。専門は環境政治学・環境社会学。
　論文に「廃棄物処理施設の立地における受苦の『分担』と『重複』——受益圏・受苦圏論の新たな視座への試論」『社会学評論』第59巻第4号，「迷惑施設問題における合意形成の視座をめぐって」『書評ソシオロゴス』第5号，など。

飯島 伸彦（いいじま のぶひこ）第3章執筆
　1958年生まれ。一橋大学大学院社会学研究科博士後期課程単位修得退学。社会学修士。現在，名古屋市立大学教授。専門は政治社会学，メディア研究。
　論文に「情報消費社会におけるメディア・文化・権力」加藤恒男編『社会倫理の探求』ナカニシヤ出版，「ポストフォーディズム＝情報・消費社会における感情マネジメント＝権力作用の問題性」唯物論研究協会編『自立と管理／自立と連帯』青木書店，「民主主義のインフラストラクチャー」『名古屋市立大学人間文化研究科人間文化研究』第4号，など。

神山 伸弘（かみやま のぶひろ）編者，第4章執筆
　1959年生まれ。一橋大学大学院社会学研究科博士後期課程単位修得退学。社会学修士。現在，跡見学園女子大学教授。専門は哲学，政治学。
　論文に「個々人は普遍的意志を担いうるか？——ヘーゲル『法の哲学』において人民

を精神と捉える意味」岩佐茂・島崎隆編『精神の哲学者ヘーゲル』創風社,「生命ある善としての家族——ヘーゲル『法の哲学』における人倫的実体の始めの姿について」『跡見学園女子大学人文学フォーラム』第3号,「ヘーゲル『法の哲学』における「国家の論理」——国家を動かす〈自由な意志〉の〈論理〉と〈恣意〉の〈教養形成〉的役割」加藤尚武・滝口清栄編『ヘーゲルの国家論』理想社,など。

鵜飼 健史（うかい たけふみ）第5章執筆
1979年生まれ。一橋大学大学院社会学研究科博士後期課程単位修得退学。博士（社会学）。現在, 日本学術振興会特別研究員, 埼玉大学非常勤講師。専門は政治理論。論文に「ポピュリズムの両義性」『思想』第990号,「主権と政治——あるいは王の首の行方」『思想』第1031号, など。訳書にウィリアム・コノリー『プルーラリズム』岩波書店（共訳）, など。

白井 聡（しらい さとし）第6章執筆
1977年生まれ。一橋大学大学院社会学研究科博士後期課程単位修得退学。博士（社会学）。日本学術振興会特別研究員を経て, 現在, 多摩美術大学, 高崎経済大学, 早稲田大学等非常勤講師。専門は政治学, 政治思想。
著書に『未完のレーニン——〈力〉の思想を読む』講談社,『「物質」の蜂起をめざして——レーニン,〈力〉の思想』作品社, など。

今井 晋哉（いまい しんや）編者, 第7章執筆
1959年生まれ。一橋大学大学院社会学研究科博士後期課程単位修得退学。社会学修士。帯広畜産大学講師を経て, 現在, 徳島大学准教授。専門はドイツ近代史。
論文に「労働者教育協会の結成と会員の社会的構成（ハンブルク 1844/46年）——その多業種横断型構成について」『経済系』（関東学院大学経済学会）第174集,「ドイツにおける労働者階級形成論——ユルゲン・コッカの近著を手がかりに」『社会経済史学』第60巻6号（共著）,「ドイツ初期労働者運動における『一般教育』(1)——ハンブルク『労働者教育協会』の結成目的と初期の活動内容について」『帯広畜産大学学術研究報告 人文社会科学論集』第10巻第2号, など。

岡本 和彦（おかもと かずひこ）第8章執筆
1966年生まれ。一橋大学大学院社会学研究科博士後期課程単位修得退学。社会学修士。日本学術振興会特別研究員を経て, 現在, 東京成徳大学准教授。専門は国際関係史。
著書に『スペイン内戦とガルシア・ロルカ』南雲堂フェニックス（共著）,『現代世界と福祉国家』御茶の水書房（共著）, 訳書にH.クレア, J. E. ヘインズ, F. I. フィルソフ『アメリカ共産党とコミンテルン』五月書房（共訳）, など。

小野 百合子（おの ゆりこ）第9章執筆
1981年生まれ。一橋大学大学院社会学研究科博士後期課程在学。社会学修士。専門は日本現代史。

著書に『戦争と民衆——戦争体験を問い直す』旬報社（共著），論文に「『沖縄軍用地問題』に対する本土側の反響の考察——日本社会と『沖縄問題』の出会い／出会い損ない」『沖縄文化研究』（法政大学沖縄文化研究所）36号，など．

中川 圭（なかがわ けい）第10章執筆
　1981年生まれ．一橋大学大学院社会学研究科博士後期課程および米ニュースクール・フォー・ソーシャルリサーチ Ph. D. コース在学．社会学修士．専門は比較歴史社会学．

差異のデモクラシー　〈政治を問い直す　2〉

2010 年 7 月 1 日　第 1 刷発行

定価(本体 2500 円＋税)

編　者　　加　藤　哲　郎
　　　　　今　井　晋　哉
　　　　　神　山　伸　弘

発 行 者　　栗　原　哲　也

発 行 所　　株式会社 日本経済評論社

〒101-0051　東京都千代田区神田神保町 3-2
　　　　電話 03-3230-1661　FAX 03-3265-2993
　　　　　　　　　http://www.nikkeihyo.co.jp
　　　　　　　　　　　振替 00130-3-157198

装丁：奥定泰之　　　　　　　　　　シナノ印刷

落丁本・乱丁本はお取替えいたします　Printed in Japan
© KATO Tetsuro et al. 2010
ISBN978-4-8188-2105-7

・本書の複製権・翻訳権・上映権・譲渡権・公衆送信権（送信可能化権を含む）は、㈱日本経済評論社が保有します。
・JCOPY 〈㈳出版者著作権管理機構　委託出版物〉
本書の無断複写は著作権法上での例外を除き禁じられています。複写される場合は、そのつど事前に、㈳出版者著作権管理機構（電話 03-3513-6969、FAX 03-3513-6979、e-mail: info@jcopy.or.jp）の許諾を得てください。

政治を問い直す　1　『国民国家の境界』

加藤哲郎・小野一・田中ひかる・堀江孝司編　　本体 2500 円

——主な内容——

第 1 章	越境するシティズンシップとポスト植民地主義	大中一彌
第 2 章	動揺する国民国家を受け止める	丹野清人
第 3 章	国民の歴史意識を問い直す	鳥山　淳
第 4 章	公共圏の創出、拡大、変容	井関正久
第 5 章	越境する政策と国際的な規範	堀江孝司
第 6 章	越境するハウスホールド	稗田健志
第 7 章	ドイツにおける移民・外国人政策	小野　一
第 8 章	「移民のいない日」（2006 年 5 月 1 日）の衝撃	高橋善隆
第 9 章	国境を越える連帯	許　寿童
第 10 章	国民国家を越える戦場への移動	島田　顕
第 11 章	人の移動と思想・運動の生成	田中ひかる

アクセス・シリーズ

既刊

天児・押村・河野編	**国際関係論**	本体 2500 円
河野勝・岩崎正洋編	**比較政治学**	本体 2500 円
河野勝・竹中治堅編	**国際政治経済論**	本体 2800 円
押村高・添谷育志編	**政治哲学**	本体 2500 円
平野浩・河野勝編	**日本政治論**	本体 2800 円
岸川毅・岩崎正洋編	**地域研究 I**	本体 2800 円
小川有美・岩崎正洋編	**地域研究 II**	本体 2800 円
山本吉宣・河野勝編	**安全保障論**	本体 2800 円

A 5 判並製・各巻平均 250 頁

日本経済評論社